교회의 발자취

수정판을 내면서

「교회의 발자취」를 출판한 지 20년이 넘었다. 그동안 판을 거듭하여 수십판에 이를 수 있었던 것은 이 조그마한 책이 신학하는 학도들과, 교회의 걸어온 자취를 알기 원하는 사람들에게 조그마한 길잡이가 되었기 때문이다. 이것은 지은이의 가슴속에 고마움과 감사를 넘치게 한다.

하지만 유감도 있었다. 우리 손으로 만든 교회사가 오늘에 와서도 이 책밖에 없어서 이것을 또 출판해야 하는가 하는 서글픔이다.

물론 기독교가 먼 팔레스틴에서 시작되어 2천년 동안 지구를 한 바퀴 돌아 우리에게 왔고 우리 나라의 교회 역사만 아니라 교회가 들어가서 자라온 모든 나라의 교회 역사를 더듬어 서술한다는 것이 얼마나 어려운가를 모르는 바 아니다.

하지만 언젠가는 우리 나라 교회사가의 손으로 이 과업이 훌륭하게 이루어져 뒤에 오는 이들에게 기리 남게 되기를 두 손 모아 기다린다. 그동안 손 못댔던 오자들을 바로 잡으며 모자랐던 부분을 조금 채운다.

1993. 4. 16
남한산성에서
지은이 씀

초판 머리말

평신도 총서 중의 한 권으로서 「교회의 발자취」라는 이름으로 이영헌 교수가 쓴 교회의 역사를 내놓는다. 그간 우리 한국 교계에도 교회사와 기독교사의 저서와 역서가 여러 종류 나왔다. 그러나 간결하고 평이하게 쓴 것은 이 책이 처음이라고 생각한다.

이 교회사는 평신도 훈련원의 교재이나 신학도의 참고서와 교회의 평신도 교육의 교재로서 적합한 책이다. 그리고 일반 평신도가 읽고 이해하기도 좋은 책이다.

우리 그리스도인들이 교회의 역사를 모르고는 오늘의 교회를 이해할 수 없다. 그리스도인은 교회를 바로 이해해야 교회생활과 교회봉사를 바로 할 수 있다. 더욱이 이 책은 마지막에 한국교회의 역사와 에큐메니칼운동에 대하여 다루었다. 이것은 다른 교회사에서는 보기 드문 것이다.

교회의 역사는 성서 이후의 그리스도교의 역사이다. 그러기 때문에 교회의 역사를 알고 이해한다는 것은 우리 교회의 앞으로 나아갈 길을 모색하는 데 중요한 지침이 된다. 한국 교인들은 세계 교회의 역사를 바로 이해하고 세계 교회와 유대를 깊이함으로써 하나님의 나라를 이 땅 위에 확장하는 데 함께 참여하도록 해야 한다.

이 교회 역사가 우리 교인들을 교육하는 데 널리 쓰여지고 교인들에게 널리 읽혀지기를 바란다.

1969년 3월 15일
대한예수교장로회총회교육부
총무 성 갑 식

서 문

다른 종교들에 비하여 기독교는 비교적 젊은 종교다. 그래도 이천 년의 연륜(年輪)을 가진 역사를 그 기원과 발전 과정—그 제도와 생활과 사상의 줄기를 정치적, 경제적, 사회적, 문화적, 그외 여러 주어진 환경을 고려하면서 짜임새 있게 쓴다는 것은 그리 쉬운 일이 아니다. 그럼에도 불구하고 이 어려운 일을 대담하게 모험하는 이유는 우리들의 손으로 써놓은 책이 아직 별로 없어서 그리스도교의 역사를 알고자 하는 이들에게 조그마한 도움이나마 되기를 바라는 마음에서다.

역사학을 함에 있어서는 객관적인 공정성이 중요함은 두말할 필요가 없다. 그러나 수많은 되어진 사건들을 보고 추려서 역사를 엮을 때 거기는 어쩔 수 없이 쓰는 이의 입장이 있다. 이러한 의미에서 필자는 구속사(救贖史)의 입장에 서 있음을 여기에 밝혀 둔다.

주어진 지면이 너무도 제한되었기 때문에 모든 교회의 역사를 고르게 다루지 못하고 주류적인 역사를 신교도의 입장에서 다룰 수밖에 없었다는 점과 각주(脚註)를 붙일 수 없었음을 미안하게 생각한다.

마지막으로 이 책이 햇빛을 볼 수 있게 한 대한예수교장로회 총회 교육부 총무 성갑식 목사와 편집 교정의 수고를 아끼지 아니한 양신석 목사에게 깊이 감사를 드린다.

              1969년 3월 13일
              지 은 이 씀

교회의 발자취

차 례

수정판을 내면서/5
초판 머리말/7
서 문/9

제1부 로마 제국의 터전에 서 있는 교회	13
제 1 장 원시 기독교가 처해 있는 환경 (로마 제국과 그 종교들)	15
제 2 장 기독교의 발생	20
제 3 장 생존을 위해 투쟁하는 교회	25
제 4 장 이단과 분파와 이에 대처하는 교회	35
제 5 장 교리의 발전	45
제 6 장 제도와 의식과 생활	61

제2부 민중을 계몽 영도하는 교회	69
제 7 장 발전과 쇠퇴	71
제 8 장 교권의 성쇠	76
제 9 장 수 도 원	82
제10장 교회와 학	86
제11장 의식과 규율	92
제12장 로마교와 겨루는 사람들	96

제3부 혁신하는 교회 ... 103

제13장 일반적인 개관 ... 105
제14장 독일에서의 종교개혁 ... 107
제15장 서서에서의 종교개혁 ... 125
제16장 곁길로 걸어가는 개혁운동 ... 136
제17장 개혁운동의 확대 ... 140
제18장 가톨릭 교회의 부흥 ... 146

제4부 세속화 시대의 교회 ... 153

제Ⅰ기 적응을 모색하는 교회 ... 155
제19장 계몽주의운동과 그 여파 ... 155
제20장 교회의 갱신 ... 159
　　　　(경건파, 모라비아파, 메도디스트운동)

제Ⅱ기 새 시대의 비전에 살려는 교회 ... 167
제21장 신교의 신학 ... 167
제22장 다시 전진하는 로마 가톨릭 교회 ... 176
제23장 동방 정통 교회 ... 179
제24장 신교의 세계 선교 ... 181
제25장 한국의 교회 ... 184
제26장 에큐메니칼운동과 교회의 재일치 문제 ... 207

참고문헌 ... 219

제1부
로마 제국의 터전에 서 있는 교회
― 500년까지 ―

1. 원시 기독교가 처해 있는 환경
2. 기독교의 발생
3. 생존을 위해 투쟁하는 교회
4. 이단과 분파와 이에 대처하는 교회
5. 교리의 발전
6. 제도와 의식과 생활

제1장
원시 기독교가 처해 있는 환경
(로마 제국과 그 종교들)

팔레스타인 한구석에서 미미하게 발생한 기독교는 얼마 안 가서 헬라, 로마 민족들의 세계에 들어갔고 또 거기서 위대한 발전을 하였다. 그러나 이 헬라, 로마의 세계는 백지와 같은 공백의 세계가 아니라 많은 종교와 사상들이 서로 경쟁하며 우위를 다투며 상호 교류하고 있는, 사상적으로 종교적으로 무정부 상태의 세계였다. 따라서 이러한 세계에 발을 붙인 기독교는 필연적으로 이 여러 종교와 사상들과 맞서게 되고 교류하게 되며, 투쟁도 하고 영향도 주고받다가 마침내 종국의 승리를 거두게 된 것이다. 역사적으로 기독교의 발전을 살피려 할 때 우리는 반드시 헬라, 로마 세계의 종교들과 사상들, 그리고 또한 유대교의 모습을 살펴보아야 한다.

1. 로마 제국의 종교상

기독교가 로마 제국에 뿌리를 박고 발을 붙이려 할 때의 로마 제국의 판도는 동에는 유프라테스~티그리스 지방으로부터, 서로는 지브랄타르 해협의 민족 국가들, 남으로는 나일강 상류 지방으로부터, 북으로는 부리텐 지방 엘베(Elbe)강 유역을 포함하는 광대한 지역이었다. 따라서 이 지역에 사는 민족들은 강성해 가는 로마 제국 안에서 경제적으로 사회적으로 문화적으로 종교적으로 어쩔 수 없이 서로 교류하며 합류할 수밖에 없었다. 로마 제국의 정치, 조직, 법률 제도의 강화, 강력한 군대, 육로와 해로를 통한 교역 경제, 교통망의 확충, 아우구스티누스(Augustus) 이래의 평화 향수(享受), 수공업과 노예 제도, 군대의 빈번한 이동, 관리들의 교체는 민족적 장벽을 무너뜨리는 동시에 민족들의 고유한 문화, 사상, 종교를 교류 혼합시키는 데 큰 공헌을 했을 뿐만 아니라 헬라의 문화와 언어의 영향도 적지 않았다. 이러한 현상은 특히 로마, 알렉산드리아 같은 대도시에서 현저했지만 또한 정도의 차이는 있을망정 지방 소도시에서도 볼 수 있었다. 물론 처음부터 그런 것은 아니었다. 가이사 시대 초기까지만 해도 각 종교들은 민족성에 유래한 다양한 형태와 영적 수준의 차이를 보여 주었다. 고대의 종교들은 국가의 뒷받침과 보호를 받고 그리고는 국가의 수호신의 역할을 떠맡았으며 그 제관들은 또한 국가의 관리가 되었다. 이렇게 해서 가이사는 국가 종교의 최고의 제관(pontifex maximus)이 되었던 것이다. 로마 제국은 또한 그 치하에 있는 모든 백성들에게 황제 숭배 종교를 요구했는데 이것은 동양의 조상 숭배의 영향을 받은 고대 도시 국가의 유물로써 로마 제국 같은 세계 국가의 종교신으로서는 부적당하였다. 따라서 사람들은 부르기아의 시벨레(Cybele, Magna Mater이라고도 한다.)와 아티스(Attis), 알렉산드리아의 이시스(Isis)와 오시리스(Osiris, 후에 Serapis가 대신한다.), 페르시아의 미드라이즘(Mithraism) 같은 동방에서 들어온 밀의(密儀) 종교에서 그 종교적 욕구를 채우려 하였다. 이 여러 종교들은 다 구속 종교로 신비한 제사 의식을 통하여 신을 체험하며 그와 함께 죽고 다시 살아나 신성에 동참하는데 이시스와 오시리스는 성수로, 시벨레와 미드라이즘은 황소의 피로 의식을 행한다. 정도의 차이는 있으나 이 여러 종교는 금욕주의를 힘쓰며 또 미드라이즘은 평등 형제 사상을 가지고 있었다.

한편 상류 계급에서는 종교를 경멸하는 사람들이 철학적 비판에 귀를 기울였다. 그렇다고 해서 그들이 종교에 아주 외면해 버린 것은 아니다. 견유(cynic, 犬儒)학자들이 이러한 자들이다. 스토익 학자들도 범신론적 우주의 본질에 대한 신앙을 가지고 있어서 일반적인 민간 종교 신앙과는 떨어져 있었으나 그래도 은유적 해석(allegorical interpretation)으로 철학과 종교의 조화를 도모하였고, 에피큐리안들은 신의 세계 관여를 부정하면서 신에 대한 경외를 거부했으나 그래도 그들은 초현세적인 행복을 즐기고 있었다. 그러나 아우구스티누스 이래 무신론적 철학도 종교적인 경향을 보이기 시작하였다. 철학으로서는 민중의 심령의 갈구를 채울 수 없었기 때문이다. 스토익 포세이로니어스(Poseilonios, 약 B.C. 100)로부터 이러한 방향 전환을 보게 되었고, 신플라톤 학파의 플루탁(Plutarch), 그리고 피타고리안(Pythagorian)들도 같은 경향을 보여 주었다.

어쨌든 수많은 군중들은 4세기에 이르기까지도 이교신들 숭배를 그대로 유지해 나갔다. 로마 제황들이 포학하게 군중들을 억누르면 억누를수록 현세에서 생의 애착과 희열을 잃어버린 사람들은 더욱 더 신화(神化)와 내세의 행복을 약속하는 동방 밀의종교에 더 집착하게 되었던 것이다. 이교 종교들은 점점 더 구속 종교로 변해 가고, 여기 귀의하는 신자들은 고행과 참회를 통한 속죄와 구원을 얻으려 하였다. 이리하여 수많은 군중의 행복 추구와 이를 흡수하려는 각 종교들의 경쟁은 결국 종교간의 교류 혼합을 가져오게 되어, 기원 300년 경에는 종교의 세계에는 불투명한 유일신관을 지향하는 동방—헬라—로마적 이교인 미드라이즘과 역시 동방—헬라—로마적 가톨릭 교회가 남아 각축하게 되었다.

2. 유대교

지중해를 중심한 지역 종교 중 그 동기에 있어서나 도덕, 생명력에 있어서 다른 어느 종교보다 월등하게 높은 종교가 유대교이다. 율법을 엄격하게 고수하면서 이방인들과 사두개파와 부정한 대중들에게서 스스로를 구별하는 바리새파와 구약적인 율법과 메시야 왕국, 부활,

하나님의 섭리, 천사, 사단의 존재를 부정하는 세속화한 사두개파와 종교적 혼합주의인 엣세네파가 있는데 엣세네파의 일부는 현세 도피적인 생활을 하고 있으며, 일부는 민중들 사이에 살면서도 금욕적인 생활을 하는바 독신, 재산의 공동 소유, 공동작업, 성탁(聖卓)에의 공동참여, 태양을 향한 기도 같은 것이 그 교조로 되어 있다. 또한 이 시대의 신앙 형태의 특성의 하나는 묵시 문학적인 말세 신앙이다. 종래의 보다 더 현실적이었던 메시야 신앙은 점점 변하여 내세적인 초자연적인 신앙으로 변하여 민족적인 전쟁 영웅 신앙으로부터 세상 끝날 오시는 신적인 존재 신앙이 되어 갔다. 본래는 예루살렘 성전과 제사장들을 중심한 종교였으나 기독교 발생 초기에 그 중심이 바리새파와 율법학자들에게 옮겨졌다.

바벨론 포로 이래 많은 유대인들이 외지에 살고 있었는데 이들을 디아스포라(diaspora)라고 하는바 리츠만(Lietzmann)에 의하면 팔레스타인에 있는 유대인이 50만 애굽과 시리아에 100만, 그밖의 로마 제국내에 150만 가량 된다고 하며, 그 당시 로마 제국의 인구를 5,500만이라고 하면 디아스포라는 그 7퍼센트에 해당된다고 한다. 그 중에는 로마 제국의 정책에 잘 순응한 자에게 주어지는 시민권을 소유한 자들이 적지 않게 있는데 이들은 유대교 신앙을 그대로 고수하면서도 시민권이 가져다 주는 적지 않은 특권(불명예스러운 형벌을 받지 않는다든지, 사형죄의 재판인 경우에는 로마 황제에게 상소할 권리를 가진다든지, 국가신 제사의 의무에서 해방되는 것, 안식일에 재판을 받지 않게 되고 군인은 안식일에는 군무에서 풀려나온다든지 하는 것)을 즐겼고 대신 예루살렘 성전에서 황제를 위하여 희생 제사를 드렸다. 로마와 알렉산드리아 같은 대도시에는 특히 많은 유대인들이 살고 있었는데 이들은 가는 곳마다 회당을 세우고 신앙생활을 하며, 자녀들의 종교 교육을 하는 동시에 그들은 또한 열렬한 전도자들이기도 하여 이들의 전도로 개정한 자들의 수가 70만 가량이나 되었다. 이들은 모국어를 사용하는 대신 그 지역의 언어, 특히 헬라의 코이네(koine)를 사용하였고 또 알렉산드리아에서 B.C. 3~2세기에 구약성서를 헬라어로 번역하였다(Septuagint, LXX). 이 번역 성서는 종교사학적으로 매우 중요한 의의를 가지고 있다. 원시 기독교인들이 주로 이 성서를 사용했을 뿐만 아니라 이교도들의 유대교 개종에도 큰 역할을 하였다. 이 성서는 내용이 광범위할 뿐만 아니라 다양한 종교적 자료를 제공해 주고 또한 동방적인 신비한 종교 체험을 충분히 가져다 주기 때문에 안식일 때마다 회당에는 많은 경건한 이방인들이 모여 와서 하나님을 경배하였다.

그러나 이방인 개종자들의 수가 아무리 엄청나게 많다고 해도 그들은 유대교에 개종한 신자들이었지 지도자들은 아니었다. 따라서 이들을 발판으로 하여 유대인들이 정치적인 세력이 되어 보려는 것 같은 계획이란 있을 수가 없었다. 더욱이 A.D. 66~70년 로마와의 전쟁, 예루살렘 함락, 성전 파괴 이후 유대인들은 가장 심하게 눌리고 말았다. 따라서 종교적으로 로마 제국을 정복한다는 것은 바랄 수도 없었다. 보다 더 큰 타격은 기독교의 발생이었다. 구약성서라는 같은 뿌리에서 나왔을 뿐 아니라 유대교로부터 볼 때 한 작은 이단으로밖에 취급되지 않았던 기독교가 유대교를 훨씬 능가하여 로마 제국을 정복했던 것이다.

제 2 장
기독교의 발생

1. 팔레스타인의 교회

예수의 십자가 사후, 오순절에 예루살렘에서 베드로를 중심으로 한 사도들의 전도로 시작한 교회는 유대 본국내에 사는 유대인들로 이룩한 교회였다. 그들은 성전을 중심으로 율법을 준수하였고 따라서 그들의 신앙은 일반적으로 유대적이었다. 그러므로 당시 유대인들은 기독교를 유대교의 한 종파로 보아 나사렛파라고 불렀다. 그래도 이 나사렛파는 다른 유대교파와 본질적으로 다른 점들이 있었다. 유대인들의 배척과 십자가의 죽으심에도 불구하고 예수를 메시야로 믿었고 그는 주검에서 부활하여 승천하셔서 지금은 하나님의 우편에 계시고 또 다시 오셔서 세상을 심판할 것이요, 세상은 말세가 가깝다는 신앙에 서 있다.

2. 교회의 이방 진출

교회의 발생과 이교의 세계로의 진출을 밝혀 주는 기본 사료는 아무래도 사도행전이다. 그러나 사도행전은 원래 이름이 없다. 오순절 예루살렘에서의 교회의 발생에서 시작하여 사도 바울이 선교를 통한 로마 제국 수도 로마에까지의 진출로 끝맺음을 염두에 둔다면 행전의 가장 알맞은 이름은 「로마로 가는 길」이라 해야 옳을 것 같다.

또 사도들만의 행전도 아니다. 전체의 2/6는 베드로의 선교, 3/6은 바울의 선교, 나머지 1/6은 평신도 지도자들, 또 이름 없는 평신도들의 선교 기록이다. 야고보와 요한의 이름이 나오나 야고보는 첫 순교자로, 요한은 베드로의 선교동역자로 나오고 그 외 다른 사도들의 이름은 없다. 다른 사도들은 선교하지 않았다는 말은 물론 아닐 것이고 누가의 의도가 선교는 베드로 바울 같은 사도들만의 사명이 아니라 구원얻은 모든 사람들이 다 책임져야 할 문제임을 시사하는 것 같다.

교회의 이방 진출의 교량 역할을 한 자들이 디아스포라 출신 유대인 신자들이다. 이들은 해외에서 나서 살며 세계를 호흡하여 그 시야가 넓을 뿐만 아니라 고국에 돌아와서 조상 전래의 신앙에 살던 자들이다. 그 중의 한 사람인 스데반이 유대교도들과의 충돌로 인하여 순교하게 되고, 사도들 외의 다른 교인들은 각기 다른 곳으로 피하여 가서 거기서 복음을 전하게 되었다. 이런 이들 중 어떤 이들이 국경을 넘어 시리아의 안디옥에 와서 유대인과 이방인들로 구성된 교회를 세웠고 또 여기서 최초로 그리스도인이라는 이름을 얻게 되었다. 이것은 제 1세기 교회의 최대의 의를 가진 사건이었다. 두 형태의 기독교, 유대인 기독교와 이방인 기독교가 발생하여 발전하는 것을 의미하는 것이었다.

이방인 기독교의 발전과 확장은 길리기아 다소에서 난 디아스포라의 한 사람인 사도 바울의 활동과 역사와 많은 관계가 있다. 그는 위대한 선교자로 로마 제국내에 광범위하게 교회를 세울 뿐만 아니라 그가 세운 교회를 위하여 율법에서 해방된 순복음주의 기독교를 최초의 예루살렘 총회에서 승인하도록 하게 한 위대한 신학자이기도 하였다. 만약 이 예루살렘 총회에서 복음주의 기독교가 승인되지 못하였더라면 기독교는 유대교의 한 종파임을 면치 못했을 것이요 따라서 세계적 종교로 발전할 수도 없었을 것이다. 이 바울의 승리로 기독교는 유대교와 완전히 갈라지게 되었다. A.D. 70년대 예루살렘은 로마의 디도(Titus)에 의하여 함락되고 동시에 국가로서의 유대 나라는 완전히 사라지고 말았다. 또한 유대주의 기독교는 급격히 쇠퇴하여 요단강 동편 시리아 지역에 국한되고 말 뿐만 아니라, 이방인 기독교의 눈에는 한 이단적 종파로밖에 보이지 않았다. 미래는 이방인 기독교에 있었던 것이다.

이즈음 기독교는 지중해를 중심으로 한 구라파 각지로 발전하였고 사도 바울 이전에 로마에까지 발전하였다. 물론 바울이 로마에 와서 최소한 2년간 비록 옥중에 갇히기는 하였지만 가이사의 집에 복음을 전할 뿐더러 별로 방해를 받지 않고 자유로이 전도할 수 있었다. 그는 결국 로마에서 순교하였다. 모름지기 베드로도 로마에서 순교했을 것이나 그 연대에 관해서는 정확히 아는 바 없다. A.D. 60년 초기에 주의 동생 의인 야고보가 유대인에 의하여 순교하였다. 그는 예수의 생시에는 믿지 않았으나 부활하신 예수를 보고 믿게 되었고, 베드로가 예루살렘을 떠난 후 예루살렘 교회 감독이 되었고 제1차 예루살렘 교회의 총회를 사회하였다.

유대인들이 로마를 반하여 전란을 일으켰을 때(A.D. 66-70) 예루살렘 교회는 전란을 피하여 요단강 동편 펠라(Pella)로 옮겼다. 예수의 사랑하는 제자 요한은 일찍이 그 형제 야고보와 함께 순교했다고 하는 자도 있다. 그러나 행전에 이런 중대한 사건에 대하여 누가 아무 취급도 안한 것을 보아 신빙성이 적고 노년까지 에베소를 중심으로 한 소아시아 교회의 지도자로 있다가 트라야누스(Trajanus) 황제 (A.D. 98-117) 치세시 고령으로 세상을 떠났다는 전통적인 견해가 더 믿을 만하다.

3. 로마 제국 판도내의 교회의 대발전

사도들의 사후에도 교회는 계속 발전하였다. 사도들을 계승한 자들에 의해서다. 이들을 속사도 시대 교부들(Post-apostolic Fathers A. D. 90-140)이라고 하는데 그들의 교회사적 의의는 사도 시대와 고대 가톨릭 시대를 이어준 데 있다 하겠다. 여기 속하는 자들은 아래와 같다.

1. 클레멘트(Clement) 제 1서신

95년 또는 96년경 로마 교회의 장로 클레멘트가 고린도 교회에서 장로와 교인들 사이에 분류가 생겼을 때 권계하는 편지를 보냈는데 이 사실은 벌써 이때에 로마 교회의 권위가 다른 교회보다 앞서고 있다는 것을 보여 준다.

2. 안디옥의 이그나티우스(Ignatius of Antioch)

모름지기 트라야누스 황제 핍박시에 로마에 호송되어 맹수에게 주어져 순교하였다. 로마로 가는 도중 에베소, 막네시아(Magnesia), 트랄레스(Tralles), 로마, 빌라델비아, 서머나와 서머나의 감독 폴리갑(Polycarp)에게 보내는 7서신을 썼다. 여기서 그는 감독의 권위를 극히 강조하여 감독 있는 곳에 교회가 있다고 했고 또 최초로 가톨릭(Catholic)이라는 말을 사용하였다.

3. 폴리갑의 서신

안디옥의 감독 이그나티우스가 로마로 잡혀 갈 때 그 상황에 대하여 빌립보 교회에 알리는 편지

4. 바나바(Barnabas)의 서신

바울의 동역자가 아니라 이름 없는 자의 쓴 편지, 강렬한 반유대적인 서신으로 유대교의 제사법을 우의적으로 해석하여 그리스도와 그의 속죄를 의미한다고 가르친다.

5. 파피아스(Papias of Hierapolis)의 주의 교훈의 해석

120년경에 쓰여진 것으로 5권의 책이 있으나 지금은 그 단편만 남아 있다. 유대인들의 묵시문학의 영향을 받아 말세 천년왕국 사상을

강조한다.

6. 12사도의 교훈
100~150년간의 교회 제도에 관한 문서, 두 길 생명에의 길과 사망에 이르는 길에 대한 도덕적 교훈, 세례, 금식, 기도, 성찬에 관한 의식, 교회생활, 즉 순회 설교자, 예언자, 교사 감독과 집사들의 선거에 관한 규정과 교훈이다.

7. 헤르마스(Hermas)의 목자
140년경 로마의 감독 피우스(Pius)의 형제인 한 평신도가 쓴 묵시문학, 5비전(vision) 12훈령 10 비유로 된 교회생활에 대한 윤리적 교훈이다.

8. 클레멘트의 제 2서신
모름지기 고린도 교회의 장로의 설교(A.D. 135-140)로 애굽 복음서로부터의 주의 교훈의 인용 등이 있다.

교회는 이렇게 위에 말한 지도자들이 각지를 순회하면서 복음을 전하여 발전했을 뿐 아니라 보다 더 해상, 육상 교역을 통한 평신도들의 전도 활동을 통하여 더 발전하였다. A.D. 180년경에는 지중해를 중심으로 한 모든 지방에 교회가 퍼졌는데 동방에서는 소아시아 지방과 헬라 문화에 젖은 동방인간에 교회가 왕성하였고, 서방에서도 헬라어를 사용하는 민족들에게 교회가 들어가 도시에서 주로 하류에 속하는 사람들에게 복음이 전해졌으나 귀인들도 적지 않았다. 300년경에 로마 제국내에 기독교가 얼마나 많은 숫자를 가지고 있었는지 측정하기 곤란하나 콘스탄틴(Constantine) 황제가 기독교로 전향했을 때 대다수의 민중이 개종한 것은 사실이다.

제 3 장
생존을 위해 투쟁하는 교회

1. 초기의 기독교와 로마 제국

 교회는 그 발생 초기에 있어서 신교의 문제로 인하여 로마 제국의 관심거리가 별로 되지 아니하였다. 예수 그리스도와 바울과 유대인 사이에 일어났던 모든 사건은 종교적인 문제라기보다 정치적인 문제로 로마 제국이 취급하였다. 스데반의 순교나 세베대의 아들 야고보의 순교나 주의 동생 야고보의 순교는 로마 제국과 아무 관계가 없다. 일반적으로 볼 때 로마 제국은 기독교를 당시 이미 공인된 유대교의 일파로 보고 무슨 새로운 종교로 보지 않았다.
 그렇다고 해서 기독교의 안전이 로마 제국에 의하여 보장된 것은 아니다. 바울과 실라의 빌립보 투옥 사건, 에베소에서의 은장색, 데메드리오의 핍박 사건 등은 이것을 말한다. A.D. 64년 네로(Nero) 황제가 로마 대화재 사건의 책임을 당시 증오의 대상이었던 기독교도들에게 전가시켜 피비린내 나는 대핍박이 일어나 많은 순교자를 내게 된 것도 무슨 기독교가 금지된 종교는 아니었을지라도 안전치는 못하였다는 사실을 말하는 것이다.
 또한 기독교의 입장에서 보더래도 로마 제국에 대한 반정부적인 태도를 별로 볼 수 없었다. 예수의 로마 제국에 대한 태도나 요한 계시록을 제외한 신약성서나 사도들의 태도도 반항적이 아니라 순응적이었다. 또한 국가에 대한 모든 의무를 다하며 국가를 위하여 기도할 것을 가르쳤다. 로마 제국의 대기독교 정책은 250년을 전후로 하여 그 양상이 달라진다.

2. 100~250년의 기독교와 로마 제국

이 기간의 기독교와 로마 제국은 별로 격돌이 없는 일종의 파행적(爬行的) 관계였다. 이때는 벌써 기독교는 금지된 종교였다. 황제 트라야누스가 비두니아의 총독 플리니 2세(Pliny Ⅱ)에게 보낸 대기독교 정책(111-113)은 이를 말한다. 플리니 2세는 고발된 기독교도들에 대하여 어떠한 처치를 해야 하느냐 하는 질문을 했는데·트라야누스 황제는 아래와 같이 답하였다.

"친애하는 플리니여, 그대는 기독교도들이라고 고발된 자들을 심문함에 있어서 올바른 태도를 취하였다. 왜냐하면 전국적으로 적용될 수 있는 확정된 규정이 없기 때문이다. 일부러 그들을 색출할 필요는 없다. 만약 그들이 고발당했을 뿐만 아니라 그것이 사실로 증명된다면 아래와 같은 경우를 제외하고는 그들을 처벌할 것이다. 만약 누가 자기는 그리스도인이 아니라고 할 뿐 아니라 실제 우리들의 신들을 숭배함으로 그것을 증명한다면 그의 과거가 아무리 의심스럽다 해도 그의 취소의 결과로 용서받아야 한다. 어떠한 경우에도 이름을 밝히지 않고 투서된 팜플렛을 중요시하지 말라. 좋지 않은 전례를 남겨 놓을 뿐만 아니라 그러한 것들은 이 시대와 맞지도 않는 것이다."

이 답변서가 말하는 바와 같이 기독교는 이미 금지된 종교이나 조직적인 전국적 핍박이 아니었고 또 기독교도들을 일부러 색출해서 처벌하는 것이 목적이 아니었다. 되도록이면 배교시키려 했던 것이다. 만약 불응하면 참형, 화형, 맹수형 혹은 종신적인 노예, 혹사, 노동형 등에 처하였다. 순교자는 그리 많지 않았다고 봄이 옳을 것이다.

3. 250~300년간의 관계

중간에 약 40여 년 간의 평온한 시기를 두고 이 기간 중 기독교는 가장 심각한 위기를 두 번 겪었다. 2세기 말경 헬라어를 하던 사람들의 범위를 넘어서지 못하던 기독교는 3세기 초에 와서는 라틴어를 말하는 북아프리카까지 발전하였고 또 한편 스페인과 가울(Gaul), 그리고 브리테인(Britain)까지 퍼져 가고 있었다. 애굽에서도 기독교가 토인들에게로 파고들어갔으며 시리아어를 하는 에뎃사(Edessa)에는 벌써부터 교회가 왕성하였다. 어쨌든 250년경 기독교는 무시할 수 없을 정도로 강력해졌다. 따라서 로마 제국은 이때까지 취하던 대기독교 정책을 근본적으로 재고려하지 않을 수 없게 되었다. 완전히 박멸해 버리든가, 그렇지 않으면 기독교와 손을 잡든가 양자택일해야 할 처지에 빠졌던 것이다. 248년은 로마 건국 1000주년 되는 해였다. 옛날의 찬란하던 전통과 강력한 국력을 되새기면서 향수를 느끼던 때였다. 외적의 부단한 침략과 내적 혼란과 분열에 피폐해질 대로 피폐해진 나라를 생각할 때 사람들은 국가 쇠퇴의 책임을 기독교도들에게 묻고자 했던 것이다. 고대 이교 신들을 섬길 때 로마는 강성했으나 지금은 기독교도들 때문에 신들의 진노로 재난이 왔다고 격노한 군중들은 기독교도들을 희생 제물로 삼으려 했던 것이다. 황제 데시우스(Decius)는 전국적으로 광범위한 대박해를 조직적으로 일으켰다. 이 격렬한 박해는 약 10년간 계속되었다. 그래도 기독교는 근절되지 않았다. 그후 303년 황제 디오클레티안(Diocletian)은 대박해령을 내렸다. 교회는 다 허물어 버리고 성서는 다 몰수하고 성직자들은 투옥되어 지독한 고문을 당하였다. 많은 순교자들이 났다. 다행히 305년 황제는 자발적으로 퇴위했기 때문에 교회는 다시 숨쉴 수 있었던 것이다. 왜 기독교는 이렇게 혹심한 핍박을 받아야만 했는가?

기독교에 대한 비난, 증오, 핍박은 대별해서 세 방면으로부터 왔다. 사상적 세계, 로마 제국, 사회도덕적인 오해다. 원래 기독교는 국가에 대하여 온건한 태도를 취하여 현존한 정치 질서에 순응했으나 로마 제국의 눈으로 볼 때는 기독교는 국가를 인정치 않는 국가 안의 국가로 보여졌던 것이다. 왜냐하면 기독교의 유일신 신앙은 로마의 다신교, 특히 황제 숭배를 거부했을 뿐 아니라 이와 밀접한 관계를 가진 국가 공직에 나가기를 거부하고 전쟁을 반대한 나머지 군인으로 나가기를 거부하였고 또 일반 사회생활은 거의 다 다신교와 관계되지 않은 것이 없었으므로 사회생활에서 유리하여 별파적인 행동을 했기 때문에 로마 제국은 기독교도들을 일종의 혁명 단체로 오인했던 것이다.

한편 이름난 플라톤주의자 켈서스(Celsus)는 약 178년경 '참 말씀'(Ἀληθής λόγος)을 발표하였다. 이 글은 지금은 잃어버렸으나 오리겐(Origen)의 반박문을 통하여 그 내용을 알 수 있다. 예수는 유대인들의 전설대로 군인 판테라(Pantera)와 마리아 사이의 사생아이며 마술사요 사기꾼이다. 기독교의 교훈은 어리석기 짝이 없고 순전히 신화에 속하며 그 경전에는 모순이 많고 특히 성육신, 부활, 심판, 교리는 용서 못할 사상들이라고 그는 비난 공격하였다. 또 신플라톤 학파 폴피리(Porphyry)도 기독교의 신관, 성서, 예수의 품성, 그의 성육신, 그리고 기독교도들의 품성 등을 공격하였다. 이원론적인 이들은 물질을 죄악시하고 구원을 영혼의 육에서부터의 해방이라고 믿었기 때문에 하나님의 아들이 육신이 되어 십자가에 죽고 다시 육신으로 부활했다는 기독교를 용납할 수 없었기 때문이다.

여기 곁들어 이교 종교들의 경쟁과 사회 도덕적인 오해, 예를 들면 카타콤 비밀 집회 예배가 가져오는 남녀 성적인 죄 오해, 성찬식에 대한 살인, 식인 등등의 오해로 민중들의 기독교 증오가 기독교를 핍박하도록 했던 것이다.

4. 기독교의 태도

대체적으로 셋으로 나눌 수 있다. 배교자, 순교자, 문서로 기독교를 변증하는 호교론자들이다. 많은 사람들이 핍박을 견디지 못하여 배교하였다. 후에 이들 가운데 다수가 그 죄를 뉘우치고 교회로 돌아오고자 하여 자연히 이들을 용납하느냐 안하느냐의 문제는 교회에 적지 않은 파문을 일으켰다.

얼마나 많은 사람들이 순교를 택했는지는 알 수 없으나 가장 대표적인 자가 이그나티우스(Ignatius of Antioch)와 폴리갑(Polycarp of Smyrna)이다. 이그나티우스는 트라야누스 황제 때 핍박을 만나 로마로 호송되어 맹수의 밥이 되어 순교하였다. 그가 로마로 온다는 소식을 들은 교우들이 그의 구명운동을 하고 있다는 소식을 듣고 이그나티우스는 서머나에서 로마로 보내는 편지를 썼다.

이 편지에서 그의 순교열을 엿볼 수 있다.

"……만일 그대들이 침묵을 지켜 나 홀로 있게 한다면 나는 하나님의 말씀이 된다. 그렇지 아니하고 만일 그대들이 내 육체를 원한다면 나는 공연한 울부짖음에 멎으리라. …… 나를 맹수에게 주어서 그들을 통하여 하나님에게 이르도록 하라. 나는 하나님의 밀(wheat), 맹수의 이에 갈려 그리스도의 순전한 떡이 되리라. 오히려 맹수를 추켜 주어 들로 나의 무덤이 되게 하여 내가 잠든 후 내 몸의 어느 한 부분도 남겨져 다른 사람의 수고가 되지 않게 하라. 나로 맹수의 즐거움을 갖게 하라. …… 보이는 것들이나 보이지 않는 것들이나 내가 그리스도에게 이르름을 시기하지 말라.

오라! 불이든 철(鐵)이든 맹수의 움키고 끊고 뼈를 부수고 사지를 자르고 온몸을 부서뜨리는 것들이라도!

오라! 악마의 잔인한 고문도 그것들은 오직 나로 그리스도에게 이르게 하는 것뿐이리라. 온 세상인들 무슨 유익이 있으랴. 땅 끝의 나라를 다스리는 것보다 그리스도를 위하여 죽는 것이 낫다. …… 만일 그대들이 내 목숨을 구한다면 그것은 사랑이 아니라 나를 시기하고 미워하는 것뿐이리라."

폴리갑은 안토니누스 피우스(Antoninus Pius) 황제 때(155 혹은 156) 배교를 권하는 심판관 앞에 "86년간이나 내가 그를 섬겼으나 그가 나를 해롭게 한 일이 없다. 어떻게 나를 구원한 나의 왕을 내가 모독할 수 있느냐." 심판관이 위협하여 "내게 맹수가 있다. 회개하지 아니하면 너를 그들에게 던지리라." 할 때 "맹수를 끌어오라. 더 선한 것에서부터 더 악한 것에의 회개란 우리에게 있을 수 없다." "만약 네가 회개하지 않고 맹수를 우습게 본다면 너를 불사르고 말겠다." "그대는 한 시간 가량 사르고 그후에는 꺼져 없어지는 불로서 나를 위협한다. 그러나 그대는 장차 올 심판의 불은 모른다. 하나님을 모르는 자들을 위하여 남겨 둔 영원한 형벌의 불은 모른다. 왜 이리 늦추느냐. 어서 불을 가져오라." 마침내 그는 화형을 당하였다.

하드리안(Hadrian) 황제 이래 문서로 로마 제국에 대하여 기독교를 변증하며 이교 사회의 모략 중상과 오해를 반박하는 동시에 교양 있는 자들을 기독교로 전향시키려는 운동이 일어났다. 콰드라투스(Qudratus)는 하드리안에게(125 또는 126 지금은 없어졌다.), 말시아누스 아리스티데스(Marcianus Aristides)는 안토니누스 피우스에게(약 140), 순교자 저스틴(Justin)은 안토니누스 피우스에게(약 150) 제 1, 제 2 변증서를, 그리고 그는 또한 '유대인 트리포(Trypo)와의 대화', '부활에 대하여'를 썼고, 시리아의 타티안(Tatian)은 '헬라인들에게 보내는 글'(150)을, 아데나고라스(Athenagoras)는 마커스 아우렐리우스(Marcus Aurelius) 황제와 콤모더스(Commodus)에게(177년경), 데오필로(Theophilus)는 이교도 친구 오톨리코스(Autolykos)에게 보내는 글을 썼다. 또 지금은 잃어져 없어진 변증문 중에는 아폴리나투스(B.C. Apollinatus of Hierapolis)의 '마커스 아우렐리우스에게', '헬라인에게', '진리에 대하여'가 있고 밀티아데스(Miltiades)의 '헬라인에게', '유대인에게', '기독교 철학에 관하여 이 세상 제후들에게', 멜리토(B. Melito of Sardis)의 '마커스 아우렐리우스에게' 아리스톤(Ariston of Pella)의 '야손과 파피스커스(Jason and Papiscus) 간의 반유대적 대화'가 있다.

이들 중 가장 유명한 자가 순교자 저스틴이다. 그는 팔레스타인의 풀라비아 네아폴리스(Flavia Neapolis)에서 헬라계 가정에서 나서 마커스 아우렐리우스 때에 순교하였다. 일찍이 스토익 학파, 아리스토텔레스 학파, 피타고리안 학파, 플라톤 학파의 철학을 차례로 연구했으나 영혼의 만족을 얻지 못하다가 해변에서 어떤 그리스도인 노인을 만나 인간적인 탐구로서는 신에 대한 개념은 가질 수 있으나 살아 계신 인격적인 하나님은 만날 수 없다. 그를 만나려면 그에게 듣고 보아야 한다면서 구약성서, 특히 예언서를 지적하였다. 저스틴은 그 말대로 예언서를 연구하는 중에 이것이야말로 진정한 학문이요 철학이라 확신하고 믿게 되었다.

호교론자들의 이러한 운동으로 이교 세계에 어떠한 영향을 끼쳤는가는 의문이나 교회사상 특히 사상사적인 면에서 볼 때 최초의 기독교 신학의 기초를 놓은 자들이라는 점에서 그 의의가 크다. 이교 철학과의 공통한 지반인 헬라적인 도덕, 철학에 서서 그들의 사고방식, 특히 스토익 합리주의와 타협했기 때문에 그들의 신학은 일종 유신론적 신관, 로고스론과 도덕적 신학이었다. 그들은 기독교를 일종의 철학으로 보았던 것이다. 그들의 사상의 양대 특성은 합리주의와 도덕정신이었다. 따라서 기독교는 그 순수한 신앙 진리를 순수한 그대로 간직했기보다는 본질적인 것을 상실하지 않았다 하더라도 철학으로 떨어지게 하고 말았다는 비난을 면치 못한다.

5. 기독교의 공인

디오클레티안이 자발적으로 퇴위한 후 황제의 위를 다투는 자가 동에 리시니어스(Licinius)와 막시무스 디아스(M. Dias), 서에는 콘스탄틴(Constantine)과 막센티우스(Maxentius)였다. 이들은 서로의 도움을 위하여 리시니어스와 콘스탄틴, 디아스와 막센티우스가 동맹을 맺었다. 312년 콘스탄틴은 막센티우스와 싸우기 위하여 로마로 진군하였다. 막센티우스가 이교 신의 도움을 힘입고 있음을 아는 콘스탄틴은 우세한 적을 두려워하는 군대를 고무하기 위하여 보다 더 강력한 신의 도움이 필요함을 느꼈다. 훗날 그는 그 친구, 교회사가 유세비우스(Eusebius)에게 말했다. 정오에 그가 기도할 때 이것으로 승리하라고 새겨진 빛의 십자가의 환상을 보았고 다시 꿈에 하나님이 나타나서 이 표지로 깃발을 만들어 싸우라는 명령을 받았다. 그는 십자가의 군기를 내세우고 멜비우스(Melvius) 다리에서 막센티우스를 격파하고 로마를 점령할 수 있었다. 모름지기 수백년간의 핍박에도 불구하고 여전히 요원의 불 같은 기세로 뻗어 가는 기독교의 십자가가 불사신의 깊은 인상을 주었기 때문이었을 것이다. 313년 콘스탄틴은 밀란(Milan)에서 리시니어스와 만나서 동서 제국을 나누기로 했고 거기서 기독교에 신교의 자유를 주었다. 그러나 밀란 회담의 내용에 대하여는 정확하지 않다. 콘스탄틴은 벌써 서방에서 기독교에 신교의 자유를 주었고, 밀란 회담에서는 동방 제국에만 리시니어스가 선포했다고도 말한다. 콘스탄틴의 기독교 신앙이 어느 정도인가는 논쟁점이나 그가 기독교에 대하여 점점 더 호의적인 태도를 가졌던 것만은 사실이다. 칼 호이시(K. Heussi)는 아래와 같이 기독교가 승리한 이유를 든다.

(1) 우주적인 제국과 우주적인 교회가 맞부딪쳤으나 제국을 뒷받침하기에는 이교는 너무도 빈약하고 불만족스러웠다. (2) 대중의 경제적인 빈곤이 더하면 더할수록 피안의 세계의 행복한 생활을 추구하게 되었다. 그들 짓밟히는 하류 계급의 사람들은 가톨릭 교회에서 인격적 대우와 사회적인 도움과 내세 소망을 만족할 수 있었다. (3) 가이사 때에 와서 시대는 지식 우위에서 신앙의 우위에로 전환되었다. 철학도 권위, 계시, 초자연적인 신앙, 그리고 마지막으로 엑스타시로 변해 갔는데 교회는 이러한 모든 요구에 응할 수 있었다. (4) 순수히 종교적으로 본데도 가톨릭 교회는 아래 말하는 점들에 있어서 300년 당시의 이교 종교들보다 훨씬 우월하였다. ① 유일신 신앙은 유물로 남아 있던 종교들과 신비(myth)보다 우월하여 그들을 계몽하였다. ② 순교자들이 남긴 감명적인 인상 ③ 고대 사회의 공포의 대상이었던 악마 정복 ④ 모든 고대의 신비를 넘어서는 하늘과 땅을 소유하고 만물의 처음과 나중을 다 포함하며 한사람 한사람의 영원한 구원을 다 가지고 있는 구속의 역사(歷史), 깊은 신비를 충만히 간직하고 있는

성서를 소유한 그리스도 신앙의 우월성 ⑤ 성육신(成肉身)과 성례들을 통한 내세와의 확실한 연결 ⑥ 인간 전체에 적응하는 자제(自制), 자기 희생, 도덕, 경탄할 만한 금욕생활 ⑦ 통일된 하나님의 교회 조직 ⑧ 사람들의 일상생활에 가치있는 후기 상고시대의 많은 종교적 요소를 가톨릭 교회가 흡수한 사실 등이 기독교의 승리를 가져왔다.

6. 기독교의 국교화

380년 황제 데오도시우스(Theodosius)는 칙령을 내려 모든 사람들은 사도 베드로가 로마에 준 신앙만을 가지도록 하였다. 이때로부터 로마 제국 안에는 한 종교, 기독교만이 그것도 또한 서방 정통신앙 니케아신조에 입각한 기독교만이 국교가 되고 모든 다른 종파와 이교는 극형을 가하여 금지하였다. 이렇게 기독교가 국교가 된 후 이교는 급속도적으로 자취를 감추게 되었고 이교의 신전들은 감독들과 수도사들과 기독교도들의 손에서 피비린내 나는 참극과 함께 파괴되어 버렸다. 수를 셀 수 없는 귀중한 예술품이 특히 동방에서 없어지고 말았다. 많은 신전이 파괴되었거나 기독교의 교회로 화하고 말았다. 그래도 이교는 오랫동안 없어지지 않고 로마 원로원 의원 중에서와 철학자들 사이에 남아 있었다. 저스티니안 1세(Justinian Ⅰ) 황제가 529년 아데네에 있던 플라톤파 아카데미를 폐쇄한 후에야 이교는 완전히 자취를 감추고 말았다.

그러나 이것만이 이야기의 전부는 아니었다. 기독교의 로마 국교화는 로마 제국에 대한 기독교의 승리만을 의미하는 것이 아니었다. 어떤 의미에서는 로마 제국의 기독교 이용이기도 하였다. 수다한 이민족을 내포한 로마 제국은 국가의 내적 통일을 위하여 기독교를 국교화함으로써 달성하려 했던 것이다. 따라서 가톨릭 교회는 국가와 대립하는 종교가 아니라 로마 제국 안에서 그 통일을 이룩하는 요소가 되어야 했다. 콘스탄틴 황제 이래 황제는 교회의 내정에만 간섭할 뿐 아니라 교리와 신앙에도 강력한 압력을 가하게 되었다. 교회는 그 자유를 잃었던 것이다. 가이사의 교회 지배(Caesaropopism)가 이루어졌던 것이다. 그 전형적 대표가 동방의 저스티니안 1세(527-569)이다. 그러나 서방에서는 로마 제국의 권력이 약화되어 가이사 교황 정치가 발전되기 전에 로마 가톨릭 교회가 발생하였고 세계를 지배하려는 교황 정치가 일어나게 되었다.

제 4 장
이단과 분파와 이에 대처하는 교회

 교회가 밖으로부터 심한 핍박을 받고 있을 때 안으로도 또한 여러 가지 이단들이 일어나서 교회는 이 문제를 해결하지 않으면 안 되게 되었다. 교회는 이단에 대처하는 표준으로 성경, 신경, 감독의 권위를 확립시키는 결과를 가져오게 되었고, 호교론자들의 기독교 진리를 파악, 해명하려던 시도에서 신학의 여러 문제를 취급하여 체계 신학의 기초를 닦는 결과를 가져왔다. 편의상 이단과 분파로 구분한다.

1. 2세기의 이단과 분파

1. 유대주의 기독교
 사도행전에서 보는 바와 같이 원시 기독교 시대에 이미 율법을 고수하는 유대주의 기독교가 있어서 바울을 배척하며 복음주의 기독교와 대립하였다. 후에 3파로 나뉘어 극단적인 에비온(Ebion)파는 그리스도의 신성과 동정녀 탄생을 부정하고 그는 단순히 사람이나 요단강에서 세례받으실 때 성령이 그에게 임하여 하나님의 아들이 되었다. 그는 예언자와 교사로서 구약성서의 율법을 더 엄격화했으며 확대하였고 이적을 행하신 자라 한다, 보다 더 온건한 나사렛파는 그를 하나님의 아들로 동정녀 탄생과 십자가에서 수난하시고 부활하셨다고 한다. 율법은 유대인에게만 의무일 뿐이다. 가톨릭 신앙과 일치하고 바울을 인정하나 히브리 복음서만 사용하였다. 2세기 초에 무서운 힘을 가진 천사(그리스도)가 여성 천사(성령)를 동반하고 세리(Seri)에서 엘카사이(Elkasai)에게 임하여 새 계시의 책을 주었다. 지극히 높으신 하나님이 그 아들 그리스도의 이름으로 제2의 세례를 주어 모든 죄를 다 사하게 하신다. 율법은 지켜야 하고, 할례는 받아야 하나 희생 제사는 금지한다. 처녀 탄생을 부정하고 바울을 배척하는 그리스도는 계속 성육신(incarnation)하는 원형인(原型人)이다. 점성술과 마술을 믿으며 빵과 소금으로의 성례식을 주창한다. 이들을 엘카사이파라 하는데 클레멘트의 제2서신은 이 파의 영향을 받았다. 유대주의 기독교는 5세기에 자취를 감추고 말았다.

2. 노스틱 이단(Gnosticism)

펄시아(Persia)의 물질적 이원론과 플라톤적 정신적 이원론의 영향을 받은 이원론에 입각한 일종의 혼합주의로 사변적 요소를 다분히 가지고 있으나 구원을 목표로 한 종교를 자처하는 이단이다. 기독교 이전에 발생했으나 기독교에 접근하여 교회 안에 들어와서 어지럽게 한 이단으로 예루살렘 첫 총회에서 율법과 복음주의의 충돌이 있은 후 교회가 당면한 최대의 이단이었다. 사톤니루스(Satornilus of Antioch, 95년 이전), 바실리데스(Basilides, of Alexandria, 130년경), 발렌티누스(Vlentinus of Rome, 135-165년경) 등이 그 대표적인 자들로서 이 우주는 신적 세계의 최하의 에온(aeon)인 창조의 신(Demiutge)이 신약성서의 최고의 선한 하나님을 대항할 목적으로 지었다. 그리스도는 최고 선한 하나님을 계시하는 에온 중 최선한 자나 죄악된 육신을 입고 사람된 자가 아니요, 사람인 것처럼 보였으나(幻想說, docetism) 십자가 지시기 직전 하늘의 그리스도는 올라가고 인간 예수만이 죽었다고 한다. 구약성서는 물질 창조와 심판을 주관하는 창조의 악신의 글이기 때문에 배척하고 사람을 처음에는 그노시스(γνῶσις, 지식)를 가진 자와 육적인 자로 구분하여 구원은 지식으로 얻는 것이기 때문에 전자만이 구원을 소유한다고 했으나 교회에 들어온 후 신앙하는 그리스도인이 문제되어 다시 사람을 삼분하여 영적인 자, 도덕적인 자, 육적인 자로 하였다. 도덕적인 자는 신앙으로 구원 얻으나 보다 더 고차적인 구원은 지식을 가진 영적인 자만이 얻는다.

3. 말키온(Marcion) 이단

이 이단이 노스틱 이단에 속하느냐의 가부는 논쟁이 되었다. 많은 공통점이 있음에도 불구하고 다른 점도 있어서 독자적인 자로 취급함이 옳다. 소아시아 시노페(Sinope)에서 생장한 부유한 선주(船主)의 아들이었다. 139년경 로마에 와서 교회에 가입하였으나 후에 교회가 순복음주의에서 떠났다 생각하고 바울의 순복음주의 신앙 개혁운동을 일으켜 144년경 이단으로 정죄되고 교회를 갈라 나간 후 이들을 위하여 목회 서신을 제한, 바울의 10 서신과 율법적인 부분을 삭제한 누가복음으로 구성된 최초의 신약성서 캐논(Canon)을 편찬하였다. 노스틱 이단처럼 이원론에 입각하여 구약성서와 구약의 하나님을 부정하고 그리스도의 인성을 부정하나 구원은 지식으로가 아니라 신앙으로 얻는다 하며 진리의 원천은 그가 편찬한 신약성서 캐논이다.

4. 몬타누스(Montanus) 분파

비록 이단으로 몰리기는 했으나 분파로 봄이 옳다. 말키온 이단이 교회 안에서 신학적인 개혁운동을 하던 자임에 비하여 몬타누스는 교회 안에서 타락한 신앙생활의 개혁운동을 일으키다가 몰린 자이다.

본래 부르기아 지방의 한 이교 제사장이었으나 기독교에 개종한 후 2세기의 교회가 그리스도의 조속한 재림 신앙과 성령의 예언의 역사가 쇠퇴하고 신앙생활의 속화, 타락해 감을 분개하여 156년경 요한복음 14장에 의거하여 자기가 성령의 기관이라고 외치면서 그리스도의 재림을 강조하고 엄격한 금욕적인 신앙생활을 부르짖었다. 후에 여선지 프리스카(Prisca)와 막시밀라(Maximilla)가 가담하여 하늘의 새 예루살렘이 부르기아에 임한다고 외쳐 많은 혼란을 빚어냈다. 후에 약

207년경 카르타고의 유명한 신학자 터툴리안(Tertullian)이 이 운동에 가담하였다. 모름지기 엄격한 금욕적인 신앙생활에 공명한 결과인 것 같다.

교회는 처음 이 운동에 대하여 어찌할 바를 몰라 적지 아니한 곤란을 느꼈으나 그 신앙의 독선적인 것과 분파작용을 정죄하여 이단으로 몰아냈다.

2. 3세기, 4세기의 이단과 분파

1. 노바티안(Novatian) 분파

핍박시의 배교는 최대의 죄로 되어 있었다. 자연히 이들의 교회복귀 문제가 논란이 안 될 수 없었다. 250년 데시우스(Decius) 황제 때 순교한 로마 교회의 감독 파비안(Fabian)의 후임 선정을 계기로 노바티안 분파가 생긴 것이다. 교회는 관용주의자 코넬리우스(Conelius)를 선임하였다. 이에 반대한 자가 노바티안이다.

그는 당시 로마 교회의 장로요 유명한 신학자로 터툴리안의 감화를 받아 신앙의 엄격주의를 고수하였다. 사함받지 못할 죄(살인죄와 박해시는 배교죄, 평화시는 간음죄) 지은 자를 교회에 용납하기를 거부했던 것이다. 소수의 지지자들을 끌고 나가 그는 감독이 되었다.

그러나 로마 시노드(251년, synod는 대회를 말한다.), 카르타고 시노드(253)에서 노바티안파는 패퇴하고 엄격한 고해(告解, penance)를 조건으로 하여 이들의 교회 복귀를 허락하였다. 또 이 규정이 그후에 일어나는 이러한 모든 경우에 적용되었다. 비록 사함받지 못할 죄와 받을 수 있는 죄라는 이름은 그대로 있으나 모든 죄는 다 사함받을 수 있게 되었다. 구별은 실질적으로 중죄와 경죄가 있을 뿐이었다.

2. 도나투스(Donatus) 분파

이 파도 노바티안 분파처럼 교회의 도덕생활의 해이와 중죄자의 재입교 문제에 관련되어 일어난 분파이다.

디오클레티안(Diocletian) 황제 핍박시 4세기 초 북아프리카 카르타고(Carthage)에서 일어났다. 311년 핍박시 성서를 핍박자에 내준 자에 의해 캐실리안(Caecilian)이 새 감독으로 선임되자 엄격파들이 그 무효를 부르짖으며 일어났다. 이들은 마조리누스(Majorinus)를 감독으로 세웠고, 316년 도나투스가 그 후임자가 되었다. 이보다 앞서 313년 로마 시노드에서 그들을 배격했으나 분쟁은 더 치열해 갔다. 314년 남가울(Gaul) 지방 아를르(Arles)에서 시노드가 열려 그들을 이단으로 정죄하였다. 이 회의에서 임직과 세례의 효력은 집례자의 도덕적 성격 여하에 달려 있지 않고 발생할 수 있음을 결정하였던 것이다. 그래도 도나투스파는 없어지지 아니할 뿐만 아니라 대단한 기세로 발전하여 한때는 270여 감독을 헬 수 있었다. 어거스틴의 유명한 교회론은 이들과의 싸움에서 나온 것이다. 5세기 반달(Vandal)족이 아프리카에 침입해 들어왔을 때에도 있었을 뿐 아니라 7세기 모슬렘(Moslem) 침입시까지도 있었다.

3. 모나키안(Monarchian) 이단

유일신관과 상충되는 또 하나의 기독교 기본 신앙이 그리스도의 신성 신앙이었다. 따라서 교회는 내적으로 이 두 신앙의 대립을 해결해야 하는 동시에 대외적으로 다신교의 세계에서의 오해와 비난을 풀어야만 했다. 이러한 곤란한 문제의 해결을 시도한 나머지 이단으로 정죄된 자가 이 이단이다. 터툴리안이 처음으로 이들을 모나키안이라고 불렀다. 이들은 두 파로 갈린다.

1) 역동적 단일신론(Dynamic Monarchianism)

데오도투스(Teodotus of Byzantium)가 이 설을 주창했으나 보다 더 유명한 대표자가 안디옥 교회의 감독이었던(260-270) 사모사타의 바울(Paul of Samosata)이다. 자연히 이 운동은 동방에서 성하였다. 이들의 주창에 의하면 그리스도는 동정녀의 몸에서 난 독특한 존재요 또한 하나님의 능력, 즉 로고스가 내재하여 도덕적으로 완전한 자임도 사실이다. 또 그러기 때문에 그리스도는 그 의지에 있어서 하나님과 연합하여 하나가 된 것도 사실이나 그래도 본질적으로 그를 하나님과 하나라고 할 수는 없다. 이 연합은 도덕적인 것이요, 그것도 불가분리의 연합이다. 그러기 때문에 그는 죽은 가운데서 다시 살리심을 받았고 또 일종의 신성을 부여받았다. 이리하여 그를 하나님의 아들이라 할 수 있고 예배할 수 있다(養子說). 그러나 그의 본질적인 신성은 부정되었고 이렇게 해서 유일신 신앙을 유지하려 했던 것이다.

2) 형태론적 단일신론(Modalistic Monarchianism)

역동적 단일신론과는 반대로 그리스도의 신성에서 출발하여 인성을 부정함으로 범신론적으로 유일신 신앙을 주창한 자가 이 이단이다. 이름난 대변자가 노에투스(Neotus of Smyrna), 프락세아스(Praxeas)나 가장 유명한 자가 사벨리우스(Sabellius)이다. 그는 약 215년 로마에서 가르쳤다. 삼위일체를 액면 그대로 받아들이면서 범신론적으로 해석하여 개성을 부정함으로 유일신관으로 돌아가게 하였다. 그는 이를 주장하기 위하여 무대에서 배우들이 사용하는 가면($\pi\rho\delta\sigma\omega\pi\text{ov}$)이라는 용어를 사용하였다. 삼위는 다 가면뿐이다. 가면을 벗어 놓으면 거기에는 성부도 없고 성자도 성령도 없는 오직 한 하나님이 있을 따름이다.

3. 이에 대처하는 교회

1. 이단 규정의 삼대 표준

특히 노스틱 이단은 교회가 그 초기에 만난 최대의 이단이었다. 이들을 막기 위하여 교회는 어떤 때는 도덕생활을 표준으로 세웠다. 그러나 이단들 가운데는 교인들보다 높은 도덕을 유지하는 자가 적지 않았기 때문에 그것으로 막을 수는 없었다.

이들과 가장 격렬하게 싸운 이가 이레네우스(Irenaeus)이다. 그는 소아시아에서 생장하여 서머나의 폴리갑의 제자가 되었다. 후에 가울 지방의 리용(Lyons) 교회 장로로 있다가 177년 핍박 때 로마에 사절(使節)로 가서 화를 면하였고 돌아온 후 순교한 포티누스(Pothinus)를 이어 감독이 되었다. 그는 요한과 안디옥의 교부 이그나티우스와 가톨릭 교회의 사상을 연결하여 후세의 로마 가톨릭 교회 신학의 기초를 놓은 자이다. 아담의 원죄를 신학적으로 중요시하고 또 그리스도는 제2아담으로 그의 속죄의 죽음을 통하여 사단과 죄에서 해방될 뿐 아니라 영생을 얻게 된다. 여기서 그는 그리스도가 인간의 타락과 죽음의 과정을 다 거쳐 가면서 구원해 주셨다는 그의 유명한 복원 교리(復元敎理, doctrine of recapitulation)를 강조한다. 그는 185년경 대저 '이단을 반박한다'를 쓰면서 아래와 같은 표준을 세웠다.

1) 모든 그리스도인의 교설은 12사도와 바울에 조화되어야 한다.

이것은 구원의 필수조건이요, 교회의 본질에 속한다고 하였다. 그러나 어느 것이 사도들로부터 전해 내려온 교훈이냐 하는 문제가 생겨서 사복음서를 들었다. 영감의 견지에서가 아니라 사도적인 기원에 서였다. 왜냐하면 이단들도 성령의 계시를 주창하였기 때문이다. 그러나 이것만으로는 이단을 막을 수 없었다. 비유적으로 해석하여 얼마든지 그 뜻을 변할 수 있었기 때문이다.

2) 사도적 전승 세례전(Baptismal Formula)

이레네우스는 다시 사도적 전승을 내세웠다. 그러나 이단들은 사도적 전승을 주창하였기 때문에 그는 옛 로마신조(the Old Roman Symbol)를 들었다. 이 신조는 그 기원을 2세기 초부터 3세기 초로 학자들이 추정하는데 오늘의 사도신경의 전신이다. 그러나 여기도 문제가 있었다. 그 사도적 기원에 의문이 있을 뿐더러 비유적으로 해석하여 그 의미를 변할 수 있었기 때문이다.

3) 감독의 권위

일찍이 안디옥 교부 이그나티우스도 감독의 권위를 강조하여 "감독 있는 곳에 교회가 있다."고 하였다. 이레네우스는 최후로 감독의 권위에 호소하였다. 왜냐하면 감독은 누구보다도 사도적 권위를 안수로 계승한 자요, 진리에 투철하고 신앙에 독실하고 생활에 거룩했기 때문에 감독이 단을 내리면 교인들은 안심하고 그를 따를 수 있었기 때문이다. 이렇게 해서 고대 교회의 교회관은 그 모습을 뚜렷이 나타내었다. 사도적 권위를 안수로 계승한 감독하에 사도적 전승인 말씀이 순수하게 전해지는 동시에 사도적 전승인 교리가 순수히 지켜지며 성도의 생활에 엄격하여 교회생활의 순수성을 유지하면서도 회개하고 돌아서는 자에게는 고해를 조건으로 모두 다 받아주는 어머니로서의 교회였다. 키프리안(Cyprian)이 이러한 고대 교회관을 완성하였다고 볼 수 있다. 그는 터툴리안의 학적인 후계자로서 약 200년경 카르타고에서 나서 246년경 믿었고 그후 약 2~3년 후 감독이 되었으나 데시우스 핍박 때 피신했지만 258년경 굳세게 신앙에 서서 순교하였다 (참형). 교회는 하나의 가견적인 정통 크리스천들의 회중이다. 한 하나님, 한 그리스도, 한 교회 주님이 말씀한 한 반석 위에 세운 한 감독좌가 있다. 그가 누구이든 또 어떠한 이든 교회 안에 있지 않는 자는 그리스도인이 아니다. 교회를 그 어머니로 모시지 않는 자는 하나님을 그 아버지로 받들 수 없다. 교회 밖에는 구원이 없다. 교회는 감독들의 일체성에 서 있으며, 교회 안에 감독이 있고 감독 안에 교회가 있다. 그러므로 누구든지 감독과 함께 있지 않는 자는 교회 안에 있지 않다.

그렇다고 해서 이레네우스나 키프리안이 주창한 것이 개개인의 감독의 권위가 아니라 감독좌의 권위(episcopal infallibility)였다. 그렇지만 그것은 사실상 가톨릭 교회의 교권의 기초를 놓은 것만 부정할 수 없다. 이렇게 해서 감독의 처단으로 이단을 막을 수 있었다.

2. 로고스 기독교론의 승리

단일신론자들 특히 형태론적 단일신론자들의 운동은 교회에 심각한 혼란을 가져왔다. 교회는 로고스 기독론을 들고 나와 이들과 대결하였는데 그 대표자들이 서에는 터툴리안, 동에는 오리겐이다.

터툴리안은 150~155년경 카르타고의 부유한 이교도의 가정에서 나서 법률을 공부하고 로마에서 한동안 법률 활동을 하였다. 철학, 역사, 헬라어에 조예가 깊었고 190~195년경 모름지기 로마에서 믿은 것 같다. 후에 카르타고에 돌아가 장로가 되었고, 셉티미우스 시베루스(Septimius Severus) 핍박시 몬타누스파에 가담하였다. 처음으로 라틴어를 신학용어로 사용하였고, 삼위일체, 성례, 공덕 등 술어를 주조하였다. 약 190년경 프락세아스(Praxeas)가 로마에 형태론적 단일신론 이단을 도입하였을 때 터툴리안은 그를 반박하여 "프락세아스는 로마에 와서 두 가지 악마의 일을 하였다. 예언을 몰아내고 이단을 끌어들였다. 성령을 도주케 하고 성부를 못박았다." 하면서 삼위일체(trinitas)를 한 본질과 세 개성으로, 그리스도를 두 본성과 한 분이시라고 명확히 정의하였다. 이런 의미에서 그는 서방 신학의 수립자라고 할 수 있다.

동방에서는 오리겐이 로고스 기독론을 대표하였다. 알렉산드리아에는 일찍부터 교회가 들어와서 클레멘트와 오리겐을 중심으로 한 신학 운동이 활발하여 기독교와 헬라 철학의 조화를 도모하였다. 클레멘트는 체계적으로 신학을 발전시킨 일은 별로 없고 노스틱 이단을 반대하여 진정한 그리스도인의 그노시스(지식)를 헬레니즘의 철학으로 해명하려 노력하였다.

그렇지만 그의 제자 오리겐은 고대 기독교가 낳은 최대의 신학자로 27년간 계속한 성서 본문연구와 아울러 주해를 겸한 「헥사풀라」(hexapla)와 기독교 최초의 조직신학인 「제일 원리」가 그의 많은 저서 중 가장 유명하다. 순교자의 아들로 그도 역시 순교하려 했으나 모친의 저지로 못하고 18세의 약관으로 클레멘트 피신 후 알렉산드리아의 요리문답 학교(catechetical school)의 교장이 되어 후진을 교육한 위대한 신학자였다. 데시우스 핍박시 투옥되어 심한 고문 끝에 방면되었으나 이로 인하여 팔레스타인의 가이사랴 혹은 두로에서 서거하였다. 그는 성서는 문자적, 도덕적, 영적 삼중의 의미로 해석해야 한다고 은유적 해석법을 체계화하였고, 신관에 있어서 플라톤적 불변하는 한 분 하나님과 그의 가변적 창조와의 어려운 문제를 로고스론으로 해결하려 하였다. 오리겐의 로고스론의 영원한 출산(eternal generation) 사상이 교량의 역할을 했던 것이다. 그래도 신은 사변(思辨)이 아니라 계시로서 안다고 하였다. 그렇지만 우주론, 인간론, 말세론에 이단적 요소가 다분히 있어서 후에 이단으로 정죄되고 말았다.

기독론에 있어서 그는 로고스 기독론을 주창하여 역동적 단일 신론에 대하여는 그리스도의 신성을, 형태론적 단일신론에 대하여는 삼위의 개성의 구별을 명확히 하였다. 따라서 그의 기독론은 두 방향 다른 종속사상(subordinationism)과 영원한 산출을 주창하여 후일 니케아 논쟁(325)의 발판을 제공하였다. 왜냐하면 전자는 아들의 아버지에게 대한 종속을, 후자는 절대 동등(co-eternity co-essence)을 뜻하기 때문이다.

로마에서 로고스 기독론을 가장 열렬하게 대변하여 단일신론자들을 반대한 자가 히폴리투스(Hippoltus)이다. 감독 제피리누스(Zephyrinus)는 형태론적 단일신론에 기울어졌으나 어찌할 바를 몰랐고 그 후계자인 정력적인 칼리스토스(Kallistos) 자신도 형태론적 단일신론자였다. 하지만 로고스 기독론과 단일신론 분쟁은 교회를 해치는 결과밖에 가져오지 않음을 보고 사벨리우스(Sabellius)를 파문하고(217) 히폴리투스를 두 신 숭배자라 비난하고 타협안을 시도하였다. 선재(先哉)한 로고스야말로 그리스도 안에 내재한 아버지 하나님이시며, 아버지와 아들과 성령은 나눌 수 없는 한 신의 세 다른 이름이라 하였다. 누가 보든지 불만족한 타협안이었으나 분쟁에 지친 교인 대다수가 환영하였고 또 이 타협안이 후일 로고스 기독론의 완전한 승리를 가져오게 한 길잡이가 되었다.

제 5 장
교리의 발전

 교회는 일찍부터 심령을 기울이는 단순하고도 소박한 신앙을 요구할 뿐만 아니라 그 신앙의 내용을 지적으로 파악하고 체계화해 보려는 움직임이 있었다. 이러한 움직임은 기독교의 진리성을 회의하는 이교 사상 세계에 대처해야 한다는 과제가 교회에 주어졌을 뿐만 아니라 그들이 얻은 신앙의 진리를 좀더 알고자 하다가 그릇 나가 교회를 뒤흔드는 자들에게서부터 교회를 지켜야 한다는 엄숙한 실제적인 요구에 기인한 것이기도 하였다. 이렇게 해서 교리는 일찍부터 문제가 되었고 진리의 순수성과 교회의 분열을 막아 보려던 의도에서 제정되고 발전되었으나 또한 교리 제정은 교회의 통일을 이룩하는 작용을 했을 뿐만 아니라 반대로 교회를 갈라 놓는 반작용도 하였다.

1. 삼위일체 신관 교리

 교회 역사상 가장 중대한 사건 중의 하나요, 또한 그 결과가 기독교 전 역사상에 가장 중대한 의의를 가진 것이 삼위일체 신관 교리를 제정하게 된 니케아신조다(325). 이 위대한 교리는 가장 치열한 논쟁을 통하여 이루어졌고 또 그 결정 후에도 논쟁이 종식된 것이 아니라 더 치열해졌다.

발단은 알렉산드리아에서였다. 여기는 오리겐의 감화가 위대했던 곳이요 또 그의 기독론이 논쟁의 출발점을 제공하기도 하였다. 감독 알렉산더(Alexander)는 오리겐의 '영원한 출산' 사상의 영향을 받았고 장로 아리우스(Arius)는 아들의 종속 사상의 영향을 받았다. 그는 또한 안디옥 학파의 루시안(Lucian)의 제자였고 루시안은 또한 역동적 단일신론자인 사모사타의 바울의 제자였다. 자연 아리우스의 종속 사상은 루시안을 통하여 사모사타의 바울에게서도 온 것이었다. 아리우스는 알렉산더가 사벨리우스 이단에 기울어졌다고 비난하였고, 알렉산더는 아리우스가 그리스도의 신성을 부정하는 이단이라고 성토하였다. 320년 또는 321년 알렉산더는 알렉산드리아에 대회를 소집하고 아리우스를 이단으로 정죄 추방하였다. 이렇게 되자 아리우스는 루시안의 문하에서 함께 배운 유능한 니코메디아의 감독 유세비우스(Eusebius of Nicomedia)의 도움을 청하게 되어 쌍방에서는 그들의 입장을 천하에 호소하게 되고 그 결과는 모든 교회에 큰 혼란이 오게 되었다.

콘스탄틴 황제는 이를 염려하였다. 그에게는 기독론에 관한 논쟁은 일고의 가치조차 없는 사소한 문제로 보였으나 겨우 이룩한 국가의 통일이 이 논쟁 때문에 깨어질까 두려워하여 그의 종교 고문 호시우스(Hosius of Cordova)를 파견하여 조정하려다 실패하고 325년 5월 니케아(Nicea)에 대회를 소집하였다. 모든 비용은 다 황실에서 부담하였다. 출석한 감독은 서방에서 온 6명을 제외하고는 전부 다 동방 교회에서 온 자로 그 수는 318명이었고 또 매감독이 수행원 2~3명씩 대동하였다. 대회는 처음부터 세 파로 갈라졌다. 니코메디아의 유세비우스를 수령으로 한 소수의 아리우스파, 알렉산더를 수령으로 한 소수의 정통파, 그리고 교회사가로 유명한 가이사랴의 유세비우스가 영도하는 대다수의 중간파였다. 대회 시초에 아리우스파는 그 신조를 적나라하게 제출하였다. 그리스도는 하나님이 아니라 창조의 시초에 하나님이 무에서 지으신 자다. 그는 하늘의 로고스가 인간의 영(靈) 대신 그리스도 안에 들어와 계시기 때문에 하나님이라 부를 수 있고 예배할 수도 있다. 그래도 그는 시작이 있지만, 하나님은 시작이 없다. 따라서 하나님과 그리스도의 관계는 본질의 동일이 아니라 유사(類似)이다라고 하였다. 비로소 아리우스의 정체를 안 대회원들은 놀라기를 마지 않았고 또 이 신조는 즉각적으로 거부되고 말았다.

다음 가이사랴의 유세비우스가 그 교회에서 사용하는 신조를 제출하였다. 확실히 이 신조는 아름답고 경건한 신조였음은 사실이나 아리우스 논쟁 이전에 제정된 것이기 때문에 논쟁의 초점에 대하여는 언급이 없고 따라서 아리우스파가 이용할 염려가 다분히 있었다. 그러므로 알렉산더파의 신중한 제언에 의하여 그는 "나신 자이지 지음받은 자가 아니다", "아버지와 한 본질이다"(ὁμοούσια) 등등의 어귀를 삽입하는 동시에 "그가 없은 때가 있었다", "그는 무에서 지어진 자다"와 같은 아리우스적 어귀를 무조건 거부하는 유명한 신조를 통과시켰다. 이렇게 하기까지의 주동적 역할을 한 자가 알렉산더의 젊은 수행원으로 온 아다나시우스(Athanasius)였다. 독창적인 신학자는 아니었으나 위대한 성격의 소유자였던 그는 아리우스의 기독론은 구원을 불가능케 함을 명백히 보았고 또 대회원들로 인식케 하였던 것이다. 그의 기본 관심은 속죄론적인 데 있었고 죄에서 우리를 구원하시기 위하여는 참하나님이 사람이 되어야 한다고 믿었다. 아리우스의 기독론은 창조의 중보자로서의 로고스론이었고 또 그 위치는 창조자와 지음받은 우주와의 중간 어느 지점이기 때문에 그를 통하여 사람이 하나님의 구원에 이를 수 없을 뿐더러 아들이 창조의 중보자로 무에서 지어진 자라면 또한 그를 짓기 위한 중보자가 있어야 하고 또 그를 짓기 위한 중보자가 있어야 하고 이렇게 볼 때 무수한 중보자가 필요하게 되니 이러한 중보자는 아무 필요도 없고 따라서 아리우스의 설은 사실상 다신교에 떨어짐을 설파하였던 것이다.

콘스탄틴 황제는 니케아신조를 재가하였고 또 이 신조로 신앙을 통일할 것을 요구하였다. 이는 신학상 확신이라기보다는 정치적인 이유에서였을 것이 의심할 여지가 없다. 이 신조는 서방 교회가 전부 다 환영하는 바요, 동방에서는 알렉산더 정통파가 받아들일 뿐 아니라 중간파들도 주저하기는 했지만 받아들였던 것이나 아리우스파 신앙은 동·서방 교회가 대다수 배척하는 것이었기 때문이다.

그러나 모든 사람이 다 이 신조를 환영한 것은 아니다. '동일 본질'(ὁμοούσια)은 본래 철학적 용어로 범신론적으로나 삼신론적(三神論的)으로도 해석될 수 있는 애매한 말이었기 때문에 가이사랴의 유세비우스도 주저주저하다가 서명하였고, 니코메디아의 유세비우스나 니케아의 데오그니스(Theognis)는 압력에 못이겨 서명하였으나 그들은 이 신조를 실상은 증오하였기 때문에 아리우스와 함께 추방당했다.

328년 아다나시우스는 알렉산드리아의 감독이 되었다. 동년 니코메디아의 유세비우스도 황매(皇妹) 콘스탄티아(Constantia)의 주선으로 돌아와 다시 감독의 지위를 차지하였다. 그는 이제는 진정한 적이 아다나시우스임을 보았고 그를 넘어뜨림으로써 소기의 목적을 달성하려 하였다. 따라서 그는 아리우스로 하여금 문제의 핵심을 모호하게 한 신조를 제출케 하였다. 신학상 지식이 없는 황제는 이를 좋게 보고 그를 다시 용납하라고 아다나시우스께 명했으나 듣지 아니하므로 황제는 교회의 통일을 가로막는 자가 아리우스가 아니라 아다나시우스라 보고 335년 그를 가울 지방으로 추방하고 콘스탄티노플 감독에게 받아들이기를 명하였다. 그러나 아리우스는 콘스탄티노플에 들어오기 전날 급사하고 말았다(336). 이리하여 공식적으로는 변함이 없으나 실제적으로는 아다나시우스의 정통 교리는 패퇴하고 아리우스파의 승리로 돌아갔다.

337년 콘스탄틴 황제가 세상을 떠나고 나라는 세 아들에게 물려 주었다. 340년 콘스탄틴 2세가 서거하고 남은 형제가 재분배했으나 그 후 서방의 지배자 콘스탄스가 모반자에게 살해되자(350) 동방의 콘스탄티우스(Constantius)는 3년간 모반자와 싸워 격멸하고 나라를 재통일하였다. 그는 아리우스 동정자였기 때문에 아다나시우스를 증오하여 그의 치세와 또 그의 뒤를 이은 배교자 줄리안(Julian)의 치세 중 아다나시우스는 모두 합하여 다섯 번 추방당했으나 그의 신앙은 조금도 움직이지 않았다. 니케아 정통 신조의 최후 승리는 아다나시우스의 위대한 신앙의 덕택이었다. 373년 그는 알렉산드리아에서 그 파란 많던 일생을 평화롭게 마쳤다. 아리우스파의 승리는 정치의 비호와 뒷받침에 의한 것이었다. 따라서 정치적인 지주를 상실할 때 패퇴하리라는 것은 자연스런 일이다. 전성기에 들어갔을 때 아리우스파는 세 파로 갈라졌다.

아들은 전연 아버지와 같지 않다는 파와, 성서에 의하면 같다는 중간파와, 아버지와 아들은 그 본질이 같다는 온건파(반아리우스주의)였는데 황제 콘스탄티우스는 중간파를 지지하였다. 황제의 사후 중간파는 몰락하였고, 좌파와 온건파가 남아서 서로 다투게 되었을 때에 갑바도키아 세 교부 카이사랴의 바질(Basil of Caesarea), 나지안주스의 그레고리(Gregory of Nazianzus), 닛사의 그레고리(Gregory of Nyssa in Cappadocia)가 나왔다. 바질과 닛사의 그레고리는 형제요 바질과 나지안주스의 그레고리는 친구였다. 이들은 다 아리우스주의에서 자라난 사람들이었기 때문에 범신론적인 사벨리우스주의를 격렬하게 반대하는 자이나 아다나시우스의 감화를 받아 니케아 정통 신조를 신봉하는 자들이었다. 따라서 이들은 니케아 정통 신조에 입각하여 반아리우스파와 아다나시우스파의 타협을 도모하였다. 하나님은 한 본질($o\mathring{v}\sigma\iota\alpha$)이나 아버지와 아들과 성령은 세 개성($\dot{v}\pi\acute{o}\sigma\tau\alpha\sigma\iota\varsigma$)이라고 함이 옳다. 우시아와 휘포스타시스는 본래 동의어였으나 후에 우시아는 라틴어로 수브스탄티아-substantia(실체), 휘포스타시스는 페르소나-persona(인격)를 의미하게 되었던 것이다.

362년 아다나시우스가 개최한 알렉산드리아 대회시 문제의 하나가 멜리티안 분파의 죄였다. 디오클레티안 핍박시에 일어났던 도나투스의 분파운동처럼 멜리티우스(Melitius, Lycopolis의 감독)는 배교자의 재입교를 엄격히 규제할 것을 주창하였다. 그는 또한 기독론에 있어서 아리우스를 따랐던 것이다. 이 대회의 또 하나의 문제는 성령의 위치 문제였다. 성령을 천사와 같은 피조물, 사람을 그르치는 악령으로 보는 자들이 있었다.

마케도니우스(Macedonius, 콘스탄티노플의 감독)가 그 대표적인 인물이었다. 아다나시우스는 이들을 정죄하여 성령의 호모우시아(ὁμοούσια)를 확인하였다. 마태복음 28 : 19은 이러한 신앙을 명확히 요구했던 것이다. 이렇게 하여 이 대회는 갑바도키아의 세 교부들의 니케아신조의 해석 '삼위 안의 한 본질', 즉 한 동일한 본질과 세 구별된 개성을 받아들였던 것이다. 그래도 문제는 남아 있었다. 개성은 아버지와 아들과 성령에 있고, 하나님은 개성이 아니라 추상적인 비개성적 본질일 뿐인 것이다.

381년 황제 데오도시우스(Theodocius) 1세는 콘스탄티노플에 교회의 총회를 소집하고 알렉산드리아 대회의 결의를 받아들여 성령의 호모우시아를 니케아 정통 신조에 합체(合體)키로 하고 이 교리를 수락하지 않는 어떠한 종파도 이단으로 정죄하는 문자 그대로 기독교는 로마 제국의 국교가 되고 여기서부터 분리하는 것은 국법을 범하는 것으로 간주하였다.

2. 기독론 교리

니케아, 콘스탄티노플에서 제정된 교리는 기독론적으로 볼 때 그리스도의 완전한 신성과 완전한 인성이었다. 다음 필연적으로 오는 문제는 신성과 인성이 한 사람 그리스도 안에서 어떻게 관계되느냐였다. 서방에서는 벌써부터 터툴리안에 의하여 한 분이나 혼합도 감소도 없는 두 본성의 기독론을 받아들였으나 이것은 명쾌한 법적인 정의지 무슨 논리적인 신학적인 결론이 아니었다. 삼위일체 문제가 신학적으로 동방의 문제였던 것처럼 한 분이면서도 두 본성의 기독론도 신학적으로 동방 교회의 문제였다.

최초로 이 문제를 제기한 자가 라오디게아의 감독 아폴리나리스(Apollinaris)이다. 아다나시우스의 친우로 니케아 정통 교리를 수호한 우수한 신학자였고 또 그의 관심은 아다나시우스처럼 헬라적 구원관 신화(deification, 神化)였다. 이러한 구원은 그리스도의 완전한 신성을 절대로 필요하였다. 그러나 완전한 신이신 하나님의 아들이 인간 예수와 어떤 관계를 가지느냐 하는 데 미묘한 문제가 개재되어 있었다. 만약 완전한 하나님과 완전한 사람을 다 주창한다면 그리스도는 필연적으로 두 분이 되고 따라서 본질적인 일체성(unity)이 없고 인간의 구원은 바랄 수 없게 된다. 그러므로 그는 그리스도 안에서의 신성과 인성의 일체성을 유지하기 위하여 아리스토텔레스와 데살로니가 전서 5 : 23의 신, 혼, 신(神魂身)의 삼분설을 적용하면서 그리스도에게 있어서는 하늘의 로고스가 인간의 영(spirit)을 대신한다. 결과는 사실상 그리스도의 완전한 인성의 부정이었다. 그는 381년 콘스탄티노플 총회에서 이단으로 정죄되고 말았다.

아폴리나리스를 격렬하게 반대한 자의 하나가 후기의 안디옥 학파를 창설한 디오도러스(Diodorus of Tarsus)이다. 그는 사모사타의 바울과 루시안의 영향을 받은 것은 사실이나 니케아의 정통 교리에 입각하여 아폴리나리스를 반대하였던 것이다. 기독론적으로 그는 소아시아의 전승에 치중하여 역사적 그리스도, 따라서 그리스도의 양성은 본질적인 일체가 아니라 도덕적 연합을 강조하였다.

그의 제자 중 하나가 안디옥의 장로요 수도사였던 네스토리우스(Nestorius)이다. 428년 그의 웅변적인 설교에 감동된 황제 데오도시우스 2세는 그를 발탁하여 콘스탄티노플 대감독을 삼았다. 기독교론에 있어서 그는 강력히 그리스도가 한 분이심을 주창함에도 불구하고 양성의 관계에 있어서는 안디옥 학파의 주창을 한 걸음 더 나아가서 도덕적 연결(道德的連結)을 주창하여 결국 한 분이 아니라 두 분, 그래서 이단으로 몰렸던 것이다. 겸하여 그는 그 당시 일반화된 신앙, 마리아는 하나님의 아들의 어머니이니 결국 하나님의 어머니(theotokos)이다를 공격하고, 그는 그리스도의 어머니일 뿐이라고 설교하였기 때문에 마리아의 위신을 손상시킨다 하여 비난의 대상이 되고 말았다.

네스토리우스의 격렬한 대적이 알렉산드리아의 대감독 시릴(Cyril)이다. 이러한 적대관계는 콘스탄티노플과 알렉산드리아의 정치적 경쟁과 안디옥 학파와 알렉산드리아의 신학적인 투쟁에다가 시릴의 수단방법을 가리지 않는 야심이 많이 작용한 것은 사실이나 또한 신앙적인 이유가 중대하기도 하였다. 헬라적 구원관 신화(神化)에 철저한 시릴은 그리스도의 양성관계는 로고스 퍼스날리티(personality)가 인성을 취하는, 따라서 신성과 인성은 그 본질을 서로 바꿀 수는 있으나 구별이 있다고 하였다. 결국 양파의 비교는 안디옥 학파가 양자설(doptionism)에 가까운 데 대하여 알렉산드리아 학파는 비개성적인 인성이 신성에 흡수되었다고 할 것이다.

시릴은 네스토리우스는 구원의 근거를 무너뜨린다고 황제에게 고발하는 한편 로마 교황 셀레스틴 1세(Celesstine I)에게 호소하였다. 네스토리우스도 역시 교황에게 호소했으나 교황은 시릴편에 서서 430년 로마 대회를 개최하여 네스토리우스가 취소하지 않는 경우 파문에 처할 것을 결정하였다. 천하는 다시 소란하였다. 드디어 431년 황제는 에베소에 교회의 총회를 소집하였다. 선착한 시릴과 알렉산드리아파는 즉시 회의를 열고 단 하루에 네스토리우스를 파문하고 말았다. 수일 후 도착한 네스토리우스파와 안디옥의 대감독 존은 이를 불법이라 규탄하고 자파의 대회를 열고 시릴을 파문하였다. 이번에는 시릴의 회의와 이에 가세한 교황의 사절은 공동으로 안디옥의 존을 파문하였다. 황제는 어찌할 바를 모르다가 네스토리우스를 은퇴시켜 수도원으로 보내고, 시릴은 말썽을 일으키는 자라 하여 옥에 가두었으나 대세는 시릴파에 유리하였다.

안디옥과 알렉산드리아의 적대관계는 갈수록 더해 갔으나 황제의 압력에 의하여 타협을 모색하게 되었다. 안디옥 학파는 네스토리우스를 희생하고, 알렉산드리아 학파는 교리 형성에 양보하였다. 이것이 433년 안디옥 학파에서 기초하여 시릴에게 보낸 신조로 그 내용은 그리스도는 한 분이다 함이었다. 결국 시릴은 다시 알렉산드리아에 돌아왔고 네스토리우스가 이단으로 몰린 에베소 총회(431)는 추인(追認)되고 말았다.

433년 안디옥과 알렉산드리아의 타협은 해결이 아니라 일종의 휴전이었다. 내부적인 적대의식과 분열은 더 치열해 갔다. 시릴의 기독론은 의심할 여지없이 아폴리나리우스와는 달랐으나 그래도 그리스도의 인성을 비개성적인 본질로 저하시킨 점에 있어서는 아폴리나리우스에 가까웠던 것만은 사실이다. 444년 시릴이 죽고 그 뒤를 이은 자가 디오스커러스(Dioscurus)이다. 신학적으로 그는 시릴에 견줄 수 없었으나 알렉산드리아의 세력을 확장시키려는 야심과 권모술수는 시릴을 훨씬 능가하였다. 446년 풀라비안(Flavian)이 콘스탄티노플의 대감독이 되었는데 신학적으로 안디옥 학파에 속한 자였다. 증대해 가는 그의 세력을 달갑게 여기지 않는 황제는 그를 누루기를 힘썼다. 때에 콘스탄티노플 근방 한 수도원 원장으로 있던 유티케스(Eutyches)는 신학적으로 열렬한 알렉산드리아파로 시릴보다 한 걸음 더 나아가 화육(incarnation) 이전에는 그리스도는 두 본성이었으나 이후에는 한 본성 신성뿐이다. 그리스도의 몸은 하나님의 몸이니 우리의 몸과는 그 본질이 다르다 하였다. 마침내 고발되어 448년 풀라비안에 의하여 이단으로 정죄되었다. 때에 로마에는 가장 유능한 교황 레오 1세(Leo I)가 있었다. 풀라비안과 유티케스는 각각 교황에게 제소했으나 교황은 전통적인 정책을 버리고 풀라비안을 지지하여 449년 6월 유명한 교서(Leo's Tome)를 풀라비안에게 보내어 터툴리안 이래의 서방 교회의 한 분이심과 혼합도 감소도 없는 두 본성의 기독론을 강조하였다.

한편 디오스커러스는 적극적으로 유티케스를 옹호하여 황제를 움직여 449년 8월 에베소에 대회를 열었다. 절대적 세력을 잡은 그는 유티케스를 해벌하고 풀라비안을 정죄하였다. 레오의 교서는 읽기조차 거부되었다. 레오는 즉시 이 대회를 강도들의 대회라 규탄하였으나 황제는 적극적으로 지지하였다. 450년 7월 황제가 죽고 황매 펄케리아(Pulcheria)와 부군 말시안(Marcian)이 즉위하자 사정은 뒤집혀졌다. 그들은 레오와 우호관계를 맺었다. 교황은 다시 대회를 열기로 하고 이태리에서 그 장소를 정하려고 했으나 황제는 451년 가을 니케아에 모으려다가 황실의 편의상 칼케돈(Chalcedon)에 모였다. 이것이 유명한 제4에큐메니칼 총회로 디오스커러스와 그가 사회한 에베소 대회를 정죄하고 레오의 교서를 기준으로 신조를 작성하였다. 핵심은 그리스도의 한 분이심과 혼합이 없고 변화없고 구분이 없으며 분리없는 두 본성 신앙에 있는바 먼저 두 말은 유티케스주의에 반대하여, 다음 두 말은 네스토리우스주의를 배격한 말이다. 전체적으로 보아 신학적으로 안디옥 학파의 승리이니 헬라적인 구원관 '신화'에로의 길은 끊어졌다. 기독론에 관한 논리적인 해결은 아니나 그래도 성서가 보여 주는 그리스도에 대한 신앙을 가장 명료하게 표명한 것만은 사실이다.

그후 7세기 아랍족의 침략에서 로마 제국을 건지려는 황제 헤라클리우스(Heraclius)와 교회는 교회의 통일을 위하여 콘스탄니노플 대감독 셀기우스(Sergius)의 제의에 의하여 그리스도는 신성, 인성을 가진 자나 의지만은 하나라는 단의지론을 선포했으나 콘스탄티노플에서 모인 제6 에큐메니칼 총회(681)에서 부정되고 그리스도의 양의지론을 확정시켰다.

3. 어거스틴의 교리

어거스틴은 고대 교회가 낳은 최대의 그리스도인이요, 위대한 신학자다. 그의 사상은 고대 교회 사상의 결정인 동시에 중세 기독교의 기초이기도 하다. 고대 교회는 한 가톨릭 교회였다. 어거스틴의 삼위일체 신관이 서방 가톨릭 교회와 동방 정통 교회를 가르게 하는 계기가 되었다. 신학적으로 고대 교회에서는 동방이 주도권을 잡고 삼위일체론, 기독론 교리의 해결을 가져왔다. 중세시대는 서방 교회가 주도권을 잡았고 그 문제가 교회론, 인간론, 구속론 등이었다. 어거스틴의 교회관, 인간론, 구속론이 서방 교회의 기초가 되었다. 중세 교회의 이상이 하나님의 나라였다. 어거스틴의 신국론이 그 기초를 제공하였다. 중세 교회의 정치와 교회 문제는 어거스틴의 이상을 저속하게 실현해 보려 한 데 지나지 않는다.

어거스틴으로 어거스틴이 되게 한 요소로 성서와 신플라톤 철학과 교회의 전통과 괴테(Goethe)의 「파우스트」(Faust)와 상통하는 그의 심각한 인간 체험을 들 수 있다. 어거스틴은 아프리카의 누미디아

(Numidia), 지금의 알제리아 지방에서 라틴계의 아버지의 육감적인 기질과 어머니 모니카(Monica)의 진리를 탐구하는 높은 성품을 물려받았다. 17세 때부터 첩을 얻는 방종한 생활을 했지만 또한 일찍부터 진리를 탐구하는 고상한 성품도 드러나 시세로(Cicero)의 글을 읽고 비상한 감명을 받아 하나님을 찾게 되었다. 그러나 시세로에 비해 너무도 조잡한 것 같은 성서에 실망한 그는 영혼의 문제를 해결하기 위하여 마니(Mani)교에 들어가 9년간 있었으나 해결을 얻지 못하고 그들의 주선으로 로마 밀라노에 와서 정부 경영의 수사(修辭)학교 교사가 되었다. 여기서 그는 암브로스(Ambrose)의 설교를 듣고 감화를 받았으나 근본적인 회의는 아직도 풀지 못하였다. 이 무렵 고향에서 어머니와 친구가 찾아왔고 어머니의 권유에 의하여 첩과 갈라지고 신분에 맞는 양가녀와 약혼했으나 나이가 어리므로 결혼을 늦추고 다른 여자와 불미한 관계를 맺었다. 도덕적으로 최하의 생활에 떨어졌던 것이다.

이 무렵 그는 빅토리누스가 번역한 「플로티누스」(Plotinus)를 읽게 되었다. 이것이야말로 그에게는 새로운 계시와도 같았다. 마니교의 유물론적인 이원론 대신 신플라톤 철학에서 그는 정신적인 세계만이 참의 세계요, 신만이 선일 뿐 아니라 실재의 근원임을 발견하였다. 악이란 마니교가 가르치는 것처럼 긍정적인 존재가 아니라 선이 결핍된 것, 신으로부터 떠나려는 의지였다. 이 신플라톤 철학이 결국 그로 하여금 기독교에 돌아오게 한 역할을 하였다. 어거스틴은 이제 위기의 절정에 도달하였다. 그는 높은 이상과 도덕적 타락 사이의 심각한 심연에 직면하였다. 빅토리누스가 기독교에 개종한 것을 보고 또 친구를 통하여 애굽의 수도사들의 이야기를 들었을 때 자책 자학감에 사로잡히고 말았다. 무식한 수도사들도 그렇게 육체의 유혹을 이기는데 학문 많은 그가 너무도 무력함을 뼈저리게 느꼈던 것이다. 견디다 못해 정원을 거닐 때 이웃집 어린아이의 외치는 말을 들었다. "가져다 읽어라." 이 소리는 마치 천사의 소리와도 같이 들렸다. 성서를 펼치니 로마서 13:13~14이었다. 그 순간 그렇게도 갈망하던 평화가 왔다. 때가 386년 늦은 여름이었다. 폐병 때문에 수사학 교사를 그만 두고 친구들과 함께 카씨키아쿰(Cassisiacum)에 머물러 세례받을 준비를 하는 한편 계속 철학적 연구를 하였다. 이때에 내놓은 것이 그의 초기의 작품「독백」(獨白, Soliloquia)이다. 387년 부활절에 그는 아들과 친구 앨리피우스(Alypius)와 함께 밀라노에서 암브로스에게 세례를 받았다. 고향으로 돌아가던 도중 오스티아에서 어머니가 열병으로 죽고 여정을 바꾸어 잠시 로마에 있다가 고향에 돌아갔다. 수도원을 세울 계획을 위하여 히포(Hippo)에 왔다가 거의 강제로 장로로 안수받고 4년 후 히포의 협동감독이 되고 감독의 사후 그 위를 계승하였다. 수도원을 세워 교역자 양성기관을 삼았고 430년 반달 (Vandal)족의 포위 중에 세상을 떠났다.

세례와 거의 때를 같이하여 어서스틴은 마니교를 치는 글을 썼고 성직자가 되면서부터, 특히 감독이 된 후 도나투스주의자들과의 논쟁에 휩쓸렸다. 성례의 효과는 거행하는 자의 생활에 좌우된다는 그들의 주창을 반대하면서 성례의 효과는 성례 자체에 있다고 하였다.

키프리안(Cyprian)의 교회관에 입각하여 교회는 사도들에 의하여 세워진 기구요, 그들의 후계자인 감독에 의하여 치리되는 오직 하나밖에 없는 교회이기 때문에 교회를 떠나서는 구원이 없다. 교회의 표지는 일체성, 거룩성, 사도성, 보편성이다. 일체성의 유대는 신앙과 사랑인바 이단은 신앙을, 분파는 사랑을 범한다. 교회의 거룩성은 성직이나 교인들의 생활에 있지 않고 성례 자체에 있다. 교회는 성도들만의 모임이 아니라, 악한 자들도 함께 있다. 이 사상은 어거스틴으로 막연하게나마 보이는 교회와 보이지 않는 교회를 구별케 했으나 그래도 양자가 다 진정한 교회로 성례를 가지고 있고 따라서 보이는 교회는 그대로 하나님의 나라요, 교회는 또한 사도적이다. 사도들이 세웠으며 사도들의 성서와 교리를 소유한다. 도나투스주의자들은 사도들의 교리는 가지고 있으나 사도적 기원은 없다. 교회는 또한 가톨릭이다. 지리적인 보편성의 의미에서다. 그는 또한 교회의 지상(至上)적인 무오의 권위를 도덕적인 면과 아울러 지적(知的)인 면에서 강조하였다. 물론 성서에 대한 무조건적인 복종을 가르쳤다. 왜냐하면 하나님이 사람에 대한 태도를 우리는 신앙으로 알 뿐더러 신앙이 진리에 이르는 길이기도 하지만 신앙은 결국 교회와 성서의 가르침을 믿는 것을 말하는 것이요, 성서를 성서라 선포하는 것이 교회이기 때문이다. 일찍 성서의 문장의 조잡함에 반발했던 그였으나 암브로스를 통하여 은유적 해석으로 그 조잡성, 특히 구약성서의 조잡성을 제거할 수 있었던 그는 성서의 권위를 선포하는 교회의 권위에 완전히 내어 맡겼기 때문이다.

410년경 어거스틴의 「참회록」이 널리 로마에서 읽혀졌다. 거기 어거스틴은 이렇게 기도하였다. "당신이 명하는 바를 우리에게 주시고 당신의 의지(意志)하는 바를 우리에게 주소서." 이 기도가 그 당시 로마에 와 있으면서 사람들의 속화 타락을 개탄하던 아일랜드 출신 수도사 펠라기우스를 자극시켰다. 그는 항의했다. 사람은 선을 행할 수 있는 자유의지를 가질 뿐더러 하나님께 대한 의무를 또한 감당해야 한다고 보았다.

이렇게 해서 어거스틴과 펠라기우스의 인간론 논쟁은 시작되었으나 어거스틴의 유명한 인간론은 그의 감독취임 초기부터 가졌던 사상으로 펠라기우스와의 논쟁은 그 전모를 밝혀 드러냈을 뿐이다. 천사와 마찬가지로 사람은 처음에 이성과 선택의 자유 의지를 가진 자로 지음받았으나 스스로 하나님같이 되어 보려는 이기적인 욕구를 채우려 그가 가진 이성을 사용하여 의식적으로 죄를 지었다. 이제는 죄의 종이라 아무리 죄에서 벗어나려 해도 할 수 없으니 이기적인 동기에서 떠날 수 없기 때문이다. 자유라 하나 그 자유는 죄를 짓는 자유일 뿐 전적으로 하나님께 돌아올 수 있는 자유가 아니다. 아담의 원죄는 오늘 후손들에게 미친다. 어느 누구도 사람은 나면서부터 이기적인 자기애(自己愛)를 가지고 있다. 오직 하나님의 은혜(sola gratia)만이 우리를 죄에서 해방시켜 구원얻게 한다. 은혜가 믿음을 일으킨다. 믿음과 관련하여 그는 의지를 말한다. 믿고자 하는 의지다. 여기서 그는 의지의 우위를 논한다. 믿음에 이어 사죄가 있고, 다음에는 악에서부터 선으로의 변화가 따라오나 그것은 사랑으로 나타나는 점진적인 변화다. 어거스틴은 믿음만 은혜의 결과가 아니라 도덕적인 선행도 은총의 결과로 보았다. 한 걸음 더 나아가서 그는 불가항력인 은혜를 말한다. 비록 그들이 죄를 범하나 회개할 것이요 마침내 불가항력적인 하나님의 은혜는 그로 하여금 죄를 범하지 못하게 한다. 그는 또한 하나님의 예정, 그것도 이중 예정을 주창하였다. 절대 의지로서의 하나님은 예지에 의해서가 아니라 은혜 주시고자 하시는 자에게 은혜를 주어 죄를 짓지 못하게 하신다. "부름을 받은 자는 많으나 택함받은 자는 적으니라."를 인용하면서 은혜받는 자만 끝까지 견딘다고 말한다. 따라서 사람은 이 세상에 있는 한 구원의 확신을 가질 수 없고 가진다는 것은 위험하다고 보았다. 여기 우리는 어거스틴이 16세기 개혁자들과 다름을 볼 수 있다. 개혁자들은 성도의 견인(堅忍, perseverance)에서 구원의 확증을 보았던 것이다. 전통적인 신앙과 일치하여 어거스틴은, 구원은 현재적인 것이 아니라 미래적인 것으로 보았다. 현세의 생활이 끝나고 성도로서 사랑의 생활이 완성되면 비로소 의를 완성(justification)하고 영원한 세계에 들어간다. 이러한 면에서 그는 연옥을 인정하였다.

어거스틴의 신관은 신플라톤적인 존재 사상과 히브리적인 성서의 인격(person)사상을 결합하였다. 하나님은 영원 불변하는 절대적인 참 존재다. 영원이란 시간의 끝없는 연장이 아니라 차원이 다른 질서에 속한다. 왜냐하면 시간은 변화가 있으나, 영원은 변화가 없다. 어거스틴의 시간관은 확실히 플라톤적인 영향을 받았다. 비존재를 악으로 본 그는 플라톤적으로 존재를 선으로 보았고 따라서 하나님은 참존재이기 때문에 그를 떠나서는 선이 없다.

신플라톤 사상의 영향을 받아 하나님을 존재, 선으로 해석한 그는 거기에 멎지 않고 한 걸음 더 나아가 히브리 성서적으로 하나님을 또한 인격으로 보았고, 인격의 본질은 지성(intellect)에 있지 않고 외지에 있다 하였다. 철학자로서의 그는 신을 절대적인 존재로 보나 신학자로서, 교회인으로서의 그는 하나님을 인격으로 보았던 것이다. 이

사상은 특히 그의 삼위일체 신관에 뚜렷하다. 그는 갑바도키아의 교부들처럼 아버지와 아들과 성령에서 개성을, 그리고 한 하나님에게서 비개성적인 본질을 보지 않고 한 인격적인 하나님이 아버지와 아들과 성령의 세 다른 형태로 나타난다고 보았다. 따라서 그의 신관은 그가 싫어했음에도 불구하고 형태론적(modalistic)일 수밖에 없었다. 니케아-콘스탄티노플신조는 종속사상을 완전히 극복한 삼위일체 신조가 아니었다. 어거스틴은 종속사상을 인정할 수 없었다. 삼위는 너무도 동등하기 때문에 신성에 관한 한 아버지가 아들보다 크지 않을 뿐만 아니라 아버지와 아들을 합한다 해도 성령보다 크지 않다. 어거스틴의 절대 동등의 삼위일체 사상이 589년 제3톨레도(Toledo) 대회에서 '아들로부터'(filioque)를 니케아신조에 삽입하자는 문제를 일으켜 동서 교회의 분열의 씨를 뿌려놓게 되었다. 412년 알라릭(Alaric)의 손에 로마가 함락되었다. 이 사실은 당시 로마인들에게 심대한 충격을 주었다. 고대 이교 신들을 섬길 때 로마 제국은 융성했지만 기독교국이 되고 이교 신전을 부서뜨린 후 신들의 진노를 사서 로마가 만족의 손에 망했다고 기독교를 헐뜯었다. 이에 답하여 어거스틴은 그의 유명한 「신국론」(De Civitate Deo)을 썼다. 이교 신들을 버리고 기독교국이 된 것은 해가 아니라 덕이었다고 변증했던 것이다. 여기서 그는 창조와 죄의 기원과 그 결과를 서술한다. 하나님께 대한 첫 반역 이래 두 종류의 사랑에 의하여 두 종류의 도성이 형성되었다. 땅 위의 도성은 하나님을 경멸하는 자기애에 의하여 하늘의 도성은 자기를 미워하고 하나님을 향한 사랑에 의하여 이루어졌다. 이 두 도성의 대표가 가인과 아벨이다. 땅 위의 도성의 대표가 바벨론과 로마요, 다른 모든 도시 국가는 다 그 구현화다. 그것들은 비교적 선한 것이다. 평화와 질서는 이 지상의 도성에 의하여 유지된다. 그래도 땅 위의 도성은 하늘의 도성이 성장해 감에 따라 쇠퇴해 가야 한다. 구원으로 예정된 자가 하늘의 도성을 구성한다. "그러므로 지금도 교회는 그리스도의 왕국이며 하늘의 왕국이다. 따라서 지금도 교회는 그의 성도들이 그와 함께 다스린다."

어거스틴은 헬레니즘의 역사의식이 없는 회기설과는 달리 진정한 의미의 역사의식을 제시하였다. 그래도 이 사관은 오늘날 진보의 사관과는 다르니 진보의 사관에는 역사의 종국 역사의 완성이 없기 때문이다. 이러한 어거스틴의 국가에 대한 교회 우위론은 당시에는 별로 주목을 끌지 못했으나 후에 중세 시대 교황 지상권(papal supremacy)의 기초가 되었다.

제 6 장

제도와 의식과 생활

1. 교회 제도

에클레시아를 헬라인들은 회중, 군중의 집회를 의미하였고, 이스라엘 사람들은 선민들의 성화를 뜻하였다. 원시 교회에서는 혈통상의 이스라엘만 아니라 모든 믿는 사람들은 다 영적 이스라엘이라는 의미에서 그들이 모이는 교회를 말하였다. 이 교회는 그 성격이 땅 위에 본질을 가지는 것이 아니라 땅은 지나가는 잠정적인 것으로 교회의 본향은 하늘이라고 생각하였다. "로마에 머물러 있는 하나님의 교회는 고린도에 머물러 있는 하나님의 교회에 문안한다"(Clement I). 교회는 하늘 위의 천사들과 성도들, 순교자들, 땅 위에서 신앙의 투쟁을 하고 있는 모든 그리스도인들로 구성되었다. 따라서 교회는 이 세계가 창조되기 이전, 해와 달이 창조되기 이전에 하나님이 창조하신 바요, 하늘과 땅의 모든 그리스도인들을 다 포함한 교회만 교회가 아니라 땅 위의 하나하나의 교회도 교회다. 어디든지 두세 사람이 모이면 거기 내가 있겠다 하셨기 때문이다. 교회의 본질은 영(靈)에 있다. 오순절 성령의 역사로부터 시작하여 교회가 있고 성령의 은사가 사도, 선지자, 교사 등등의 교회의 지도자들을 낳게 하였다. 사도행전 6장에 구제하는 일을 위해 7집사를 택한 사실이 나오나 원시 교회에서는 확정적인 교직 제도를 찾기 어렵고 보다 더 성령의 은사를 받은 카리스마적 지도자들이 교회를 이끌고 나갔다. 자연히 이런 은사를 받은 사람들이 권위와 존경을 받은 것은 당연할 뿐 아니라 이를 부러워하는 이들이 성령의 은사를 빙자하여 금품과 훌륭한 대접을 요구하는 폐단이 생겨 이러한 자들을 교회에서 몰아내라고까지 하게 되었다(12 제자의 교훈).

은사를 받은 자들은 또한 계시의 전달자이기도 하여 구약 시대의 선지자와도 같은 권위를 가지게 되었다. 그러나 그 중에는 발렌티누스(Valentinus)와 같은 많은 그노시스 이단들이 성령의 계시를 내세워 위험한 교리를 가르치게 되기 때문에 자연히 교회는 성령의 은사에 대한 불신이 조장되고 은사받은 지도자들의 후퇴와 아울러 제도적인 감독이 등장하게 되었다. 그러나 원시 교회에서는 장로와 감독의 구별이 명확치 않다. 동일 인물이 장로와 감독일 수도 있고, 한 교회에 여러 명의 감독들이 있기도 했다. 이들 중에서 예배를 인도하고 성례를 주관하는 자가 감독이 된 듯하다. 어쨌든 1세기말에는 감독의 권위는 확립되었고 장로들은 그 아래 있는 자문기관의 역할을 점차적으로 맡게 되었다. 이것은 그노시스 이단 같은 위험한 무리들의 손에서 교회를 건지기 위하여서는 필연적 과정이었다. 사실 교회는 이단들을 막기 위하여 사도적 전승인 성서와 신경과 사도들의 후계자인 감독 삼중의 표준을 내세웠으나 결국은 감독의 권위로 광신자들과 이단들을 누를 수 있었던 것이요 또 이 권위는 오늘날까지 로마 가톨릭 교회의 기본 교리가 되었다. 카리스마적 리더십이 교회를 이끌고 나갔을 때 감독은 단지 관리자의 위치에 만족했던 것이었으나 역사적인 과정에 있어서 감독은 제사장도 되고 설교자도 되고 교리의 권위도 되었던 것이다. 이리하여 "성령 있는 곳에 교회가 있다."는 말은 "감독 있는 곳에 교회가 있다."에까지 발전했던 것이다.

제도적인 교회 기구가 어떻게 발전했는가는 사료의 부족으로 확정하기 어려우나 원시 교회의 행정 기구로서 교회 회의가 최고의 권위였음은 의심할 여지가 없다(행 15장). 장로들이 회의의 구성원들이었음은 틀림이 없으나 카리스마적 지도자들과 교회에서 존경받는 유력한 이들인 순교자들, 집사들, 때로는 부인들도 그 회원들이었다(The Shepherd of Hermas:Vis 3. 19). 단일 감독제는 전통적인 권리를 내세우는 장로들의 반대도 없지 않았지만 1세기말에는 로마에서 확립되었고 점차적으로 예루살렘, 안디옥, 로마, 알렉산드리아, 콘스탄티노플 대감독구들, 그 중에도 특히 로마 감독의 권위는 모든 다른 감독들에 비해 월등하게 인정받았다.

2. 의 식

처음에 세례는 그리스도의 이름으로 주었던 것이나(행 8:26-38, 16:25-34) 점차 발전하여 삼위의 이름으로 받게 되고 200년경에 와서야 그 완전한 형식을 보게 되었다. 교회는 세례받으려는 구도자(求道者)들을 위하여 그리스도인의 생활과 기본 교리를 가르치는 간단한 교리문답을 제정하였고, 구도자들은 하루 이틀간의 금식을 한 후 신부가 그에게 손을 얹고 이마, 귀, 코에 기름을 바르고 다시 그 밤에 금식하다가 새벽닭이 울 때 흐르는 물에 삼위의 이름으로 세 번 침례한다. 로마에서는 감독이 그를 교회로 인도하여 안수하여 성령의 은사를 주고 기름을 바르고 십자를 긋고 입맞춘 후 성찬 예식에 참례케한다. 떡과 잔을 나눠 주고 또한 하늘나라의 양식을 상징하는 의미에서 한 컵의 우유와 꿀을 준다. 세례는 비두니아에서는 100년경, 로마에서는 200년경 토요일 밤과 일요일 아침 사이에, 그러다가 부활절 전야에, 그리고 또 성령강림절에 세례를 주었다. 한 번밖에 그것도 과거에 지은 죄만 사한다고 믿었기 때문에 되도록이면 늦게 받게 되었고, 유아 세례는 중세 시대에 와서야 일반화되었다.

원시 교회에서는 예배의 일정한 순서가 없었고 모여서는 기도하고 성서를 읽고 권면 또는 위로의 말씀이 있고 찬미하고 때때로 방언하고 주의 성찬에 참례하였다. 본래 성찬은 예찬과 함께 하던 것이나 점차 예찬은 없어지고 성찬식만 예배의 마지막에 거행하게 되었다.

성찬은 하나님이 우리에게 주신 최대의 은사였으나 차츰 변질되어 사람이 하나님께 드리는 희생제물로 바뀌어졌다. 250년경 사람들은 성찬에서 신부가 드리는 떡과 잔은 산 자와 죽은 자를 위하여 하나님께 바치는 속죄의 제물로 믿게 되었고 이 제물을 통하여 하나님과 사람이 하나되는(*deification*) 구원을 얻게 된다고 보았다.

일찍부터 일요일이 예배드리는 날로 되었고 이 날에 성찬식을 거행하게 되었다. 수요일과 금요일에 금식했는데 금식은 그리스도인의 생활에 있어서 마치 병영의 보초가 서 있는 초소와 같이 여겨졌으나 그래도 그것은 모든 곳에서 의무적은 아니었다. 율법에 따라 원시 교회는 유월절을 지키며 그 기간은 오순절까지였다. 그러나 그 의미는 달랐으니 유대인들은 애굽 노예의 멍에에서의 해방을 기념하는 즐거운 절기인 데 대해 그리스도들은 예수의 수난을 기념하는 금식의 기간이었고, 그것이 끝난 후 일요일 새벽에 성찬 예식을 거행하면서 주의 부활을 축하하였다. 애굽에서 그노시스 이단 바실리데스(Basilides)의 무리들이 주의 세례를 기념하여 지키던 것이 후에 발전하여 로마 교회의 주현절(主顯節, Epiphany, 1월 6일)이 되었고 4세기 로마에서 크리스마스를 지키게 되었다. 3세기 이래 특히 콘스탄틴 시대 이래 교회에는 헬라, 로마 밀의종교의 영향을 받아 제단에 촛불을 켠다든지, 향을 피운다든지, 이교신 숭배의 변질인 성자, 순교자, 천사, 마리아 숭배와 성자의 유골 화상, 존숭, 성지순례 등이 성행하게 되었다.

처음에 원시 교회는 사사로운 집에서 집회를 하던 것이 2세기말 이후에는 교회 건물로 바뀌고, 콘스탄틴 이후에는 고대의 신전과 겨루는 바실리카(basilika)로 발전하였다. 200년 이래 교회는 죽은 자를 장사하는 묘지를 가지게 되었는데 이것이 그리스도인들의 카타콤(catacomb)의 시작이다. 당시 일반화된 화장을 반대하던 그리스도인들은 지하의 암석을 파서 무덤을 만들어 시체를 묻던 것이 차츰 여러 무덤을 옆으로 아래, 위로 층층이 이어 만든 카타콤의 벽에다 프레스코(fresco)와 모자이크로 기독교적인 상징인 물고기, 양, 비둘기, 선한 목자, 요나, 노아, 나사로의 부활 등이 그려졌고, 예수는 처음에는 수

염없이 그리다가 차츰 지금과 같은 수염을 붙여 그려졌다. 전체적으로 말하면 이 시대의 기독교 예술은 상징적이면서도 교훈적인 소재를 택하여서는 신학적인 관념의 사슬에서 자유로워야 한다는 원리에 서 있었고 그러기 위하여는 은유와 상징을 취하였던 것이다.

3. 그리스도인의 생활

성도라는 말은 본래 하나님께 바쳐진 자, 하나님의 것이라는 의미에서, 따라서 의식적인 의미에서 사용된 말이나 또한 하나님이 것으로 성도가 된 자이기 때문에 당연히 그는 거룩한 생활을 해야 하는 신성한 의무를 지닌 자이기도 하였다. 신약성서에서 범죄한 자는 교회에서 제거해 버려야 한다는 교훈이라든지, 세례 후 다시 죄를 범해서는 안 된다는 신앙, 그리고 사도 후 시대의 그리스도인의 생활이 바울의 복음주의에 입각하지 않고 야고보적이었다는 사실은 이를 말한다 하겠다. 그래도 원시 교회의 생활의 엄격성은 아무래도 그대로 유지할 수 없었다. 땅 위에 있는 한 성도라 해도 절대적인 의미에서 죄를 안 짓는다는 것은 불가능하기 때문이다. 자연히 교회는 그 엄격성을 완화하여 죽음에 이르는 무거운 죄와 사함받을 수 있는 가벼운 죄로 나누어 전자의 경우만 교회에서 제명되나 후자의 경우는 자선, 금식 기도 같은 속죄의 길을 열어 주었다. 뿐만 아니라 교회는 제2회개의 가능성을 보여 주기도 하였다. 원래 신약성서에서 말하는 회개($μετάνοια$)는 우리의 생 전체의 일회적인 방향전환을 말하나 여기 교회가 말하는 회개는 핍박시 배교, 우상 숭배 죄와 평상시 간음죄와 살인죄를 제외한 그 외 모든 다른 하나하나의 죄의 경우 또 한번 사죄의 길을 열어 주는 것을 말한다(Hermas:Mandate;4.3).

또 실제적으로 교회는 콘스탄틴 황제의 신교의 자유 칙령 이래 대량적으로 교회에 들어오는 저속한 생활을 청산하지 못한 새로운 교인들에게 엄격한 도덕을 요구할 수도 없었다. 교회란 그리스도가 말씀한 가라지 비유처럼 알곡만 있는 것이 아니라 가라지도 섞여 있고 또 그들을 알곡으로 화하게 하기 위하여 교회가 있었던 것이고 또 그러기 위하여 교회에는 성례가 있었던 것이다.

이렇게 해서 교회는 3세기 이래 핍박시 배교죄를 지은 자들에게(데시우스 박해시, 디오클레티안 박해시) 엄격한 회개를 조건으로 사죄하여 교회에 다시 받아들였고 그 결과 죽음에 이르는 죄와 사함받을 수 있는 가벼운 죄의 구별은 그대로 있으되 실제는 모든 죄는 다 사함받을 수 있고 구별은 중한 죄와 경한 죄뿐이었던 것이다.

그래도 교회에서 원시 교회의 생활의 엄격성이 아주 사라진 것이 아니다. 엄격한 윤리적 요구는 수도사들의 생활로서 나타났다. 영생을 물으러 온 젊은 법관에게 그리스도인이면 누구나 지켜야 할 율법, 계명과 한 걸음 더 나아가 완전한 사람이 되기 위하여 있는 것을 다 팔아 가난한 자에게 주고 또 그리스도를 전적으로 따르는 완전자의 도덕을 수도사들은 그대로 실천하려 하였다.

여기서 우리는 가톨릭 교회가 말하는 이중 도덕설을 보게 되는바 이들은 세상을 버리고 완전히 주를 따르기 위하여 금식, 헐벗음, 성(性), 부정, 소유의 포기, 특히 금전 포기, 영적인 훈련을 위하여 침묵, 명상 기도, 되도록 자지 않고 모욕을 달게 받고 참는 겸손 등을 힘써 행하였다. 그노시스 이단, 말시온 이단, 몬타누스주의자들만 그런 것이 아니라 교회 안에서도 금욕적인 생활을 힘쓰는 자들이 있어 모든 세례받은 자들의 독신, 제2의 결혼을 간음으로 간주한다든지, 처녀들이 독신을 신앙생활의 이상으로 보았던 것이고 이렇게 함으로 그들은 하늘나라의 보상을 받는다고 믿었던 것이다. 여기 벌써 공덕(功德) 사상이 싹트고 있음을 본다. 이들은 처음에는 교우들과 함께 살면서 수도생활을 했으나 그후 점점 더 커져 가며 세속화해 가는 가운데서 금욕생활하기가 어려우므로 자연히 황야나 산림 속에 들어가는 은자(hermit)의 생활을 하게 되었다. 가장 유명한 자가 코트(Copt)족 출신인 안토니우스(Antonius)이다. 아다나시우스는 그의 전기를 썼다.

임박한 말세를 믿으며, 주의 재림을 대망하는 원시 교회가 이 세상을 고쳐 보려는 생각이 별로 없었음은 당연한 일이다. 자연히 그들이 이 세상에 대한 활동이란 구제와 자선사업이었다. 과부와 고아와 의지없는 노인들과 병자들, 핍박시 옥에 갇힌 자를 돌아보기와 염병들 때, 죽은 자를 안장하기와 노예로 팔려 가는 자들을 위하여 스스로 몸을 팔아 속해 주는 일들을 믿는 자들에게만 아니라 안 믿는 자들을 위해서도 즐겨 하였다. 로마가 이런 일에 뛰어났고 또 신교의 자유를 얻고 국교가 된 후 교회는 토지와 재산을 많이 가지게 되어 더 힘써 하였던 것이다.

제2부
민중을 계몽 영도하는 교회
−500∼1517−

7. 발전과 쇠퇴
8. 교권의 성쇠
9. 수도원
10. 교회와 학
11. 의식과 규율
12. 로마교와 겨루는 사람들

제 7 장

발전과 쇠퇴

할레대학 교수 크리스도프 첼라리우스(C. Cellarius)가 1707년 교회사에 '중세 시대'라는 말을 도입한 이래 이 용어는 일반화되었다. 중세 시대를 특징지우는 문제의 하나가 게르만 종족에게 선교하여 그들을 그리스도인들이 되게 한 운동이다. 이렇게 해서 교회는 고대 헬라 로마인들의 문화의 세계로부터 새로운 시대로 들어왔다. 교회는 이 침략하는 만족들을 교화하는 과업을 수행하기 위하여 교황을 정점으로 하는 교구 제도의 교회 조직(hierarchical Church organization)을 가지고 그 교회법(canon law), 교리 신학 전례 의식, 생활 윤리로 이들을 중세 교회의 주역을 담당하는 종족들이 되게 하였다. 고대 교회가 경쟁하는 모든 세력을 물리치고 승리하는 도상에 오를 때 로마 제국은 단일한 통일체제를 이루고 있었고 또 수다한 이민족을 지배 통일하는 방도로 기독교에 신교의 자유를 주었을 뿐만 아니라 국교로 삼았다. 하지만 중세 시대에 들어와서는 단일 제국 안에서의 단일 가톨릭으로서의 교회는 무너지고 말았다. 비록 기독교로 교화되기는 했어도 로마 제국 각 지역에 정주한 여러 게르만 종족들은 종족 중심의 새로운 사회를 형성하였고 따라서 교회는 단일한 가톨릭 교회가 아니라 종족 중심의 지역 교회(地域敎會)를 이룩하였고 이들 위에 군림하는 교황을 중심으로 한 로마 가톨릭 교회가 종교적으로 정치적으로 위대한 세력이 될 뿐만 아니라 또한 이성과 신앙을 결합하여 독특한 기독교 문화를 창조하였다. 중세사의 가장 중요한 문제의 하나가 교회와 정치의 관계이다. 자연 이 문제는 교황권의 성쇠와 밀접한 관계를 가지게 되고 교회의 전성시기만이 교회사적으로 중요한 것이 아니라 그 쇠퇴 과정도 중요시하지 않으면 안 되게 되었다.

고대 시대에는 동방 교회가 교회사의 주도적인 역할을 했으나 중세 시대에는 이태리, 프랑크(Frank), 잉글랜드, 스페인이 그 역할을 담당하였다. 게르만 종족의 개종과 이슬람 종족의 동방 지역 침략이 그 이유였던 것이다.

4세기 중반경 도나우강 유역에 있던 비시고트(Visigoths)족들 사이에 울필라(Ulfilas)가 선교운동을 전개하였다. 그는 콘스탄티노플 감독 아리우스파인 니코메디아의 유세비우스에 의하여 감독으로 안수받고 동족들 사이에서 선교활동을 하다가 핍박을 피하여 로마 제국 경내에 들어왔다. 그의 가장 큰 공적은 성서 번역이다. 헬라, 라틴, 게르만 루네(Rune)어의 알파벳을 참작하여 고트어 알파벳을 제정하여 성서를 번역하였다. 어떤 성서인지 알 수 없으나 웁살라(Uppsala)의 codex argenteus에 의하면 복음서의 단편이 남아 있다. 그는 비시고트족 사이에 아리우스 신앙을 전파하였고 거기로부터 그 신앙은 오스트로고트(Ostrogoths), 반달(Vanndals), 부르군디안(Burgundians), 헤룰렌(Herulern), 루기른(Rugiern)들에게 전파되었다.

5세기에 서방 제국은 쇠망해 가는 반면 게르만 종족들은 그들의 왕국을 수립하고 그들의 신앙을 계속하였다. 비시고트족은 가울 남부, 후에 스페인에, 반달족은 북아프리카에, 오스트로고트족은 이태리에, 부르군디안족은 가울 남부에, 앵글로색슨족은 부리테인에, 프랑크족은 가울 북부에, 롬바르드(Lombard)족은 이태리에 정주하였다. 이들은 점차적으로 가톨릭 신앙으로 전향하였다. 496년 프랑크 왕 클로비스(Clovis)가 라임스(Rheims)의 감독 레미기우스(Remigius)에게서 세례를 받았다. 게르만 종족의 개종일 뿐만 아니라 그들이 서방 지역에서의 가톨릭 신앙의 챔피온이 되었다는 표지인 동시에 아리안 신앙의 종말을 예고하는 조종이기도 하였다.

450년경 앵글로색슨족은 로마 제국의 일부가 되었던 부리테인을 점령하였다. 이들은 교황 그레고리 1세(Gregory I)가 보낸 선교사 어거스틴에 의하여 교화되었으나 그래도 이들 선교사들은 스코틀랜드를 거쳐 온 아일랜드의 수도사 중심의 부족 교회와의 경쟁을 면치 못하였다. 아일랜드는 '아일랜드의 사도' 성 패트릭(Patrick)에 의하여 교화되었다. 그는 웨이리스 출신으로 노예가 되어 아일랜드에 있다가 탈출한 후 선교사로 다시 가서 로마적인 교구 감독제의 교회를 세웠으나 얼마 안 가서 수도원 중심의 부족 감독제의 교회로 변하였다. 피니안(Finian of Clonard)에 의하여 이 독특한 제도가 수립되었는데 강력한 선교 정신과 학문 탐구의 경향이 농후하였다. 그들은 픽트(Pict)족과 스콧트(Scot)족을 교화하고 앵글로색슨족들에게 선교했던 것이나 결국은 그들의 정열적이나 비조직적인 선교활동은 치밀한 조직력을 가진 로마로부터의 선교사들에 패배하고 말았던 것이다. 그래도 그들의 선교활동은 끊임없이 새로운 지역을 찾아갔다. 가장 유명한 자가 콜럼바누스(Columbanus)로 그는 부르군디에 와서 룩소일(Luxeuil)수도원을 세우고 거기를 근거지로 하여 선교할 뿐만 아니라 서서와 이태리까지도 가서 선교하였다.

어거스틴이 잉글랜드 선교활동을 시작한 지 한 세기가 채 못되어 잉글랜드에서는 또한 대륙으로 선교사들을 파송하였다. 가장 유명한 자가 윌리브로드(Willibrord)와 윈프릿(Winfrith)이다. 전자는 프리지아(Frisia)에 가서 활동하였으나 프랑크 왕국의 원조를 받았기 때문에 프리지아인들의 꺼려하는 바 되어 곤란에 빠졌다. 이러한 사정을 듣고 윈프릿이 그를 돕기 위하여 프리지아에 갔으나 정세가 여의치 않아 다시 돌아왔다. 후에 로마에 가서 교황에게서 보니파티우스(Bonifatius)라는 이름을 받고 선교사로 절메니에 갔다가 정치적 호전으로 프리지아에서 3년간 선교활동한 후 절메니에 다시 가서 거기서 위대한 선교사업을 하였다. 프랑크 왕국의 초청을 받아 타락한 프랑크 교회를 개혁하여 교구 감독제도를 확립시키고 풀다(Fulda)에 수도원을 세워 학문과 신학교육의 중심지가 되게 하고 타락한 성직들의 생활을 개혁하였다. 만년에 그는 다시 프리지아에 가서 선교하다가 이교도들의 손에서 그가 원하던 바대로 순교의 영광을 얻었다. 겸비의 사람, 기도의 사람, 희생적이요, 용기가 있고 성경에 능하고 타고난 지도자요 애정에 넘치고 위대한 조직, 행정의 능을 가진 그는 동시에 위대한 그리스도인, 위대한 선교사, 위대한 감독이었다고 역사가는 말한 바 있다(K.S. Latourette:A History of Christianity; p. 349). 보니파티우스가 남긴 선교사업은 샬레만(Charlemagne) 대제에 의하여 강력히 추진되었다. 정치적 정복 다음에는 반드시 선교사들의 활동이 뒤따라 웬드(Wends)족, 아발(Avars)족, 색슨(Saxons)족들이 개종하였고, 경건자 루이(Louis the Pious) 때 마그데부르크-브레멘(Magdeburg-Bremen)의 대주교 안스칼(Anskar)에 의하여 스칸디나비아의 북게르만족들에게 선교운동이 전개되었다. 10세기 신성 로마제국 창설자 오토(Otto) 대제 때 다시 선교운동이 일어나 슬라브(Slavs)족을 정복한 후 교화에 힘썼으며, 체코족, 헝가리족, 폴(Pols)족, 스칸디나비아의 개종을 보게 되었고, 12세기에 들어와서 슬라브족은 완전히 교화하였다. 12세기말 상인들, 기사들, 수도사들에 의하여 발티 지역 리브랜드(Livland), 에스트랜드(Estland), 쿨랜드(Kurland)가 가톨릭 신앙으로 교화되었고, 13세기 푸러시안(Prussians)들이, 14세기말 리타웰(Litauer)인들이 개종하였다.

　서방 슬라브족들이 가톨릭 교회로 개종하였다면 동방과 남방 슬라브족들은 동방 정통 교회에 개종하였다. 9세기 후반 동방 교회에서는 선교운동이 서향하여 '슬라브의 사도' 메도디우스(Methodius)와 콘스탄틴(Konstantin, 후에 Cyril) 형제가 모라비아(Moravia) 지방에서 놀라운 선교활동을 하였다. 이들의 공적은 특별히 슬라브 문자를 제정하여 성서를 번역한 데 있는데 그들의 문자는 후에 러시아어 알파벳의 기초가 되었다. 그러나 로마와 콘스탄티노플의 세력다툼은 마침내 서방 슬라브족들은 로마에, 불가리아인들, 발칸 반도의 슬라브인들, 러시아인들은 동방 정통 교회의 신앙을 받아들였다.

그러나 발전만은 아니었다. 이슬람 종족의 침략으로 7세기 중반과 후반에 벌써 팔레스타인, 시리아, 애굽, 북아프리카를 상실하였고, 8세기 초에는 스페인의 대부분을 빼앗겼다. 그들의 진격은 732년 프랑크의 재상 찰스 말텔(C. Martell)에 의하여 영구히 저지되었다. 이들이 점령한 지역의 교회는 자취를 감추었을 뿐만 아니라 시리아와 애굽, 북아프리카는 지금도 아랍 지배하에 있다. 8세기 서방에서 아랍 진격이 저지될 무렵 동방에서도 비잔틴 제국은 그들의 진격을 저지하였다. 11세기말부터 13세기말까지의 십자군운동은 성지를 이슬람 종족들의 손에서 탈환하려 했으나 별로 항구적인 성과를 거둔 바 없고 도리어 14세기와 15세기 이슬람 종족들이 서방으로 진격하여 1453년 비잔틴 제국은 오스만(Osman) 터키에 멸망을 당하고 유명한 성 소피아(Sophia) 성당은 회회교 전당이 되고 말았다. 그렇지만 스페인에서는 회회교도들과의 치열한 오랜 전쟁 끝에 1492년 회회교도의 최후의 거점인 그라나다(Granada)를 함락시키고 회복하였다.

제 8 장
교권의 성쇠

콘스탄틴 대제의 신앙의 진실성 여부에는 어느 누구도 최종적인 확답을 내릴 수 없다는 것은 부인할 수 없는 사실이지만 그가 기독교에 신교의 자유를 준 것은 기독교를 이용하여 수다한 이민족을 포함하고 있는 로마 제국의 내적 통일을 이룩하기 위함이었던 것만은 틀림없는 사실이었고, 이러한 종교 정책을 역대 제왕들이 그대로 계승한 것은 사실이었다. 니케아회의, 콘스탄티노플회의, 에베소회의, 칼케돈회의 같은 기독교 기본 교리를 결정짓는 가장 중대한 회의를 로마 교황이 아니라 로마 제국의 황제가 소집하였고 지배했음은 너무도 명백한 사실이었다. 정치의 이러한 교회 지배는 특히 동방에서 저스티니안 1세(Justinian I)에게 와서 그 절정에 이르렀으니 그는 교회생활의 내정만 간섭할 뿐만 아니라 교리 결정 문제에도 절대의 지배권을 행사하여 실질적으로 그는 가이사 교황권(Caesaropopism)을 확립하였다.

다행히 서방에서는 게르만 종족들의 침략을 로마 제국이 미약하여 막아 내지 못할 때 레오 1세, 그레고리 1세 같은 걸출한 교황들이 나서 침략자들의 손에서 로마를 구하게 되니 교회는 내세에 대한 보장을 해줄 뿐 아니라 현세에 대한 생명과 재산, 질서와 문화의 보장자도 되었다. 특히 그레고리 1세는 침략하는 게르만 종족들이 지니고 나아갈 역사적인 의의와 사명을 밝히 보고 그들과 우호 관계를 맺어 비록 정치적인 교황 세력은 구축하지 아니했어도 도덕적인 영향력과 종교적으로 그들을 가톨릭 신앙으로 개종하는 위대한 일을 했던 것이다. 이리하여 교회와 정치의 중세 시대를 일관한 투쟁의 씨앗은 처음부터 심어졌고 유능한 지도자가 교회를 이끌 때마다 정 교 양권의 투쟁은 불꽃을 튀기었을 뿐만 아니라 교회의 세력이 미약하여 땅에 떨어졌을 때도 교황권의 독립을 부르짖는 소리는 끊어지지 않았다. 교권을 위하여 가장 비참한 8세기에 나온 위문서 '콘스탄틴 증여' (Donation of Constantine) 문서는 그 실례로서 계약의 형식을 빌어 교회의 신조와 아울러 콘스탄틴 황제의 전설 같은 개종과 세례를 써 넣고 모든 교회와 교직은 로마 교황 실베스터(Sylvester)와 그 후계자에게 복종할 것과 로마와 이태리의 모든 도시와 지역을 교황에게 증여한다고 되어 있다. 더욱이 프랑크 카롤링(Carolingian) 왕조의 샬레만 대제가 대제국을 건설했을 때 로마 교황은 그 신하의 자리를 면치 못했고 그가 비록 기원 800년 크리스마스 때 샬레만 대제에게 황제의 관을 씌워 주었다 해도 그것은 도덕적으로 교회의 권위를 높였을 뿐 정치적인 권력을 의미하는 것은 아니었다. 그러나 샬레만 황제가 대제국을 통일함으로써 그가 의도한 바는 아니지만 로마 교황권 확대의 길을 터준 것만은 사실이다. 그가 세운 대제국은 그 후계자들의 때에 와서 무너졌지만 교회는 하나라는 개념과 사상은 무너지지 않았고 보편적인 단일한 교회의 지도자가 교황이란 신념은 변함없이 살아 있던 것이다.

9세기 중엽에 서프랑크 왕국에서 나온 이시돌의 위문서(Pseudo-Isidorian Decretals)는 콘스탄틴 증여 문서를 포함하여 1세기의 클레멘트로부터 8세기의 그레고리 2세까지의 교황의 결정들과 회의를 기록하면서 대주교들의 권리를 제한하고 교황의 최고 사법권을 주창하여 주교들이 대주교의 간섭을 받지 않고 직접 교황에게 상소하는 길을 터놓았다. 또 교황도, 주교들도 세상 권리에서 독립한다는 것을 강조하였다. 또한 로마 교황들은 이 위문서를 권력 확장의 도구로 사용했던 것이나 그후 동방 콘스탄티노플 대감독의 학자요, 가장 걸출한 정치가인 포티우스(Photius)가 나와서 그와의 오랜 투쟁에서 로마의 권력은 땅에 떨어지고 말았고, 이태리에서는 봉건 제후들과의 정치 분쟁에 휘말려 그 압박하에 신음할 수밖에 없었다. 일시 신성·로마 제국의 오토 대제와 그 후계자의 구원을 받았으나 교황청의 형편없는 타락과 쇠약은 가속도적으로 황제의 지배 간섭을 불러일으켜 마침내 헨리 3세(Henry Ⅲ)는 수트리(Sutri) 대회와 로마 대회에서 두 사람의 교황을 내몰았고 셋째 교황은 후퇴시키는 비극까지 가져왔다.

이리하여 교회는 마침내 스스로의 개혁과 정치에서의 자유 독립을 부르짖게 되었고, 클루니(Cluny) 수도원이 교회 개혁의 주동적 역할을 하였다. 910년경 부르군디 지방에 세워진 이 수도원은 본래는 수도원 자체의 개혁을 의도한 것이었으나 위대한 지도자들의 감화와 영향을 수도원만이 아니라 널리 교회와 사회의 개혁에까지 미쳐 당시 양 대 죄악이었던 성직 매매(simony)와 신부들의 결혼(nicolaitanism), 그리고 평신도 서임권(敍任權)을 반대하였다. 서임권은 본래 오토가 독일 왕위에 오른 직후 반기를 드는 제후들의 세력을 누르기 위하여 광대한 토지 재산을 소유하고 있는 교회와 수도원장들의 군사 원조를 얻는 대신 그들에게 또한 새로운 정복 지역을 관리하는 권리를 주며 그 표지로 지팡이와 금지환을 하사했던 것이다. 따라서 황제에게 적대시하는 사람이 감독과 수도원장이 되는 경우 황제의 권력이 매우 위태롭게 되기 때문에 자연히 황제는 교직 선거를 지배 간섭하게 되어 교회의 독립이 어렵게 되었다.

교황 그레고리 7세(1073-1085)와 신성 로마 황제 헨리 4세와의 투쟁은 그레고리 7세가 1073년 교회의 독립을 위한 황제의 서임권을 금지했기 때문에 일어난 투쟁이었다. 이렇게 해서 서임권 논쟁에서부터 세계 지배를 위한 싸움이 벌어진 것이다. 다행히도 교황은 모든 경건한 자들의 뒷받침을 얻게 되어 황제를 파문(excommunication)하고 그 치하에 있는 백성의 충성 의무를 해제했기 때문에 만책(萬策)에 궁한 황제는 할 수 없이 1077년 추운 겨울날 이태리 카놋사(Canossa) 성에 와서 맨발로 교황에게 용서를 빌어 겨우 파문에서 해벌되었다.

이로 인하여 교황의 권력은 세상을 놀라게 할 정도로 높아졌으나 정치적으로 황제의 승리였으니 황제는 폐위되지 않고 백성은 충성의 의무를 지니게 되어 그후 와신상담, 마침내 교황을 몰아내고 말았다. 1085년 교황은 유배지 살레노(Salerno)에서 하나님이 저를 버렸다는 쓰디쓴 눈물을 지우면서 세상을 떠났다. 서임권 논쟁은 1122년에 와서야 웜스(Worms)회의에서 교황 칼리스투스 2세(Calixtus Ⅱ)와 황제 헨리 5세 사이에 타협이 이루어졌다. 황제는 감독과 수도원장 임명권을 버렸으나 그래도 그 직위에부터 있는 토지 재산에 대한 서임권은 그대로 가지고 있을 뿐만 아니라 적어도 독일에서는 그가 원하지 않는 감독과 수도원장을 실질적으로 거부할 수 있는 권한을 소유했던 것이다.

비록 타협이기는 하나 교회는 이 타협에서 얻은 것이 많았다. 뿐만 아니라 당시 사람들의 마음속에는 신앙의 정열이 매우 고조되어 그것은 십자군운동으로 폭발되어 교황의 권력은 서방 제국의 정상에 오를 수 있었던 것이다. 12세기 후반 새로운 격렬한 싸움이 교황과 정치 사이에 벌어졌다. 황제 프레데릭 1세(Frederick Barbarossa Ⅰ)는 교황 알렉산더 1세와의 오랜 싸움 끝에 1177년 베니스에 와서 파문에서의 해벌을 빌었고 영국 왕 헨리 2세는 그의 불공대천지 원수인 캔터버리 대감독 토마스 베켓(T. Becket)의 무덤에 와서 참회하면서 잘못을 빌어 겨우 파문에서 해벌되었다.

그래도 교황권의 절정은 인노센트 3세(Innocent Ⅲ) 때에 와서야 도달하였다. 그레고리 7세가 교회의 자주 독립을 위하여 꿈꾸다가 실패한 세계 제패를 인노센트는 이룩했던 것이다. 황제의 자리를 노려 싸움이 벌어졌을 때 그는 어부지리를 취하여 결국은 황제로 하여금 그에게 무릎을 꿇게 했고, 프랑크 왕 필립 2세(Philip Ⅱ)가 이유없이 트집잡아 왕후를 내쫓았을 때 다시 맞아들이도록 하였고, 레온(Leon)왕 알폰소 9세(Alfonso Ⅸ)가 지나친 근친결혼을 했을 때 이혼하도록 하였다. 또한 캔터베리 대감독 선출시 고집을 피워 말을 안 듣는다고 잉글랜드 왕 존을 파문에 처하여 결국 그로 하여금 전 잉글랜드를 교황에게 바치고 다시 봉토(封土)로 받고 매년 1,000 마르크를 교황에게 조공들이도록 했으며, 제4십자군을 일으켜 비록 그 본의는 아니라 해도 콘스탄티노플을 점령하고 거기에 라틴 대감독구를 세워 동서 교회의 통합을 일시에 이루었다. 이렇게 교황은 세계의 지배자가 되었다. 그는 베드로의 후계자만 아니라 그리스도와 하나님의 지상 대리자가 되었다. 그는 무오(無誤)의 권위로 모든 다른 사람을 다스리고 판단하나 다른 어느 누구도 그를 비판할 수 없다. 제왕과 제후들은 교황의 발에 무릎을 꿇고 입맞추며 신하의 복종을 서약해야 했다. 그는 삼중의 왕관(tiara)을 스스로 썼던 것이다. 그렇다고 해서 그를 그저 정치적인 권력만을 탐하는 자라고 평가해서는 안 된다. 비록 그 결과는 그렇게 되었지만 제4십자군을 일으킨 동기는 성지를 회복하려는 신앙의 순수성을 인정해야 하고 더군다나 1215년 제4라테란회의(Lateran Council)는 타락한 교회를 개혁하고 화체설 같은 가톨릭 교리를 확립했던 것이다.

인노센트에게서 절정까지 올라갔던 교황권은 그후 점차 쇠약의 길을 걸어 영적, 도덕적, 특히 정치적으로 그 무력함을 드러냈다. 교황 보니파티우스 8세(Bonifatius Ⅷ)는 1296년 '성직과 평신도'(Clericis laicos)를 선포하여 군주들의 교회 재산에 대한 과세를 금지했으나 아무 효과를 보지 못하였고, 1302년 교서 '하나의 교회'(unamsanctam)를 선포하여 성서로부터 "교회는 하나이며 한 목자가 먹여야 하며, 그의 손에는 영적 칼과 현세적 칼이 있으며(눅 22:38), 영적 칼은 신부가 쥐고 있고, 현세적 칼은 성직으로부터 위임받아 군왕들과 병사들이 교회를 위하여 잡아야 하며, 속권은 교권에 복종해야 하며, 교황은 하나님 외에 판단할 자 없으며, 교황에게 복종하는 것은 구원의 필수조건이다."라고 주창하였다. 그러나 프랑크 왕 필립 4세(Philip Ⅳ)에게 체포되어 투옥되었다가 방면되었으나 분사하고 말았다. 그후에 교황을 필립 4세에 굴하여 우남상탐 교서를 수정했을 뿐만 아니라 교황청을 아비뇽(Avignon, 1309-1377)으로 옮겨 프랑크 왕의 꼭두각시 노릇을 하였다. 성직은 말할 수 없이 타락해서 교구를 돌아보지 않고 탐욕과 치부만 일삼고 교황과 고위 성직들은 도덕적으로 형편없이 떨어졌다. 1377년 교황청은 다시 로마에 돌아오기는 했으나 그후 교황 선출로 분열되어 일부는 다시 아비뇽으로 돌아가 1378년부터 1415년까지 37년간 교회는 분열상태에 있었다. 따라서 헌금과 부과금은 이중으로 강요당하고 어느 쪽 교황이 참교황인지, 어느 편에 가야 구원이 있는가의 불확실성은 교인으로 하여금 지옥의 고통을 맛보게 하였다. 사람들은 교회의 개혁, 그야말로 '머리로부터 발끝까지'의 개혁을 부르짖게 되어 위클리프(Wyclif), 후쓰(J. Huss)의 개혁운동이 일어나게 되었다. 또한 교회 안에서도 개혁의 소리가 높아 개혁회의운동이 일어나게 되었는데 그 중심이 파리대학의 교수들(Peter d'ally, John Gerson)이었다.

교회의 총회는 교황보다 우위를 차지하며 총회가 분열 타락한 교회를 개혁 통일할 수 있다는 주창에 근거하여 1409년 피사에 개최하여 통일을 시도하여 양편 교황을 물리치고 새 교황을 세웠으나 실패하고 이제는 세 교황이 다투게 되었다. 그래도 콘스탄스총회(1414-1418)에서 분열된 교회를 통일하여 단일 교황을 세우고 교황권에 대한 감독제의 승리를 교리화했으나(Haec sancta synodus, 1415) 제3개혁회의인 바젤회의(Basel Council, 1431)에서 극단적 개혁주의자들의 주창으로 인하여 회의가 분열되었기 때문에 개혁 회의설은 스스로 그 무덤을 파고 말았다.

이러한 회의를 통하여 교황권은 결코 빛나는 영광을 거두지 못했으나 여러 번 위기를 넘어서 마침내 승리를 거두었던 것이다. 그래도 교권은 정치적으로 영적으로 도덕적으로 타락하여 마침내 르네상스와 종교개혁을 초래하고 말았다.

제 9 장
수 도 원

 교권의 성장 다음으로 중세사에 있어서 중대한 의의를 차지하는 것은 이 시대의 그리스도인들의 생활 표현인 수도원운동이다. 일반적으로 고대 교회에 있어서 수도원은 황야 같은 곳에서의 은둔, 금욕, 수도하는 은자생활에 특색이 있는 데 대하여 중세 시대에는 일정한 규율하에 공동적으로 수도생활을 하는 데 특색이 있었다. 동방 교회에서는 갑바도키아의 교부 중 하나였던 바질이 기초를 놓았고 성상론쟁의 맹장이었던 데오도르(Theodore the Studite)에 의하여 확립되었다. 아토스(Athos) 수도원 같이 성산(Holy Mountain)에 집중하여 활동을 피하고 기도와 명상생활을 위주로 한 데 특색이 있었는데 서방 수도원은 그와는 달리 수도 구원을 얻고는 활동과 사회 구원에 나섰다.
 눌시아의 베네딕트(Benedict of Nursia)가 몬테카시노(Monte Cassino)에 수도원을 세우고 새로운 수도원 규율을 제정하였다. 이 규율은 베네딕트의 생전에는 별로 알려지지 않았으나 교황 그레고리 1세에 의하여 널리 보급되고 8~12세기에는 모든 서방 수도원 규율의 기본이 되었다. 자격 심사를 위한 1년간의 견습 수도 기간(novice) 후에 일정한 거주가 없는 유랑의 생활을 포기하고(stabilitas loci) 사유재산 포기와 순결(conbersation morum), 그리고 복종(oboedientia)의 서약을 한다. 하루에 7기로 나누어 최소 4시간 예배가 있고 정신적 노동 독서와, 육체적 노동을 의무적으로 한다. '게으름은 영혼의 적'이었던 것이다. 손님을 즐겨 대접하고 어려운 이들을 도와 주며 수도원 학교를 세워 교육을 강조하였다. 일반적으로 이 규율은 온건한 것으로 특색을 삼았다. 그렇지만 얼마 안 가서 수도원은 일반적으로 부패 타락하였다. 사유 재산은 인정하지 않았으나 수도원 공동 재산은 인정하였고, 수도사가 되면서 그 재산을 바치거나 만년을 수도원에 들어와서 살면서 그 사유 재산을 기증하는 평신도들에 의하여 수도원은 많은 토지와 재산을 가지게 되어 자연히 타락했던 것이다. 고대의 수도사들은 세상을 등지고 영혼 구원을 위한 명상생활을 했으나 중세시대에 들어와서 서방 수도원은 그 성경을 고쳐 활동에 나섰다. 그들은 선교사로 활약하는 동시에 샬레만 대제 같은 이들은 수도원을 영혼의 본래의 목적보다 학문과 교육을 위하여 장려 발전시켰다.

  이러한 정황하에 클루니수도원 개혁운동이 일어났던 것이다. 학문과 교육은 새로이 일어나는 대학들이 떠맡았다. 수도사들은 대신 설교와 영혼 구원을 위한 상담역에 나섰으나 이도 역시 교구를 맡은 재속(在俗) 신부들의 영역을 간섭하는 일들이었다. 그러므로 클루니수도원은 그들 자신의 영혼 구원을 위하여 수도원 자체의 개혁운동을 힘썼던 것이나, 생각해 본다면 세상을 등지고 명상과 수도생활만 한 데 고대 수도원의 위기가 있었고 또 단순히 이 세상 재물을 버리는 비활동적인 명상 수도가 무슨 그리 큰 공덕이 될 수 있는가 하는 문제는 클루니수도원 개혁운동으로 하여금 수도원 자체의 개혁을 넘어서는 교회 전반과 사회의 개혁에까지 나가지 않을 수 없게 하였다. 12세기에 새로운 수도원들이 일어났다. 특히 시스텔시안(Cistercian)수도원은 그 대표적인 것으로 종래의 수도원처럼 기존한 여러 수도원을 결속하여 이루어 놓은 것이 아니라 처음부터 부르군디 시토(Citeaux)에 본원을 세우고 조직적으로 각지에 분원을 세워 통일 관리하여 규율을 엄격히 지켰다. 베네딕트 규율을 채용하여 토지개간 등 노동을 중시하였고 특기할 만한 사실은 이들은 선교를 중요 사명으로 느껴 엘베

(Elbe)와 오델(Oder)강 사이의 슬라브족들의 지역을 교화한 일인바 이 교단을 위대한 세력이 되게 한 자가 역사상 가장 매력적인 사람이었던 성버나드(St. Bernard of Clairvaux)이다.

12세기까지의 중세 전반기의 수도원이 주로 농촌지대 중심의 수도원임에 대하여 중세 후반기의 수도원들은 주로 도시와 그 주변을 중심으로 하고 일어났다. 특히 13세기에 새로운 형태의 수도원들이 일어났는데 앗시시의 성 프란시스(St. Francis)가 세운 프란시스파 수도원, 성 도미닉(St. Dominic)이 세운 도미닉파 등 걸식수도단 (Mendicant Orders)들이다. 이들은 수도사 개인들의 사유 재산만 아니라 수도단 자체의 재산 소유도 부정하는 청빈(淸貧)을 모토로 삼았는데 전자는 설교와 영혼 구원을 위한 상담을, 후자는 설교와 학문과 또 후에는 종교 재판관(inquisitor)으로 이름을 날렸고 양 교단 다 유능한 학자들을 배출하여 대학에서 교수하였다.

수도사들의 금욕생활의 이상은 수도원 밖에서도 일어났다. 십자군 때에 일어난 군사 교단인 성당기사단(Templars)과 병원기사단 (Hospitalers)은 그 대표적인 자로 청빈, 순결, 복종의 수도사들의 서약 외에도 성지 수호, 순례자 보호, 어려운 이들을 도와 주는 일들을 그 임무로 삼았다. 수도사들의 서약을 하지 않고도 가정에서 수도사들의 기도와 명상과 금욕생활을 하는 새로운 형태의 신앙운동이 14세기에 일어났다. 공동생활형제단(Brethren of Common Life), 공동생활자매단(Sisters of Common Life)들이 그 예로써 「그리스도를 본받아」(The Imitation of Christ)를 썼다는 토마스 아 캠피스(Thomas a Kempis)도 이들에게서 나왔다.

대체로 14세기 이후 수도원운동은 저조해 갔으나 수도원이 이루어 놓은 업적은 심대하다. 사면 벽이 다 막히고 오직 하늘로만 통로가 열린 수도원에 들어간 사람들은 그들의 영혼을 구원할 뿐만 아니라 세상에 돌아와 위대한 전도와 선교사업을 하였고, 수도원 생활이 시간을 지키기 위하여 시작한 종탑(鍾塔)은 중세 생활만 아니라 현대 생활의 합리화에 큰 영향을 주었다. 그들이 세운 수도원 학교는 소년들의 교육만 아니라 기독교 문서, 그릭 라틴 고문서를 필사하여 만족 침략하에 파묻쳐 가는 고대의 문화를 유지 보존, 한 걸음 더 나아가 학문의 발전에 큰 도움을 주었고, 연대기를 남겨 두어 이 시대를 아는 귀중한 역사문헌이 되게 하였고, 베네딕트파 시스텔시안 같은 수도원들은 노동을 중요한 일과로 했기 때문에 농사 개량에 적잖게 공헌하였고, 기사단 자선 기사단들은 오늘 서구인들의 신사도의 정신을 길러 놓았다.

제 10 장

교회와 학

 게르만 종족의 침략으로 서방 제국이 가지고 있던 전통적인 문화가 여지없이 파멸되었고 또 이 만족들이 비록 자질이 우수하여 중세 역사의 주역을 맡게 되었다 해도 그렇게 되기까지는 오랜 시일이 걸려야 했다. 그렇다고 해서 중세 교회는 학문적인 운동이 아주 쓰러졌는가 하면 그러지 않다. 아일랜드 선교사들이 잉글랜드에 와서 선교활동을 했을 때 그들은 잉글랜드의 교회에 선교열과 학구의식을 남겨 주었다. 베데(Bede)의 「영국 민족의 교회사」(Historia ecclesiastica gentis Anglorum)는 그 소산으로 오늘날도 영국 교회사의 중요한 사료가 되었고, 8세기 다메섹의 요한(John of Damascus)이 쓴 「지식의 원천」(The Fountain of Knowledge)은 비록 독창적인 것은 아니나 동방 교회 신학을 체계화한 책이었다.

 그래도 중세 시대의 학문적 기운은 샬레만 대제가 궁정학교를 신설하고 가장 유능한 학자들(Alquin, Paulus Diakonus, Einhart)을 초빙하여 학문을 권장함으로 일어났다. 그 결과로 9세기에 와서 신학적인 논쟁들이 벌어졌으니 고트샬크(Gotlshalk)가 어거스틴의 이중 예정론을 강조하여 흐라바누스(Hrabanus Maurus)와 힝크말(Hinkmar von Reims)과의 사이에 격렬한 논쟁이 벌어져 고트샬크는 이단으로 정죄되고 비참한 옥중생활을 하였다. 아일랜드 출신인 학자 요한 둔스 스코투스(John Duns Scothus)도 이 논쟁에 휩쓸려 하나님은 영원한 자이기 때문에 그에게는 과거와 미래의 구별이 있을 수 없고 따라서 예정과 예지로 나눌 수도 없으니 하나님은 그가 하시는 것만 아신다 하였다. 영혼의 기원과 그 본질의 문제를 가지고 논쟁이 벌어져 창조설과 유전설의 대결을 보게 되었고, 성모 마리아의 동정녀설에 대한 논쟁이 벌어져 라트람누스(Ratramnus)는 예수의 자연 출생설을 말하는 데 대해 라드벌투스(Radbertus)는 초자연적 출생설을 강조하였다. 가장 중대한 논쟁은 성찬론에 관한 논쟁인바 라트람누스는 어거스틴의 상징설을 주창하고, 고트샬크는 그리스도이 살과 피가 그것을 받는 사람과 무관하게 신비하게 객체적으로 성찬에 현재한다고 하는 데 대하여 라드벌투스는 떡과 잔이 예수의 살과 피로 변한다고 하였다.

그후 카롤링(Carolingian) 왕국의 쇠망과 더불어 학문활동은 다시 소위 암흑 시대로 들어가고 말았다. 그러다가 11세기 교황 그레고리 7세와 황제 헨리 4세와의 생명을 건 투쟁을 계기로 하여 학문적 노력은 강력하게 일어났다. 1100년부터 문예부흥과 종교개혁의 때까지의 학문 형태를 스콜라 학문(scholasticism)이라 한다. 이 학문은 성서와 교회의 전통적인 교리와 교부들의 절대 불변하는 부동의 권위에 서서 기독교 이전의 헬라 로마의 철학 플라톤 특히 아리스토텔레스의 논리 변증법 삼단론법을 그 도구로 사용하였다. 철학은 신학의 여종의 지위를 만족할 수밖에 없었으니 신학은 모든 학문의 여왕이었던 것이다.

이렇게 철학을 도구로 한 이 시대의 신학자들의 방법은 2세기 이래 그노시스 특히 그후 오리겐 같은 신학자들이 사용하던 주해서였다. 5세기 이래 사람들은 성서와 교부들의 교훈, 금언을 발췌하기 시작하였고 또한 그것들을 모두어 신학 체계를 세웠다. 이것은 센텐스(sentence)라고 하는데 가장 유명한 것이 피터 롬바르드(P. Lombardus)의 센텐스(Quatuor Libri sententiarum)이다. 13세기 이래 사람들은 새로운 학문의 방법 숨마(summa)를 사용하였다. 이 방법은 같은 문제에 대한 여러 다른 해명을 나란히 서술하고 그 사이의 관계를 논리적으로 살펴 결론에 도달하는 방법으로 그 대표적인 자가 토마스 아퀴나스(T. Aquinas)의 「신학총론」(Sumna totius theologiae)이다.

스콜라 학문은 수도원 주교좌 학교(cathedral school), 그리고 12세기 이래 대학에서 발전했는데 파리, 옥스포드, 켐브리지 대학이 그 중심이었고 시기적으로 보면 스콜라 학문의 성쇠는 교황권의 성쇠와 때를 같이하였다.

소크라테스는 학문의 과제를 인식론, 다시 말하면 명확한 개념으로 파악하고 표현하는 데 두었다. 여기서 생기는 문제가 개념과 실제가 어떻게 관계되느냐이다. 소크라테스는, 개념은 실제를 자명하게 내포하고 있다고 보았으나 어떻게 그렇게 되느냐를 해명하지 않았다. 이 문제가 스콜라 신학자들이 그 초기로부터 일관하여 씨름한 실재론(realism)과 유명론(nominalism)의 문제이다. 실재론은 플라톤의 실재론과 아리스토텔레스의 그것으로 갈라진다. 보편적인(general) 것은 개별적인 것(species)과는 독립하여, 또 선행하여 있다고 플라톤은 가르치고, 아리스토텔레스는, 보편적인 것은 플라톤이 말하는 대로 실재하나 개별적인 것보다 선재하는 것이 아니라 함께 있다고 가르쳤다. 안셈의 존재론적 증명(ontological argument)은 플라톤에 입각한 것이고, 아퀴나스의 하나님의 존재의 증명법은 아리스토텔레스에 입각한 것이다. 실재론을 신학에 적용하면 하나님의 마음속에는 보편적인 것이 있어서 개별적인 것의 원형이요 근거다(플라톤). 인류는 하나님과 연관성을 가질 뿐만 아니라 일체성(unity)이 있다. 이 일체성이 아담의 원죄에 인류가 동참하고 또 그리스도의 구속 사업도 개별적인 사람들이 아니라 인류 전체를 위한 것이요, 교회도 개별적인 그리스도인들의 총합이 아니라 그 이상의 것이다(아리스토텔레스).

이와 반대로 유명론자 오캄(William of Occam)은 개별적인 것만 존재하고 보편적인 것은 이름뿐이요 개념뿐이다. 사람, 도시, 교회라는 것은 마음에 있는 개념뿐이지 실존은 아니며 오직 개별적인 것만 존재한다. 사람들은 대상들 간의 유사성(類似性)을 보고 추상적인 개념을 만들어 개별적인 것들을 그 밑에 모아 그룹을 이루었다. 이 사상을 신학에 적용하면 사람과 하나님 사이에는 아무 연결이 없고 따라서 하나님의 존재와 기독교의 진리를 합리적으로 증명할 수 있는 것이 아니라 다만 성서와 교회의 권위에 의하여 믿을 것뿐이다. 이렇게 신앙과 이성을 이원론적으로 분리해 놓았기 때문에 스콜라 신학은 붕괴될 수밖에 없었다.

12세기 특히 13세기에 스콜라 신학은 매우 발전하여 그 절정에 도달하였다. 이것은 십자군운동을 통하여 동서 문화 종교가 서로 접촉 교류하게 되고 보니 자연히 사람들은 이때까지 믿어 오던 신앙의 진리를 무조건 받아들이게 될 수 없고, 왜 믿어야 하는가를 합리적으로 파악해 보려고 할 뿐더러 한 걸음 더 나아가 기독교의 합리성을 회의하는 비기독교인들에게 기독교의 진리성을 해명하지 않으면 안 되게 되었다. 아벨라드(Abelard)의 '예와 아니'(Sic et non)는 성서와 교부들의 글에서 신학과 도덕과 학문에 대한 서로 다른 158개의 구절들을 나열하여 무조건적인 신앙이 아니라 왜 믿어야 되는가의 합리적인 왜? 를 스스로 묻게 하였다. 스콜라 학문의 아버지라 하는 안셈은 어거스틴과 함께 "나는 알기 위하여 믿는다"(credo un intelligam)고 하였다. 다시 말하면 그는 교회의 신앙을 받아들였다. 그러나 거기에 머무르려 하지 않았다. 그는 그것을 이해해 보려고 한 것이다. 그는 하나님이 있는가라고 묻지 않고 어떠한 근거에서 하나님의 존재에 대한 교회의 가르침, 교리가 참인가를 물었다(ontology). 그는 성육하신 하나님이 과연 있는가 묻지 않았다. 왜 하나님이 사람이 되셨는가(Cur deus homo?)를 물었던 것이다. 교회는 이러한 물음을 플라톤의 직감적 이성(intuitive reason)으로 대답하려고 하였다. 그러나 이 직감적인 이성은 누구나 다 체험할 수 있는 경험적인 사실을 떠난 것이기 때문에 그것으로는 모든 사람에게 똑같이 하나님의 존재와 기독교의 진리를 해명할 수 없었다.

여기 교회가 아리스토텔레스와 손잡아야 할 이유가 있었다. 그러나 아리스토텔레스는 처음에 스페인의 회회교 철학자 아베로스(Averoes)

를 통하여 각색되어 매우 위험시되었다. 예를 든다면 아베로스는 개인의 영혼 불멸을 부정하였고 이성을 진리를 파악하는 최고의 길이라 하여 신앙상 진리도 이성으로 볼 때 거짓일 수 있다. 물질적인 이 우주는 시작도 없고 종말도 없고 하나님의 사람과 함께 불변하는 필연적인 우주의 법칙에 지배받는다고 가르쳤다. 그러던 것이 동서 교역의 활발, 십자군운동, 콘스탄티노플 점령 등을 통하여 아리스토텔레스의 철학을 직수입하게 되고 겸하여 각지에 대학들이 설립되고 프랜시스칸, 도미니칸 학자들이 배출되어 신학 연구가 활발히 일어나게 되자 아리스토텔레스에 대한 재인식과 함께 기독교의 진리성을 합리적으로 증명할 수 있는 길은 아리스토텔레스와 손잡는 것밖에 없다고 확신했던 까닭이다. 토마스 아퀴나스가 이렇게 하는 데 결정적인 역할을 하였다. 그는 "은혜가 자연을 도와 완성한다"라는 근본 전제에서 출발하여 그의 신학 체계를 세웠던 것이다. 이리하여 그는 학문의 영역에서 모든 자연적인 것을 인정하면서도 자연적인 것이 학문의 최종적인 해답이 아니라 초자연적인 은혜를 통하여야 완성된다고 보았던 것이다. 아리스토텔레스의 경험적인 사실에서 출발하여 하나님의 존재와 그 속성의 어떤 것, 그리고 사람의 영성(spirituality)과 자유와 영혼의 불멸성을 자연 이성으로 증명한다. 그러나 자연 이성은 한계가 있어서 기독교의 초자연적인 진리는 계시와 신앙에 의할 수밖에 없다. 여기 신앙과 이성의 합작 조화를 본다. 그러나 그는 말한다. 신앙은 이성을 초월할 수는 있으나 반대될 수는 없다. 이렇게 하여 그는 이성의 우위를 인정하였다.

1879년 교황 레오 13세(Leo XIII)는 아퀴나스를 가톨릭 교회의 신학의 표준이라 선포하였다. 아퀴나스에게서 절정에 올라갔던 스콜라 신학은 그후 요한 둔스 스코투스(John Duns Scotus)에 이르러 붕괴의 길로 걷기 시작하였다. 아퀴나스가 주지주의자인 데 대해 둔스 스코투스는 주의주의자(主意主義者)였다. 그는 안셈과 아퀴나스와는 달리 신앙과 이성의 조화가 아니라 분리를 주창하였다. 주요한 기독교의 진리는 이성으로 증명할 수 있는 것이 아니라 교회와 성서의 권위에 의하여 신앙할 뿐이라고 하였다.

둔스 스코투스에 의하여 붕괴되기 시작한 스콜라 신학은 유명론자 오캄에 의하여 완전히 붕괴되었다. 그는 하나님과 인간의 연결을 완전히 단절해 버렸다. 기독교의 어느 진리도 증명할 수 없다. 단지 성서에 그렇게 기록되었고 교회가 그렇게 믿으라고 하기 때문에 믿는 것이다. 이렇게 해서 신앙과 이성은 완전히 결렬되었고 스콜라 신학은 완전히 붕괴되었다. 그렇다고 그는 기독교의 진리성을 허물어 버리려 한 것은 아니다. 도리어 교회와 성서의 권위, 신앙의 권위를 더 강조하기 위하여 신앙과 이성의 결렬을 주창했던 것이다.

제 11 장
의식과 규율

이 시대 신앙생활의 특징은 교회에 대한 무조건적 복종, 이적, 사단, 악령에 대한 신앙, 입신, 환상 같은 신의 체험, 십자군 고행, 순례 같은 대중적인 움직임, 세상을 버리고 영원한 구원을 얻으려는 깊은 관심, 선행, 금식, 쉬지 않는 기도, 자선, 자기 학대, 수도원 행동이었다. 플로랜스(Florence) 회의(1439)에 와서야 확장되었지만 12세기 이래 교회는 7성례를 말하였다. 세례, 견신례, 성찬례, 고해성사, 종부성사, 신품성사(임직례), 혼배성사이다. 이 성례는 다 그리스도가 직접 주신 것으로 주창되었고 또 거기에는 초자연적 이적적인 능력이 있다고 믿어졌다. 스콜라 신학자들이 가르치는 바에 의하면 성례에 참여하는 자가 죽음에 이르는 죄(교만, 탐욕, 정욕, 분노, 대식욕〈gluttony〉, 질투, 나태)를 범하지 않은 한 주례하는 신부가 아무리 부도덕하고 비신앙적인 자일지라도 올바른 형식으로 성례를 집례하기만 하면 성례의 효력은 있다고 인정되었다. 고해성사는 죄를 참회, 고백하는 것이 전제 조건이었다. 본래는 공중고백과 사고백(私告白)이 함께 있었으나 전자는 점점 자취를 감추어 11세기 이후에는 별로 볼 수 없었다. 신부는 고백, 참회하는 자에게 그 경중에 따라 벌로 과하여 보속(satisfaction)케 하는데 금식, 자선, 순례, 자기 학대(초달), 교회 기부 등등이 있은 후 신부는 그 사죄를 선언한다(absolution). 제 4 라테란(Lateran)회의(1215)에서 신자들은 최소한도 1년 1차 신부에게 고해하도록 결정되었다.

고해성사와 관련되어 면죄부(indulgence)와 교회의 보화(treasury of the Church)의 이론과 실제가 전개되었다. 교회는 본래 범죄한 자에게 과한 징벌을 고행이나 순례, 기부 같은 보속 행위로 현세에서 사죄하는 형식으로 면죄부를 주었던 것이나 어떤 경우 범죄 참회자가 현세에서 그 과벌을 다 못치르는 경우 연옥에 가서도 치루어야 하므로 면죄부는 연옥에까지 적용되었다. 11세기 이후 완전 속죄의 면죄부(plenary indulegence)를 적은 범위로나마 주기 시작하여 교황 울반 2세(Urban Ⅱ)는 성지 탈환을 위해 십자군으로 출정하는 모든 병사들에게 주었고 그후에는 범위를 확대하여 십자군이나 교회를 위하여 재산을 바치는 자, 기타 선행하는 자에게도 주었다. 또 면죄부의 실제와 관련하여 신학자들(Alexander of Hales, Albertus Magnus, Thomas Aquinas)은 교회의 보화, 공덕 사상을 이론화하였다. 사도들이나 성자들은 그들이 구원을 얻기에 남을 만한 선행, 공덕을 가지고 있고 이 공덕들은 그리스도의 공덕과 함께 교황에게 위탁되는바 교황은 이 위탁된 공덕으로 제힘으로 구원을 못얻을 죄인들에게 나누어 주도록 되어 있었다. 교황 클레멘트 4세(Clement Ⅳ)는 이 교회의 보화 공덕 원리를 1343년에 재가하였다. 그러나 학자들 간에는 면죄부의 효력을 현세에 국한해야 한다는 자들도 있었으나 결국은 연옥에까지 확대하였기 때문에 면죄부의 남발은 16세기 종교개혁의 직접적인 동기가 되었다.

이 시대에 특히 주목할 만한 사실은 성찬론의 교리화다. 1215년 제4라테란회의에서 화체설을 교리로 정했던 것이다. 또 그와 함께 온 중대한 변혁은 평신도에게 잔을 거부하는 일, 광범위한 파문(excommunication)적용, 성체 도입례(聖體導入體), 성체 거양식(聖體擧揚式, Elevation of the Host), 부복 기도(俯伏祈禱) 등이다. 평신도에게 잔을 거절한다는 것은 떡만 받아도 그리스도의 몸 전체를 받는 것과 다름없다는 생각에서 그리스도의 피를 실수하여 흘리는 잘못을 범하지 않으려는 경건에서 기인된 것이고, 파문의 광범위한 적용은 그 본래의 의의를 넘어서서 교회가 세속 군주들을 강요하여 굴복케 하고 평신도들을 강요하여 교회의 축제일에 참여케 하며 십일조를 바치게 하는 수단으로 사용한 것을 말한다. 그리스도의 몸에 참여하지 못하면 구원이 없기 때문이다. 파문과 관련된 책벌의 하나가 수찬정지(interdict)다. 9세기 이래 개인에게 국한시키지 않고 도시 전체, 심하면 지방 혹은 국가 전체에까지 확대하여 성찬을 정지시키는 것으로 교황 인노센트 3세는 전 영국에 수찬정지를 시켜 존 왕을 굴복시켰다. 성체 도입례는 떡과 잔에 임재하시는 그리스도를 경배하는 예식으로 류티히(Luttich)의 수녀 율리아나(Julana)가 계시를 받고 리제(Liege)의 감독에게 권고하고 마침내 교황 울반 6세가 1264년 재가하였던 것이고, 성체 거양식은 신부가 떡과 잔을 축사한 후 제단에 바칠 때 부복하고 기도하는 의식인바 이렇게 바쳐진 떡과 잔은 몬스트란스(monstrance)라고 불려지는 투명한 그릇에 담겨 종일 제단 위에 두어 예배하게 하였다.

10세기 훨씬 이전부터 교회는 일요일, 렌트, 부활절, 크리스마스, 오순절 등 절기를 지켰다. 오순절을 Whitsunday라고도 했는데 이는 부활절에 세례받지 못한 자들이 세례받기 위하여 흰옷을 입었기 때문이다. 교회의 절기는 날이 갈수록 증가했는데 삼위일체를 기념하는 삼일주일(Trinity Sunday-오순절 다음 주일로 1334년 교황 요한 22세가 재가하였다.), 마리아무죄임신축일(Feast of the immaculate conception of Mary-마리아의 어머니 안나가 무죄하게 마리아를 임신했다는 것을 말하는데 동방에서 8세기 이래 서방에서는 11세기 이래 12월 8일을 지켰다.), 만성절(All Saints Day-11월 2일, 11세기에 클루니수도원 원장 Odilo에 의하여 모든 세상 떠난 성자들의 영혼을 위로하는 제일) 등등 날이 갈수록 늘어나 많은 지방에서 축제일의 수가 거의 백일에 가까웠다. 그러므로 13세기 이래 교회는 그 수를 줄이기에 힘썼다.

또 일반 평신도들 사이에 성해진 것이 성자 숭배와 기도다. 수많은 수호 성자들이 생겼다. 모든 촌락, 모든 도시, 모든 교회, 모든 산업 단체(guild), 모든 직업은 다 그 특유한 수호 성자들이 있게 되었다. 특히 성행한 것이 마리아 예배이다. 12세기말 이래 아베 마리아(Ave Maria, 눅 1:28-42)가 시작되었고, 13세기 이래 염주 기도(묵주 신공)가 시작되었다. 마리아 예배와 기사들의 부녀 봉사는 상호 강화를 가져왔고, 성자 예배의 결과로 성자 유골 숭배, 화상 숭배, 순례 등이 성행하였다.

평신도들의 생활은 교회의 지배와 영향을 많이 받았다. 특히 수도사들, 교회의 규율, 그리고 교육을 통하여 그들의 도덕생활은 결정적으로 영향을 받았다. 고대 교회의 회개와 치리는 이제 중세 시대에 와서는 점점 그 의의를 상실하게 되고 그 대신 수도원으로부터 시작한 사고백(私告白)이 등장하게 되었다. 공중 고백은 악질적이며 일반이 다 알고 있는 죄 행위에 대하여 하기 때문에 이러한 회개는 치욕으로 여기게 되었다. 이에 반하여 사고백은 마음의 죄를 다루게 되었다. 또 고백 신부는 그에게 고백하는 자의 죄와 비밀을 어떠한 경우에도 엄수하도록 되었고 만약 이것을 폭로하는 경우 중벌받도록 되었다. 이리하여 사고백은 마침내 성례(sactament)의 성격을 지니게 되었다. 1215년 제4라테란회의 이래 고해는 의무가 되었다. 최소한 1년 1차는 신부에게 고백해야 하는 것이다. 올바른 고해에는 세 가지 단계가 있는데 참회, 고해, 보속이다. 그러나 사고백이 공중 고백보다 더 내적이고 더 고도화한 것이라 해도 그것은 또한 폐해도 적잖이 있었다. 참회의 진실성이 약화되었고 면죄부와 결부되어 그 폐해를 가져오게 되었다.

제 12 장
로마교와 겨루는 사람들

서방 지역에 들어온 게르만 종족의 아리우스 신앙을 정복한 이후 로마 가톨릭 교회는 약 500년간 유일한 형태의 교회였다. 고대와는 달리 이 시대에는 아무 이단 혹은 분파와 같은 것이 없었다. 혹시 개인적으로 이단이 있었다 해도 수도원에 금고하거나 화형에 처함으로 이단을 근절시킬 수 있었다. 그러나 10, 11세기 특히 12세기 이래 로마교를 매우 위협하는 위험한 것들이 일어났다.

첫째가 카타리(순결, καθαρός)이다. 마니교와 마찬가지로 이원론자로 이 물질적인 세계는 악신이 지은 바요 최대의 죄악은 자녀 생산이다. 구원의 길은 회개, 금욕, 그리고 성령의 세례(consolamentum)다. 성령의 세례는 로마교의 세례, 견신례(confirmation), 종부 성사, 그리고 성직 임직의 의미와 효능을 다 가진 의식으로 교회에 들어오고자 하는 자는 먼저 죄 고백과 고행이 있어야 하고, 다음 이 의식을 집행하는 성직으로부터의 사죄의 선언이 따른다. 성직이 되려는 자의 경우를 제하고는 흔히 임종할 때까지 성령의 세례는 연기되고 세례받은 직후 엔두라(endura, 餓死)의 의식이 있는데 성직자는 그에게 고백자(confessor)가 되겠느냐, 순교자가 되겠느냐고 묻는다. 전자를 택하는 경우 그는 3일간 소량의 물 외에는 식음을 전폐하고, 후자를 택하는 경우 그 입을 베개 또는 수건으로 3일간 막는다. 그래도 죽지 않고 살아난 자는 완전자가 되어 세례를 준비하는 구도자와 구별된다. 완전자에게서 성직이 나오는 것이다. 카타리의 사람을 끄는 놀라운 매력은 그 신비하고 환상적인 신앙에 있는 것이 아니라 극단적으로 금욕하는 카타리의 사도 완전자의 생활에 있었다. 본래 동방 교회 주변에서 발생한 이 이단은 상인들을 통하여 또는 십자군운동을 통하여 발칸 지방을 거쳐 이태리 상부 지방 특히 불란서 남부 알비(Albi) 지방에 들어와 기성 교회의 타락과 신앙의 고갈에 허덕이던 사람들 사이에 요원의 불처럼 널리 퍼졌다.

다음은 왈도(Waldo)의 무리들이다. 1176년 리용의 부유한 상인 왈도는 심령 문제의 해결을 신부에게 물어 얻은 해답이 "네가 온전한 사람이 되고자 하거든 가서 네 있는 것을 팔아 가난한 자에게 나눠 주고 또 와서 나를 따르라"였다. 그는 가산을 정리하여 일부를 가족들의 생활을 위하여 떼어놓고 남은 것은 전부 가난한 자들에게 주었다. 그는 그가 해야 할 일을 더 알기 위하여 신약성서 한 권을 얻어 거기 가르친 대로 살기를 힘썼다. 그의 생활에 깊이 감동된 사람들이 그를 따라 한 적은 청빈과 설교하는 집단이 되었다. 그들은 1179년 제3라테란회의에 설교할 수 있는 권리를 청원하였으나 교황 알렉산더 3세는 그들이 무지함을 이유로 이를 거절하였다. 왈도는 이것을 하나님의 뜻을 거절하는 것으로 인정하고 계속 각지로 다니면서 설교하였기 때문에 1182년 교황 루시우스 3세(Lucius Ⅲ)에 의하여 이단으로 정죄되었다. 그래도 그들은 계속 발전하여 불란서 남부, 이태리, 상부 독일, 보헤미아, 헝가리, 폴란드 기타 등지에 퍼졌다. 중세 분파(섹트) 중 오늘까지 남아 있는 유일한 섹트가 왈도의 무리들이다. 성서 특히 신약성서가 그들의 생활과 신앙의 최고의 권위였다. 그래도 그들이 이해한 성서는 중세적인 성서관 율법서였다. 그들은 둘씩 짝을 지어 단벌 옷을 입고 맨발로 혹은 샌달만 신고 걸식하면서 설교하였고, 월, 수, 금요일에 금식하였으며, 맹세와 유혈을 금했고 주기도 외에 다른 기도를 인정하지 않았다. 그들은 남녀 평신도 설교를 변호하였다. 많은 점에서 카타리와 공통이었으나 또한 근본적인 점에서 카타리와 달랐기 때문에 교회가 지혜롭게 다루었던들 그들은 갈라져 나가지 않았을 것이다.

이단들을 대처하기 위하여 인노센트 4세 이래 교회는 대체로 세 가지 대책을 취하였다. 그리스도와 사도들의 청빈한 생활을 그대로 따라가면서 전도하는 프란시스 교단, 도미닉 교단 같은 걸식교단을 설립하여 그들을 앞지르게 하였다. 그러나 그것만으로 이단들을 누를 수가 없었기 때문에 불란서 왕과 연합하여 십자군 전쟁을 일으켜 알비젠세스를 진압하였다(1209-1229). 셋째 방법은 1232년 이래 상설적으로 세운 종교재판이었다. 이단을 색출하여 파문에 처한 후 그 처형을 정치에 내어맡긴다. 이단을 화형에 처하는 것은 벌써 백년 이래의 관습이었다. 불란서 왕 루이 4세와 로마 제국 황제 프레데릭 바바롯사(Frederick Barbarossa)는 이단 아놀드(Arnold of Brescia)를 교수형에 처한 후 그 시체를 불살랐던 것이다. 이리하여 종교재판은 지독한 고문과 화형으로 카타리와 왈덴세스를 눌러 버렸다. 그래도 그들 중 어떤 자들은 15세기에 후쓰파와 합쳤고 다른 왈덴세스는 이태리의 피에몬트(Piemont) 계곡에 남아 오늘까지 그 생존을 유지하였다.

교회가 분열하여 그 부패와 무력을 여지없이 폭로하던 때 영국과 보헤미아에 혁명적인 민족적 교회 개혁운동이 일어났다. 옥스포드 신학교수 위클리프(J. Wyclif)가 그 주동자였다. 프랑크 왕국처럼 영국도 정치적인 세력 성장과 함께 민족의식과 감정이 날카로워져서 1346년 이래 국왕과 의회는 교황이 영국 교회에서 행사하는 지나친 횡포의 상징인 안네잇(anates-성직이 처음으로 임직된 해의 총수입을 교황에게 바치는 세금), 보류권(reservation-세금을 올리기 위하여 공석된 교구에 성직 임명을 보류하는 권리)에 항거하였고 재속 신부(在俗神父-수도원 신부와는 달리 교회를 맡아 보는 신부)와 옥스포드 대학교수들은 교황의 뒷받침을 받아 특권적인 존재가 된 걸식수도 교단에 날카롭게 맞섰고 민중들 사이에도 교황권에 대한 감정이 좋지 않았다. 위클리프의 개혁운동은 이러한 정세하에서 일어났던 것이다. 그는 처음에는 종교적인 이유에서라기보다는 애국자적인 민족 의식에서 교황의 횡포에 항거하였다. '속세적인 것과 신적인 것'(Civil and Divine)에서 모든 소유권은 하나님에게 있고 사람은 그 관리자에 불과하며 그가 성실하게 그 사명을 다하지 않을 때는 하나님은 도로 빼앗아 간다. 이 원리를 교회에 적용할 때 성실치 못한 성직은 속권에 의하여 제거될 수 있음을 말한다. 교황도 잘못 할 수 있고 또 교회 제도에 교황이 반드시 불가결한 존재도 아니요 세속적인 교황은 이단이라 외쳤다. 런던 감독은 그를 고발하였고 교황 그레고리 11세는 정죄했으나 영국 상하 인민은 그를 핍박에서 보호하였다(1377).

그러나 점점 그는 정치적인 투쟁에서 종교적인 개혁으로 나섰다. 로마 교회에 대분열이 생겼을 때 그는 교회에 관한 논문을 썼는데 거기서 그는 어거스틴의 예정론 입장에 서서 진정한 교회는 예정된 자로 구성되고 따라서 불가견적이며 교황도 감독도 누가 진정한 교인인지 모른다. 구원은 가견적 교회나 신부들의 중보에 의존하지 않는다. 그는 또한 성자 숭배, 유골 숭배, 성지 순례를 정죄하였다. 그리스도의 육체적 임재를 주창하며 화체설을 부정, 면죄부와 죽은 자를 위한 미사도 부정하였고, 평신도도 미사를 드릴 수 있다고 하였다. 이렇게 극단적으로 나가게 되니 그를 지지하던 보호자들도 그를 떠나게 되어 그는 옥스포드대학에도 머물러 있을 수 없어 그의 교구 루터월스(Lutterworth)에 물러갔다. 성서야말로 최고의 권위임을 주창하면서 불가타(Vulgata)를 영역하였고 순회 전도하게 했다. 1381년 농민폭동이 일어났을 때 대적들은 그 책임을 그와 그를 따르는 무리(Lorllard)에게 지웠다. 1384년 그는 평화롭게 죽었으나, 1406년 의회는 반롤 랄드 법안을 통과시켜 이단을 처벌하기로 하였고, 1409년 캔터버리 대주교는 위클리프의 교리와 성서를 정죄, 1415년 콘스탄스회의도 위클리프를 정죄, 1428년 로마 교회는 위클리프의 유해를 발굴하여 재로 만들어 물에 띄웠다.

옥스포드대학에 유학했던 젊은 보헤미아의 학도들이 위클리프의 저서를 가지고 푸라그에 돌아왔다. 이렇게 해서 보헤미아에도 위클리프적인 개혁운동이 일어났는데 그 지도자가 푸라그대학에서 가르치던 웅변적인 설교가 존 후쓰(J. Huss)이다. 그는 교구신부로부터 교황에 이르기까지 그 부패와 죄를 가차없이 공격하며 교황이 아니라 그리스도가 교회의 머리요 기초라 주창하였다. 푸라그의 대주교는 위클리프의 저서를 불사르게 하고 후쓰에게 침묵령을 내렸으나 후쓰는 이를 거절하였다. 피사계 교황 요한 23세는 후쓰를 파문에 처하고 푸라그 전시(全市)에 대하여 수찬정지(interdict)를 선포하였다. 후쓰는 푸라그의 긴장상태를 완화하기 위하여 1412년 푸라그를 떠났으나 여전히 개혁운동을 계속하였다. 신성 로마 제국 황제로 피선된 시기스문드(Sigismund)가 교회 개혁과 통일을 위한 콘스탄스회의를 소집하고 (1414-1418) 안전보장(safe conduct)을 주어 불렀을 때 그는 이에 응하여 콘스탄스에 오자 곧 잡혀 투옥되어 1415년 7월 6일 화형당하였다. 형장에서 후쓰는 마지막 기도를 했다. "주여 당신의 손에 내 영혼을 부탁하나이다." 보헤미아에 이 소식이 전해지자 내란이 일어났다. 그러나 후쓰당에는 내분이 생겨서 무엇이든지 성서에 어긋나지 않은 것은 그대로 인정하자는 상류 출신자들(Utraquists)과 성서에 확실히 보장되지 않은 가톨릭 교회의 어떠한 의식 풍습도 배격하는 극단파(Taborites)로 훗날 극단파는 패멸되고 온건파들은 평신도에게 잔을 주게 하는 조건으로 가톨릭 교회로 돌아가고 말았다.

이태리 르네상스의 중심지인 플로랜스에도 15세기에 개혁의 물결은 휩쓸었다. 도미닉파 산 마르코(San Marco) 수도원 원장이었던 기로라모 사보나롤라(Girolamo Savonarola)가 이 개혁운동을 이끌었다. 그러나 그의 개혁운동은 신학적인 개혁운동은 아니었다. 중세적인 신앙에 젖은 그의 운동은 부패, 타락한 교회를 맹렬히 공격하고 하나님의 심판이 임박한 것을 외쳤다. 1494년 플로랜스가 불란서와의 전쟁에서 패배하고 그 군대가 플로랜스에 입성했을 때 사람들은 이거야말로 사보나롤라가 예언한 하나님의 심판이란 믿고 지배자인 메디치(Medici)를 추방하였다. 불란서 왕이 사보나롤라에게 설복되어 떠나게 되니 그는 사실상 플로랜스의 정치와 종교의 지배자가 되었다. 이때로부터 그의 극단적인 개혁운동이 일어났다. 타락한 플로랜스는 성도의 도성으로 변하였다. 그러나 그는 적을 많이 만들었다. 그들 중 어떤 이들이 로마 교황에게 참소하였다. 교황 알렉산더 6세는 1495년 5월 그를 파문에 처하고 그의 체포 호송을 플로랜스시에 요구하였다. 그의 너무도 엄격한 개혁운동에 염증을 느꼈던 플로랜스 정부는 마침내 그를 체포하여 1498년 5월 23일 교수형에 처한 후 그 시체를 불살라 버렸다.

제3부
혁신하는 교회
-1517~1648-

13. 일반적인 개관
14. 독일에서의 종교개혁
15. 서서에서의 종교개혁
16. 곁길로 걸어가는 개혁운동
17. 개혁운동의 확대
18. 가톨릭 교회의 부흥

제 13 장
일반적인 개관

　16세기 종교개혁은 로마 가톨릭 교회에 중대한 위기와 분열을 가져왔다. 서방 교회의 통일은 깨지고 복음주의 프로테스탄트 교회가 탄생하였다. 그러나 프로테스탄트 교회는 단일한 교회는 아니었다. 루터의 개혁운동 외에도 서서에서 쯔빙글리(Zwingli)와 칼빈(Calvin)이 별개의 독립된 복음주의 교회를 세웠다. 종교개혁 시대가 끝날 무렵에는 로마 가톨릭 교회 외에 세 가지 새로운 형태의 프로테스탄트 교회 ─ 루터파, 개혁교파, 성공회가 있었을 뿐만 아니라 종교개혁의 여파로 재세례파(anabaptists), 반삼일론자들(anti-trinitarians), 범신론적인 신령파(spiritualists)들이 일어났고 또 그 저류에는 인문주의적인 개혁운동이 있었다.

　루터의 등장 이래 10여 년 간 종교 개혁운동은 맹렬한 기세를 떨쳐 여러 나라에서 로마 가톨릭 교회는 후퇴하였다. 그러나 1530년 이후부터는 가톨릭 교회는 과감한 반격을 가하였다. 스페인 사람 이그나티우스 로욜라(Ignatius Loyola)와 그 교단이 중심이 되어 일어난 가톨릭 교회 부흥은 프로테스탄트에 빼앗긴 많은 실지를 회복하였다. 세속적이던 교황들은 새로이 종교적 열정을 체험하여 교회적 사명에 복귀할 뿐만 아니라 트렌트회의(1545-1563)에서 프로테스탄트의 이신칭의(以信稱義)와 성서 최고의 권위에 대결하는 가톨릭 교리를 제정하여 그 결과로 루터 당시와는 전연 다른 새로운 교회를 만들었다. 그러나 개혁운동을 계기로 일어난 교회적인 대립투쟁은 또한 정치적인 대결을 겹쳐 구라파를 휩쓰는 종교전쟁으로 발전하였다. 이 종교전쟁은 두 단계로 나눌 수 있다. 첫 단계는 16세기 후반 칼빈주의가 가톨릭 불란서에서 비장하게, 그리고 네덜란드에서 가톨릭 스페인과 영웅적으로 싸와 그 생존을 사수하였다. 제 2 단계는 17세기 독일에서 루터파 교회가 30년 전쟁의 참담한 시련 중에 그들의 생존을 위하여 싸웠고 또 영국에서 몇 번이고 엎치락뒤치락하는 교회 혁명을 겪었다. 종교전쟁은 구라파에서는 베스트팔리아(Westphalia) 평화협정(1648)에서 종결을 보아 세력의 평형을 이루었고, 영국에서는 가톨릭 신앙으로 재복귀하려던 운동은 1688년의 '영광스런 혁명'에 의한 스튜워트 왕가의 붕괴로 좌절되고 프로테스탄티즘의 승리로 돌아갔다.

제14장
독일에서의 종교개혁

종교개혁이 일어나게 된 이유는 여러 가지이다. 일반적으로 14, 15세기에 교황권은 땅에 떨어져 갔다. 황제의 권력의 쇠약과 거의 서구 전체를 휩쓰는 강력한 민족 의식과 그것을 바탕으로 하고 대두한 군주 국가는 자연 교회를 그 지배하에 두려고 하였다. 마실리우스(Marsilius of Padua) 오캄 프랜시스 교단의 실령파들 특히 오캄주의는 로마교의 권위에 대한 회의를 일으키게 하였고 교회의 분열과 두 개의 교황청의 권력 상쟁은 교황권에 대한 신앙의 무덤을 파게 하였다. 타락한 교회의 개혁과 분열된 교회의 통일을 위하여 파리대학 교수들의 주동에 의하여 소집된 개혁 회의는 교황보다 회의의 우위를 부르짖게 되었고 또한 그 결과로 교수가 잘못된 신앙에 대한 판단의 권리를 가질 수 있다고 인식되었다. 뒷날 루터가 로마교의 잘못된 교리를 비판하고 개혁하는 것이 대학교수의 의무요 권리라고 보았던 것도 여기에 연유한 것이다. 머리로부터 발끝까지의 철저한 개혁을 부르짖고 소집되었던 개혁 회의는 분열된 교회를 통일한 것 외에는 성과를 거두지 못했을 뿐 아니라 다시 교황에게 머리를 숙이고 말았다. 또 이에 대한 반동으로 오캄주의와 갈리카니즘(Gallikanism, 프랑스에서 교황의 지배에서 벗어나려는 교회운동으로 1407년 정부는 자유 선언을 했다.)이 손잡아 교황의 권력을 축소시키며 교회로 하여금 각기 국가내에서의 평신도들의 발언권이 무게를 가지는 교회 제도로 지향하게 하였다. 신비주의는 비록 직접적으로 교회에 대한 반기를 든 일이 없어도 그 개인주의적인 신앙의 경향은 자연 공동체로서의 교회의식의 약화를 가져왔고, 문예부흥 시대의 인문주의운동은 교회에 대한 무관심, 회의, 혐오하는 마음을 불러일으켰으며, 위클리프, 후쓰 등 개혁의 선구자의 운동 특히 보헤미아에서의 후쓰파의 내란과 섹트(분파)운동은 아무래도 교회의 근본적인 개혁을 가져오지 않을 수 없게 하였다. 더욱이 독일의 일반 정세와 교회는 다른 어느 나라보다 더 비참하였다. 무력한 황제는 많은 세력을 가지고 있는 제후들을 누르고 강력한 중앙집권제를 실시할 수 없었고, 귀족과 광대한 토지를 가지고 있는 교회는 면세 특권을 가지고 있음에도 불구하고 경제적으로 농노(農奴)와 다름없는 농민들을 착취하고 있었으며, 성직들의 무지, 무능, 부패, 타락에 비해 평신도들의 신앙은 매우 높아 순례와 고행 등 대단한 바가 있었던 것이다. 이러한 여러 가지 이유와 사정이 마틴 루터(Martin Luther)의 종교개혁을 불러일으켰고 또 제후들과 식자들의 강력한 뒷받침을 받아서 루터의 종교개혁은 승리했던 것이다.

루터는 1483년 아이스레벤(Eisleben)의 가난한 광부의 아들로 태어나 만스펠트, 마그데부르크, 아이제나하(Mansfeld, Magdeburg, Eisenach)의 라틴학교를 거쳐 엘풀트(Elfurt)대학에서 교육을 받았다. 부친의 의사를 따라 대학원에서 법학을 전공하던 중 갑자기 1505년 엘풀트에 있는 어거스틴파 수도원에 들어가 견습 수도사의 기간을 거친 후 1507년 신부로 안수받고 첫 미사를 드리던 도중 엄위하신 하나님을 체험하였다. 1508년 엘풀트대학에서, 그후에는 비텐베르크(Wittenberg)대학에 옮겨 강의를 하였고, 1511년 겨울에 수도원 사무로 로마를 방문하고 돌아와 1512년 정식으로 비텐베르크 대학교수로 성서를 강의하였다. 그 동안 계속 수도원에 머물러 있으면서 깊은 영적 고민에 잠겨 있었다. 어떻게 은총의 하나님을 발견할 수 있는가와 예정 문제가 문제였다. 수도 규정 이상의 극단적인 수도와 고행으로도 도저히 그가 바라는 구원을 얻을 수 없었던 것이다. 어거스틴파 수도교단 대리원장 스타우피츠(Johann von Staupitz)는 그에게 큰 위로를 주었다. "만약 그대가 예정되었는지 의심나거든 하나님의 예정으로 죄인들을 대신하여 고난받으신 그리스도를 마음에 새기라." 그는 루터에게 구원으로의 예정을 가르쳤던 것이다. 또한 루터는 그를 통하여 어거스틴에 이르게 되고 어거스틴을 통하여 바울에게 이르러 시편 강해를 준비하는 도중 로마서 1 : 17의 믿음으로 의롭게 되는 구원의 대진리를 체험하게 되었다. 때는 1512년 가을부터 13년 여름 사이였다. 1513년 8월부터 1515년 7월까지 시편을, 1514년 4월부터 1516년 7월까지 로마서를 비텐베르크대학에서 강해했는데 이 두 강해에서 루터의 신학 사상의 근본 모습을 볼 수 있다. 아직도 그는 종래의 전통적인 해석법 알레고리와 트로폴로지(allegory, tropology)를 버리지 못했으나 그래도 문법적, 역사적 해석법을 적용하였고 특히 그의 발견한 위대한 신앙 체험이 그의 성서해석을 많이 좌우하였다. 루터의 로마서 강해의 주제는 하나님의 주권 능력임을 부인하지 못하나 루터의 가장 근본 문제는 죄인을 벌하고야 마는 하나님의 의와 그리스도 안에서 그를 용서하시는 하나님의 사랑의 관계다. 그러나 이것은 두 다른 문제가 아니라 하나의 문제, 즉 그리스도까지도 그 도구로 삼아 죄인을 구원하시는 하나님의 전능한, 독점적인 주권 활동이다. 루터는 그리스도의 사(死)의 의의를 안셈처럼 보속에서 보지 않고 형벌에서 보았다. 또 그리스도의 업적은 하나님의 진노 아래 있는 죄인을 하나님과의 올바른 관계에 있게 하고 한 걸음 더 나아가서 하나님의 영적 지배의 회복에 있다고 보았는데 전자는 그리스도의 사와 관계되고, 후자는 그의 부활과 관계된다. 따라서 그리스도의 사와 부활은 수단과 목적의 관계요, 하나님은 이렇게 그리스도를 도구로 사용하여 죄인을 구원하시는 전능한 독점활동의 하나님이신 것이다.

　루터는 또한 하나님을 숨겨진 하나님(Deus absconditus)으로 보았다. 하나님은 영이시고 그의 하시는 일도 영적이기 때문에 육인 우리 사람은 하나님을 알 수가 없는 것이다. 오직 신앙만이 하나님을 아는 길이다(Deus revelatus). 숨겨졌다는 것은 이성에 숨겨졌다는 말이지 신앙에까지 숨겨졌다는 말은 아니다. 이런 의미에서 루터는 신앙을 지극히 강조하였다. 하나님이 우리의 원수처럼 보일 때도 우리는 하나님을 믿어야 하고 사랑해야 한다. 하나님은 우리를 구원하기 위하여 벌하시는 것이기 때문이다. 루터의 숨겨진 하나님 사상은 또한 그의 노예 의지 사상에서도 볼 수 있다. 만약 사람에게 자유 의지가 있다고 하면 그때에는 하나님은 전능하신 자가 아니다. 이러한 견해는 필연적으로 루터로 하여금 사람의 자유 의지를 부정하도록 하였다. 하나님이 사람을 죽이든 살리든 자유요 사람은 이에 대하여 항의할 권리가 없다. 그는 하나님의 진노가 결국은 사람을 구원하는 길이라는 것을 모르는 것이다. 여기 우리는 루터가 도덕적으로 무한한 차이가 하나님과 사람 사이에 있다고 보는 것을 알 수 있다. 예정론에서 루터의 숨겨진 하나님 사상이 가장 명백히 드러난다. 구원은 오직 은총을 통하여서이기 때문에 루터의 구원관에는 인간의 자유 의지란 개재할 여지가 없다. 다시 우리는 루터의 예정론을 자세히 검토해 보면 그것이 그의 칭의론(稱義論)과 한 가지로 하나님의 사랑에 그 뿌리를 박고 있음을 알 수 있다. 다시 말하면 하나님의 사랑이 영원 전부터 우리를 구원으로 예정했다는 말이다. 예정에서 숨겨진 하나님과 알려진 하나님의 대조가 가장 명백하게 드러났다. 왜냐하면 알려진 하나님(Deus revelatus)은 그 은총과 사죄를 우리 모든 사람에게 계시하지만 숨겨진 하나님은 오직 소수의 사람들에게만 이 모든 사실들을 알려 주기 때문이다.

  이러한 의미에서 그리스도의 죽음은 오직 소수의 예정된 자들만 위한 죽음이다. 루터에게 있어서 모든 것은 하나님 중심이었다. 그러므로 우리가 하나님은 참이시다 할 때 그것은 필연적으로 사람은 거짓이라는 것을 의미하고, 하나님이 의라고 할 때 사람은 불의하다는 것을 의미한다. 참경건이란 하나님을 하나님 자신 까닭에 사랑하지 자기를 사랑하는 까닭에 하나님을 사랑하는 것이 아니다. 이 점에서 루터는 자기 사랑과 하나님 사랑을 동일하게 취급하는 가톨릭 경건과 차이가 있다. 루터에게 있어서는 자기 사랑이라는 것은 하나님을 증오하는 것을 의미하고, 하나님을 사랑한다는 것은 자기 증오를 의미하는 것이었다. 루터는 사람의 마음의 가장 깊은 곳에 하나님보다도 더 사랑하는 자기 사랑이 있다는 것을 발견하였고 이것이 그가 본 원죄였다. 또 이 점에서 그는 어거스틴과 달랐다. 어거스틴은 사람의 가장 깊은 곳에 정욕이 있다고 보았던 것이다. 원죄는 악으로 지향하는 경향, 기질로 사람의 본성을 부패 타락시켜 속 깊은 곳으로부터의 하나님의 사랑을 불가능하게 한다. 뿐만 아니라 원죄는 하나님의 은총으로 사죄받은 다음에도 그대로 남아 있어서 사람은 이 세상에 사는 동안 원죄에서 해방되지 못한다. 어디서 원죄가 오는가! 아담으로부터이다. 이런 의미에서 루터의 원죄관은 바울과 마찬가지로 실험적인 결론이 아니라 신학적인 개념이다. 루터는 원죄를 원의(原義), 근본 의의 상실로 보는 가톨릭 신학자와는 달리 전 인간성과 능력, 영, 혼, 육, 의지성, 기억 전부의 상실이라고 보았다. 그것은 또한 보편적인 죄일 뿐만 아니라 개인적인 죄라고도 보았다. 물론 그는 원죄를 그가 직접 지은 죄라고는 하지 않았다. 그러나 유전된 원죄, 즉 악으로 지향하는 기질에 순응할 때 원죄는 개인적인 죄가 되는 것이다. 루터는 로마교처럼 죽음에 이르는 죄와 사함받을 죄로 나눌 수가 없었다. 루터의 논리에는 하나님에 대한 사랑이 없기 때문에 죽음에 이르는 죄요, 그 사랑이 거저 가리워져 있으니 사함받을 수 있는 죄라는 것은 있을 수 없었다. 모든 죄는 다 죽음에 이르는 죄다. 왜냐하면 죄치고 하나님을 떠나지 않는 죄, 하나님을 반역하지 않는 죄가 없기 때문이다. 루터와 로마교의 죄관의 차이는 그들 각자의 선의 표준의 차이에서 온다. 로마교는 사람의 도덕적 능력을 표준으로 세웠기 때문에 죽음에 이르는 죄와 사함받을 수 있는 죄로 나누었다. 루터는 하나님을 선의 표준으로 삼았다.

그러므로 모든 사람은 하나님 앞에 죄인이었던 것이다. 따라서 사람은 그가 의식적으로 선을 의지할 때도 그에게는 자기의 선을 추구하기 때문에 사람의 모든 것은 죄일 수밖에 없는 것이다. 오직 하나님의 주권적인 은총만이 사죄와 구원의 길이다. 가톨릭 신학자들의 정의처럼 은총이란 근본이 하나님께로부터인 것은 사실이지만 일단 사람에게 주어진 다음에는 후천적인 제2의 천성처럼 사람의 습성이 되는 것이 아니라 철두철미 하나님이 하시는 일이요, 인간의 공적이나 선행이 구원에 어떠한 역할을 할 수 없는 것이다. 은총은 또한 신앙의 근거다. 은총없이는 회개도 없다. 은총은 죄인을 의롭게 하고 성화케 하는 하나님의 방도다. 죄인을 벌하심으로 의롭게 한다는 것이 루터의 은총 사상의 특색이요 또 이 점에서 그는 어거스틴과 다르다. 어거스틴은 하나님의 의는 그가 의롭게 하지 않는 자에게 나타났다고 보았다. 하나님의 의와 긍휼 사이에는 연결하는 다리가 없다. 하나님의 의는 마지막 심판과 불가분리로 연결되었고 따라서 그것은 절대적인 의미에서 법적인 의인 것이다. 루터는 하나님의 심판과 의를 마지막 날에 결부시키지 않았다. 반대로 그는 그것을 근본적으로 칭의(justification)와 연결시켰다. 따라서 그것은 본질적으로 그의 은총과 하나이다. 루터는 하나님의 진노가 곧 하나님의 사랑이라고 보았던 것이다. 어디서 그는 이러한 은총관을 발견했는가? 그리스도의 십자가에서다. 십자가에서 하나님의 거룩한 진노와 그의 거룩한 사랑이 하나로 나타난 것이다.

알려진 하나님보다 숨겨진 하나님에서 루터의 신관은 더 뚜렷해진다. 숨겨진 하나님을 받아들이는 것이 신앙이다. 로마교는 신앙을 보다 더 지성에 결부시켰으나 루터는 감성과 의지에 연결시켰다. 왜냐하면 이 숨겨진 하나님을 사랑의 하나님으로 받기에는 의지와 믿음이 필요하기 때문이다. 오직 믿음을 통하여서만 사람은 진노의 배후에 숨어 있는 하나님의 사랑을 볼 수 있다. "믿음은 바라는 것들의 실상이요, 보이지 않는 것들의 증거니라."고 한 히브리서 기자의 신앙관이 로마서 강해에 일관되었다. 물론 루터가 신앙을 말할 때 단순한 심리적인 감성만을 의미하지 않았다. 보다 더 그에게는 신앙은 신학적인 것이었다. 믿음이란 하나님의 말씀에 대한 확신이요 하나님에 대한 확신인 것이다. 그것은 결코 사람의 이성이나 체험에 근거한 것이 아닌 것이다. 어떻게 사람이 하나님 앞에서 의롭게 되느냐? 여기 루터는 인간의 체험으로써의 칭의보다 하나님의 행하시는 역사를 앞세운다. 사람은 하나님 앞에서 오직 죄인일 뿐이다. 그러므로 하나님이 사람과의 사이에 다리를 놓아야 하는 이것이 곧 칭의이다. 이 칭의를 사람은 믿음으로 체험한다. 이런 의미에서 사람의 편에서 볼 때 칭의는 수동적이나 또한 동시에 그가 체험한다는 의미에서 칭의는 능동적이다. 칭의가 하나님의 의에 근거한 것은 두 말할 필요가 없었다. 그러나 하나님의 의는 결코 칭의에서 끝나고 마는 것이 아니다. 그것은 또한 성화에 나타난다. 하나님의 의는 사람을 하나님 같이 되게 하려 하기 때문에 성화는 그 목적이요 칭의는 수단이다. 칭의가 과정이냐 결과냐 하는 문제가 일어나는데 루터에 의하면 의롭다 함을 받은 사람은 스스로를 죄인이라고 자인하지 않으면 안 된다. 왜냐하면 사람이 겸손과 믿음으로 자기가 죄인이라고 인정할 때만 그를 의롭게 하기 때문이다. 이런 의미에서 볼 때 칭의는 오직 과정뿐이다. 사람에게는 성화의 확신이 그가 이 세상에 살아 있는 한 있을 수 없다. 성화는 과정인 것이다. 그러나 조각가가 단순한 돌멩이에서도 완성된 훌륭한 예술품을 보듯이 하나님은 불의한 죄인에게서 그의 의로워진 자녀를 보신다. 그러나 확실성은 하나님에게 있지 사람에게 있는 것은 아니다.

교황 줄리우스 2세(Julius II)는 퇴락한 성 베드로 대성당을 증축하여 천하에 그 장엄성을 과시하려 했으나 도중에 세상을 떠나고 레오 10세에게 그 완공을 넘겨 주었다. 레오는 이 일을 마치기 위하여 1514년 완전 면죄의 면죄부 발매령을 내리고 독일에서의 총판매권을 브란덴부르크 공(Prince of Brandenburg)이요, 마그데부르크(Magdeburg)의 대주교, 할버스타트(Halberstadt)의 주교 서리인 연소한 알브레히트(Halberstadt)에게 위임하였다. 알브레히트는 공석 중에 있는 마인쯔(Mainz)의 대주교구를 차지하기 위하여 그 수속비로 재벌가 푸거(Fugger)에게서 21,000 두캇(ducat)을 차용하여 10,000 두캇을 바침으로 로마로부터 법에 없이 마인쯔 대주교구를 차지하기로 하였다. 그는 이 막대한 비용을 뽑기 위하여 8년간 면죄부를 판매하여 그 반을 교황에게 바치기로 했으나 면죄부 발매령에는 성베드로 성당 증축비를 위한다고만 하였다. 알브레히트 공은 면죄부 판매의 실제의 책임을 경험이 많은 유능한 도미닉 수도사 요한 텟젤(Johann Tetzel)에게 맡겼다. 텟젤은 면죄부의 효능을 설명하였다. 살아 있는 자에게는 그가 지은 모든 죄, 연옥 형벌을 면할 수 없는 모든 죄까지 다 사할 수 있다. 그들은 어떠한 죄라도 다 사할 권리를 가지는 고백 신부를 택할 권리를 가진다. 면죄부를 산 자들과 그들의 세상 떠난 친척들은 지금과 영원히 교회의 모든 기도와 중보(intercession), 자선, 금식, 순례 미사의 공덕을 죄 고백없이도 얻을 수 있다. 이미 연옥에 가 있는 영혼들에게는 살아 있는 자가 그들을 대신하여 면죄부를 사기만 하면 모든 죄를 다 사함받는다. 면죄부를 사기 위하여 연보궤에 돈을 넣는 쩔렁하는 소리와 함께 연옥에 있는 영혼들은 천국으로 들어간다. 물쏟듯하는 이러한 변설은 사람들의 가슴을 미치게 하였고, 그들 자신과 세상 떠난 친척들을 위하여 무슨 짓을 하더라도 면죄부를 아니사고는 배겨날 수 없게 하였다.

그러나 색슨공 프레데릭(Frederick) 선제후(選帝候)는 텟젤 일행이 자기의 영내에 오는 것을 엄금하였다. 그는 그가 일평생 모아 놓은 성자들의 유물의 공덕을 팔아 얻은 돈으로 그가 새로 세운 비텐베르크대학의 경비를 충당했기 때문이다. 그러나 텟젤 일행은 색슨 경계선까지 와서 면죄부 선전을 하였기 때문에 색슨 영내의 수많은 민중이 그에게 나갔다. 이를 보다 못해 마틴 루터는 비텐베르크 성 교회 게시판에 95개조의 항의문을 붙였다. 성서적으로 본 회개의 의미 면죄부를 판단할 일반적인 원칙을 서론적으로 말한 후(1-7) 연옥에 가 있는 영혼을 위한 면죄부에 대하여(8-29), 살아 있는 자들을 위한 면죄부에 대하여(30-80), 결론적으로 면죄부 판매에 대한 평신도로서의 반대(81-91), 면죄부 판매의 옳지 못한 동기(92-95)를 적었다. 이중 36조와 37조 제목이 그의 항의문의 핵심인 것만은 틀림없는 사실이다. "진정으로 회개하는 모든 그리스도인들은 면죄부가 없더라도 죄와 형벌에서 사함받을 수 있는 완전한 권리를 가진다. 모든 진정한 그리스도인들은 산 자나 죽은 자나 간에 그리스도와 교회의 모든 축복에 참여한다. 이것은 면죄부 없어도 하나님이 그에게 허락하신 바다." 루터는 면죄부를 전적으로 부인하지는 않았다. 그것은 교회가 현세적인 죄에 대하여 과한 형벌이요 그가 죄를 뉘우칠 때에 해벌할 권리를 교회가 당연히 가지는 것을 인정하였다. 그러나 그가 발견한 복음은 진정한 회개없이도 성자들의 공덕에 의한 면죄부로서 구원을 얻을 권리란 있을 수 없었다고 보았고 교황이 연옥에 들어간 자까지도 면죄부 한 장으로 천국에 보낼 권리는 없다고 보았던 것이다. 그는 95개 논제를 내어걸 때 개혁자로 나설 의도는 털끝만치도 없었고 대학에서 학문의 방법으로 하던 공개토론으로 면죄부 문제를 들고 나왔던 것이나 그가 이 논제를 내붙인 날이 만성절 전날이었기 때문에 두 주일이 못가서 전 독일에, 한 달이 못가서 그의 항의문은 전 구라파에 퍼졌다.

　95개조 항의문이 천하를 떠들썩하게 하자 1518년 4월 어거스틴파 수도단 회의가 하이델 베르크(Heidelberg)에 열리고 루터는 소환되었다. 거기서 루터는 자유의지와 아리스토텔레스가 신학을 지배한 데 대하여 통박했는데 그 결과 루터를 찬동하는 자들이 생기게 되었다. 이러한 자 중에 스트라스부르크(Strassburg)의 개혁자 마틴 부처(Martin Butzer)가 있다. 교황 레오는 처음에는 시골의 한 보잘것없는 수도사의 시시한 문제로 별로 대수롭지 않게 여기던 루터의 문제가 천하를 소란케 하자 1518년 6월 그를 로마에 소환하여 재판을 받도록 하였다. 그렇지만 프레데릭 선제후의 주선으로 루터가 로마에 가는 대신 교황이 그 사절 카예타누스(Cajetanus)를 아우크스부르크(Augsburg) 국회에 파견하여 거기서 루터를 심문케 하였다. 카예타누스는 루터에게 면죄부 비판을 취소하도록 명령했으나 루터는 거부하고 10월 20일 아우크스부르크를 탈출하였다. 한편 황제 막시밀리안(Maximilian)이 세상 떠날 때가 가까웠다.

　이태리 정치에 미치는 영향을 고려하여 스페인 왕 찰스나 불란서 왕 프란시스가 황제되는 것을 원치 않는 교황은 색슨 선제후 프레데릭을 밀려고 색슨 출신 귀족 밀티쯔(Karl von Miltiz)를 보내어 프레데릭의 환심을 사려고 했으나 거절당하였다. 또 그는 루터 문제를 해결하려 했으나 이도 역시 실패하였다. 루터의 95개조 논제에 대한 로마측 답변은 여러 가지였으나 가장 두려운 강적이 잉골스타트(Ingolstadt) 대학교수 에크(Johann Maier von Eck)였다. 그는 루터에게 공개토론을 신청하여 1519년 6월 27~7월 16일까지 라이프치히(Leipzig)에서 처음에는 루터의 동료교수 칼스타트(Andreas Bodenstein von Karlstadt)와 자유의지 문제를 가지고, 다음에는 루터와 로마 교회의 기원과 그 수위권 문제를 가지고 그것이 하나님으로부터냐 사람으로부터냐를 논의하게 되었다. 역사적인 정확성에 있어서 루터는 에크보다 훨씬 우위였으나 토론의 책략에 있어서는 에크가 훨씬 간교하였다. 그는 루터를 몰아세워 구원의 필수조건에 교황이 아무 관계없음과 콘스탄스(Constance)회의가 존 후쓰를 이단으로 화형에 처한 것의 부당성을 선언케 하여 루터의 입장이 후쓰와 같음을 승인케 하였다.

이리하여 루터는 교황과 교회회의(General council)의 최고 권위와 그 무오성(無誤性)을 부정했던 것이다. 에크는 승리를 부르짖으며 루터를 이단이라 규탄하였다. 그렇지만 이 토론 결과 많은 인문주의자들이 루터편에 서게 되었고 또 이에 앞서 1518년 여름, 루터의 평생의 벗이요 개혁의 동지요 후계자였던 멜랑히톤(Philip Melanchthon)이 비텐베르크 대학교수로 왔다. 루터는, 이제는 헤어나올 수 없는 싸움에 휩쓸렸다. 또한 그의 사명이 적그리스도로 보여진 교황청의 마수에서 독일을 구해야 한다고 느꼈다. 교리적으로도 그의 사상의 윤곽이 명확해져 갔다. 1520년 5월, '선행에 관하여'라는 논문을 썼다. 종래의 선행관이 교회에서 제정한 것만 선행이요 그외 어떠한 직업도 생을 위한 필요악이라 봄에 대하여 루터의 선행관은 이러한 모든 관념을 송두리째 뒤집어 엎는 일대 혁명이요, 또 이러한 점에서 루터는 프로테스탄트 사상 세계에 막중한 공헌을 하였다. 사람이 행하는 어떤 것이든 그것이 하나님과 이웃을 위한 봉사가 되는 한 모든 직업은 다 선하고 아름다우며 제단에서 미사를 드리는 신부나 수도원에서 금식하고 고행하는 수도사 못지 않게 농업도 상업도 선하다고 보았다.

동년 루터의 유명한 삼대 논문이 나왔다. 8월에 불같은 열정으로 「독일 그리스도인 귀족에게 고함」을 발표하였다. 로마 교황은 권력을 보장해 주던 세 울타리 '교권이 속권보다 우위'는 모든 사람이 다 제사장이기 때문에 무너졌고, '교황의 배타 독점적인 성서해석권'도 제사장은 하나님의 말씀을 전하는 자이며, 모두 다 성서를 자유로이 읽고, 해석할 수 있기 때문에 또 '교황만이 개혁회의를 소집할 수 있다'도 군주들이 정치인으로서가 아니라 그리스도인으로서 교황이 회의 소집을 거부할 때 과거에 황제가 교리 제정의 중요한 회의를 소집했던 것처럼 소집할 수 있다고 주창하고 27조에 달하는 개혁안을 제출하였다. 10월에 '교회의 바벨론 포로'가 나왔다. 여기서 그는 로마교회 사상과 생활의 핵심을 이루고 있는 7성사(영세, 견신례, 고해, 성체, 종부성사, 혼배성사, 신품성사)를 신랄하게 비판하였다. 성례의 유일한 가치는 그것이 하나님의 약속에 대한 증언이라는 데 있다. 그것은 하나님의 사죄의 약속과 그리스도와의 연합의 보증이라는 데 있다. 그것은 신앙을 강화한다. 성서적 표준에서 볼 때 세례와 성찬, 하나 더 말한다면 고해를 성례라 할 수 있다. 로마교가 평신도에게 잔을 거부함을 비판하였고, 화체교리를 부정하면서 공재설을 주창하였으며, 성찬이 하나님께 드리는 희생임을 부정하였다. 11월에 '그리스도인의 자유'를 발표하였다. 서두에 고린도 전서 1:19을 따라 "그리스도인은 모든 것 위에 있어 어느 누구에게도 예속되지 않는 자유로운 군주인 동시에 모든 사람에게 복종하여 모든 것을 섬기는 종이라."는 유명한 말을 써놓았다.

1520년 6월 15일, 로마에서 루터 파문장(Exsurge Domine)이 선포되고, 독일에 이를 가져온 자가 에크(Eck)와 알레안더(G. Aleander)였다. 그러나 비텐베르크에서는 그 낭독을 거부당하였고 또 대부분의 도시에서도 냉대를 받았고 네덜란드에서만 발표되었다. 이에 대하여 루터는 1520년 12월 10일 파문장과 로마 교회법을 불살라 버렸다.
 1519년 6월 28일, 스페인의 찰스 1세가 신성 로마 제국 황제로 선출되어 찰스 5세라 하였다. 그래도 독일에서의 그는 제후의 권력 정도밖에 행사하지 못했다. 조모 이사벨라(Isabella)처럼 충실한 가톨릭이면서도 교회의 개혁을 원하는 그는 이태리에서 있을 프랑스와의 전쟁과 루터 문제를 처리하기 위하여 독일에 와서 1520년 11월에 웜스(Worms)에 국회를 소집하였다. 교황 사절 알레안더는 루터는 교황으로부터 파문된 자니 직각적인 처벌이 있을 뿐이라 했으나 프레데릭 선제후는 루터가 한번도 자신을 해명해 보지 못하고 정죄된 것이니 국회에서 그의 말을 들은 후 처리할 것을 주창하였다. 황제는 루터를 이단이라 확신하면서도 프레데릭, 기타 제후들의 반감을 사지 않을 겸 프랑스와의 전쟁에 교황을 자기편에서 멀리 하지 않기 위하여 그 중간을 취하여 일단 들어본 후 교황의 요구대로 행동하기로 하였다.
 이리하여 황제는 안전보장을 주어 루터를 명하여 국회에 출두하도록 하였다. 1521년 4월 17일, 국회에 출두한 루터는 책상에 가득히 쌓아둔 루터의 저서를 취소하라는 명령을 받고 하루의 여유를 얻은 후 다음 날 그의 저서를 삼종으로 분류하고 답변하였다. 처음은 신앙에 관한 글인데 순수히 복음주의적이기 때문에 적들도 그 가치를 인정하는 바요, 둘째는 교황주의자들의 부도덕한 생활과 교훈을 비판한 글이기 때문에 이를 부정하면 폭군들의 횡포를 더 조장하는 것이 될 것이요, 셋째는 개인들에 대한 공격이니 신중을 요한다. 성서와 명백한 이성에 비추어 그 잘못을 지적하면 누구보다 먼저 불사를 것이나 그렇지 않는 한 취소할 수 없다 하였다. 이 석상에서 외쳤다는 "나는 달리 어떻게 할 수 없다. 나 여기 섰으니 하나님이여 나를 도우소서. 아멘!"은 그 진부를 가릴 수 없으나 있음직한 일이다. 황제는 이를 거의 의심했으나 진리에 생명을 걸고 증언하는 루터에 대한 동정과 지지는 굉장하였다. 한 달 후 루터는 다시 비텐베르크를 향하여 떠났다. 황제는 안전보장 만기가 되면 루터를 체포할 것과 그의 저서를 불사를 것을 명하였다. 프레데릭 선제후는 이때까지 드러내 놓고 루터를 지지하지 않았다. 비밀리에 그는 루터를 귀환도상에서 납치하여 아이제나하 근방 발트부르크(Wartburg) 성에 유폐하였다(1521. 12). 여기 있는 동안에 루터의 유명한 신약성서 번역이 나왔다. 이 번역 성서가 독일 국민의 종교 생활을 규정지을 뿐만 아니라 독일어를 결정지은 사실은 너무나도 유명하다. 같은 해 같은 달 비텐베르크에서 멜랑히톤의「조직 신학 로기」(*Loci Communes*)가 나왔다.

그러나 루터를 잃어버린 비텐베르크에는 급격한 변화가 왔다. 루터의 동료 수도사인 쯔윌링(Gabriel Zwilling)은 1521년 10월 불같은 열정으로 미사를 비난하고 신부들의 서약과 화상(image)을 공격하였다. 크리스마스 때 칼스타트는 신부복 없이 성찬식을 사식하고 평신도에게 잔을 주며 사고백(auricular confession)과 금식, 그림, 올간, 그레고리안 찬트를 금지하였다. 그는 신부들의 결혼을 권고할 뿐 아니라 그 자신이 1522년 1월에 결혼하였다. 1521년 12월 27일, 쯔비카우(Zwickau)의 세 예언자(T. Munzer, N. Storch, M. T. Stubner)가 비텐베르크에 와서 성령의 직접적인 계시를 주창하며 유아세례를 반대하며 임박한 말세를 예언하였다. 멜랑히톤은 어쩔 줄을 몰랐다.

그러므로 루터는 1522년 3월 6일 비텐베르크에 돌아와서 단 8일간의 설교로 과격파들을 물리치고 사태를 수습하였다. 칼스타트도, 쯔비카우의 세 예언자들도 떠났다. 황제는 이태리 지배문제 때문에 프랑스와의 전쟁 중에 있어서 1520~1530년까지 독일에 올 수가 없었고 따라서 루터의 문제에 손댈 수가 없었다. 루터운동은 급속도로 많은 지역으로 발전해 갔다. 그러나 불행은 왔다. 1524년과 1525년에 루터의 개혁운동에는 균열이 생겼고 그 결과 루터는 독일의 지도자가 아니라 한 교파의 지도자가 되고 말았다. 또 제후의 손에 간섭받는 종파가 되고 말았다. 첫째는 인문주의자들과의 균열이다. 에라스무스(Erasmus)는 루터의 칭의교리에 종시 호감을 가지지 못했고 그가 일으키는 개혁의 선풍이 대학 교육에 심대한 영향을 주어 학생들은 학문보다도 개혁운동에 열중하게 되었던 것이다. 드디어 1524년 가을 에라스무스는 자유의지 문제로 루터에게 도전하였다. 이에 대하여 루터는 다음 해 극단적인 노예의지와 예정으로 답변하였다. 루터를 지지하던 많은 인문주의자들이 물러갔다. 둘째는 과격한 개혁파들의 분리다. 칼스타트는 루터가 너무도 미지근하게 보였다. 마침내 그는 교육의 필요성조차 부정하고 성상을 파괴하고 공재설을 부정하였다. 보다 더 과격한 자가 뮌처(T. Münzer)다. 그는 로마교와 아울러 루터를 공격하며 성서를 비웃으며 성령의 직접적인 계시를 주창하였다. 그는 폭동을 일으켜 수도원을 파괴하는 행동에 나섰다. 보다 더 그 결과에 있어서 루터의 개혁운동에 비극을 가져온 것이 농민전쟁이다. 일반적으로 독일, 특히 남독일의 농민들은 비참한 상태에 있었다. 마침내 이들은 1524년 5월 6월에 폭동을 일으키고 12개조의 요구조건을 내건 내란으로 발전하였다. 각 부락은 그 교구 목사의 임면권을 가질 것, 농삭물에서 바치는 대십일조는 목사의 생활과 부락 공동의 비용으로 사용하고 잡수입에서 바치는 소십일조는 폐지할 것, 농노 제도를 폐지하고 수렵 금지 구역을 축소하고 삼림을 가난한 자들에게 개방할 것 등을 그 당시로 볼 때에는 일대 혁명 같은 조건을 내걸었던 것이다. 루터는 농민전쟁과 아무 관계가 없었으나 광대한 지역으로 파급되는 전쟁의 참화를 볼 수 없어 조정에 힘썼으나 이에 불응하고 더 난폭해 가는 농민들을 보고 마침내 그 불행한 문서 '살인과 약탈을 자행하는 농민 폭도를 치라'를 발표하여 제후들에게 무력으로 가차없이 진압할 것을 권하였다. 때마침 프란시스 1세와의 전쟁에서 찰스는 대승리를 거두고 그를 포로로 삼았는데 전쟁에서 돌아온 제후들은 루터의 권고대로 가차없이 농민들을 진압하였다.

이러한 비참한 농민전쟁이 계속되는 동안 루터는 한때 수녀였던 카다린(Katherine von Bora)과 1525년 6월 13일 결혼하였다. 농민전쟁은 루터의 개혁운동에 너무도 큰 결과를 가져왔다. 루터는 농민들을 도저히 구원할 수 없는 것으로 단정하였고 농민들에 대한 불신은 점점 더 굳어갔다. 개혁은 제후들의 손에 의존하지 않으면 안 된다고 보았다. 결과는 그의 교회가 제후들의 지배하에 들어가게 되었다. 또 남서 독일 하류 계급의 많은 동정자들은 루터를 배반자로 보게 되고 그에게서부터 물러가게 되었다.

다음 해 1526년 색슨 선제후령과 헷센(Hessen)에 루터파 연방교회가 생겼다. 동년 여름 스파이어(Spier)에 모였던 국회에서 털크(Turks)와의 전쟁 때문에 황제는 강력하게 루터 문제를 다루지 못하고 "제후는 그들의 양심에 원하는 대로 살며 하나님과 황제에 책임진다"라고 타협하였다. 루터파 제후들은 이것을 그들의 교회의 합법적인 승인으로 인정하고 맹렬히 활동하였다. 1529년 루터는 이 교회를 위하여 두 교리문답서를 준비했는데 그 중 소교리문답서는 종교개혁의 가장 고귀한 기념이기도 하였다. 그러나 그 동안 정치 정세는 루터파에 대하여 불행하게 되어 가고 있었다. 1529년 2월 제2회 스파이어 국회에서 다수파인 가톨릭이 강압적으로 이 이상 교회적 변혁이 있어서는 안 되고 로마교 예배가 루터파 연방교회에서도 용허될 것, 로마 교회와 그 교직들은 이전에 가졌던 재산, 구입, 권리를 도로 가질 것 등을 결정지었다. 이것은 사실상 루터파 연방교회를 폐기하는 것이나 다름없었다. 그러므로 루터파는 1529년 4월 19일에 정식으로 항의서를 제출하였다. 프로테스탄트라는 이름은 여기에서 유래한 것이다.

개혁교회들은 이제는 단합할 필요성이 절실해졌다. 루터파 제후 중 가장 유능한 필립(Philip von Hessen)이 적극 주선하여 쯔빙글리(Zwingli)와의 단결 문제가 제기되어 1529년 10월 2일 마르부르크(Marburg) 회담이 성립되었다. 스위스에서는 쯔빙글리와 오이코람파디우스(Oecolampadius)가 참석하여 루터파가 기초한 신조에 대폭 양보하여 합의되었으나 성찬론에 있어서 루터의 공재설과 쯔빙글리의 기념설은 종시 타협을 볼 수 없어 마침내 회담은 결렬되고 말았다. 루터는 쯔빙글리를 향하여 "우리 사이에는 다른 정신이 있다." 쯔빙글리는 "루터는 에크보다 더 나쁘다." 루터는 쯔빙글리와 그 일파를 그리스도인이 아니라고 선언하였다. 회담에서 돌아온 루터는 전문 7조로 된 슈바바하(Schwabach) 신조를 발표하였다. 가장 중요한 조항이 "교회란 위에 열거한 신조를 받아들이고 믿으며 가르치는 그리스도를 믿는 사람들 외에 아무것도 아니었다." 루터의 교회관은 본래 믿음으로 의롭게 된 자들의 모임이었으나 지금은 변했다. 믿을 뿐만 아니라 제정된 교리를 받아들이는 자들의 모임이었다.

　1530년 찰스 5세는 오랜 세월이 흘러간 후 드디어 독일에 왔다. 아우크스부르크에 국회를 소집하고 교회 문제를 해결하기 위하여 각파의 대표들의 의견을 듣기로 하였다. 아우크스부르크 신앙고백은 이렇게 되어 제정된 것이다. 주로 멜랑히톤, 그리고 루터, 부겐하겐(Bugenhagen), 요나(Jonas)에 의하여 이루어진 이 신조는 1530년 6월 25일 황제 앞에 낭독되었다. 이 신조는 루터 교회가 본질적인 점에서 가톨릭 교회 또는 로마 가톨릭 교회로부터 이탈되지 않음을 강조하고 고대의 많은 이단들의 이름을 들어 배격하고 쯔빙글리파와 재세례파를 배격하였다. 그러나 성서의 유일한 권위에 대하여 말한 바 없고 교황제(papacy)에 대하여 정죄한 바 없으며, 만인제사장설에 대하여 언급한 바 없다. 그래도 멜랑히톤은 프로테스탄트 근본 신앙에 대하여는 양보하지 않았다. 믿음으로의 칭의교리는 아름답게 서술하였고, 프로테스탄트 교회관은 명확하게 밝혔고, 성자의 중보 기도, 미사, 평신도에게 잔 거부 수도원 서약과 금식은 배격하였다. 쯔빙글리파도, 스트라스부르크의 개혁자 마틴 부처도 신조를 제출하였다. 그러나 로마측에서는 이 모든 신조를 아우크스부르크에 있는 가톨릭 신학자에 의하여 검토되어야 한다고 하여 황제는 에크를 임명하였다. 거기에 덧붙여 1531년 4월 15일을 기한으로 하여 루터파가 로마측에 합의할 것을 결정, 쯔빙글리파, 재세례파에 대하여 단호한 행동을 취할 것, 일 년내에 교회의 총회를 개최하여 타락한 교회를 개혁할 것 등을 결정하였다. 루터파는 항의하였고 멜랑히톤은 변증문을 썼다. 이러한 정세하에 루터파는 방위동맹을 결성하지 않을 수 없었다. 이 때까지 무력으로 황제에게 항쟁하는 것을 죄로 여기던 루터도 그 필요성을 인정하였다. 1531년 2월 27일 슈말칼덴(Schmalkalden) 동맹이 결성되었다.

　그러나 황제측도 보기와는 달리 그리 좋은 것은 아니었다. 가톨릭

제후들은 피차 알력이 있었고, 교황은 총회를 열기를 꺼렸고, 프랑스는 언제 향배(向背)를 달리할지 몰랐으며, 털크(Turks)는 1532년 봄 비엔나를 침공하였다. 1531년 4월 15일은 그대로 지나갔다. 프로테스탄트 입장은 1531년 쯔빙글리가 카펠(Kappel)전쟁에서 전사하고, 비텐베르크는 스위스와의 우호 관계를 맺게 되었고, 남독일 프로테스탄트들은 비텐베르크에 접근해 왔다. 그러므로 황제는 협정을 맺을 필요성을 느껴 1532년 7월 23일 뉴렌베르크(Nurenburg)협정을 체결하고, 모든 종교 문제는 현상대로 두고 이태리와 스페인으로 떠나서는 1541년까지 다시 독일로 돌아오지 않았다. 이러한 기회를 이용하여 프로테스탄트들은 급속도적으로 발전하였다.

그래도 황제는 교황에게 압력을 가하여 총회를 개최하여 교회를 개혁하고 프로테스탄트들을 분쇄하여 로마 교회와의 재통합을 이루려는 꿈을 버릴 수 없었다. 다행히 개혁의 의욕이 있는 바울 3세(Paul Ⅲ)가 교황이 되어 1545년 트렌트(Trent)에 회의를 개최하였다. 프로테스탄트들을 굴복시켜 회의에 참석시키는 문제만 남았다. 그러기 위하여는 슈말칼덴 동맹을 분열시킬 필요가 있어 비밀리에 이 계획을 획책하고 있을 때 좋은 기회가 왔다. 헷센공 필립은 가장 유능한 프로테스탄트측의 정치적 지도자였으나 가정 불화로 제 2부인을 맞을 계획으로 마틴 부처를 반강제적으로 루터에게 보내어 비밀 결혼을 조건으로 루터의 승인을 얻었으나 필립은 이에 만족치 않고 1540년 3월 4일 공개적으로 결혼하였고 그후 슈말칼덴 동맹에는 내분이 생겼다.

이러한 암담한 시기에 루터는 고향 만스펠트 백작 가문의 내분 조정을 힘쓰던 중 1546년 2월 18일 심장병으로 죽었다. 개혁교회내의 분열과 칭의의 교리로만은 사회와 정치의 구원을 이룰 수 없다는 실망감 등은 그를 매우 슬프게 하였다. 위로는 행복한 가정과 복음에 있었다. 그가 시작한 개혁 사업은 이제는 그의 손을 떠나 하나님에게 있었다. 황제를 위하여 또 하나 좋은 기회가 왔다. 색슨공(색슨 선제령과 다름) 모리쯔(Moritz)는 비상한 정치적 수완가요 또한 굉장한 야심가였는데 황제는 프로테스탄트와의 전쟁에 승리하는 경우 종형제 존 프레데릭(J. Fredreick)에게서 색슨 선제권을 넘겨 줄 조건으로 그의 협력을 얻었다. 황제는 불충성이라는 죄명으로 모리쯔의 장인 헷센공 필립과 색슨 선제후 존 프로데릭에게 전쟁을 선포하여 존 프레데릭은 포로가 되고, 헷센공은 항복 포로가 되었고, 모리쯔는 선제권과 색슨의 영지 반을 차지하였다. 1549년 교황 줄리우스 3세(Julius Ⅲ)는 다시 트렌트회의를 재개하였고 프로테스탄트들은 굴복하여 1552년 회의에 참석하였다. 그러나 헷센공 필립은 아직도 옥에 갇혔고 모리쯔는 황제에게서 이 이상 얻을 것도 없었다. 겸하여 그의 영민들은 다 루터지지자이었다. 모리쯔는 북부에 있는 루터지지자들과 동맹을 맺고 프랑스의 원조 확약을 받고 급격히 인스부르크(Insbruk)를 습격하여 거의 황제를 포로로 삼을 뻔 하였다. 그 결과 황제의 이때까지 쌓아 놓은 모든 것은 너무도 한심스럽게 무너지고 말았다. 1552년 8월 팟소(Passaw)협정이 체결되었고, 1555년 9월 25일 아우크스부르크 평화협정이 성립되었다. 가톨릭과 루터란은 동등의 권리를 가지게 되었으나 다른 프로테스탄트들은 인정되지 않았다. 제후는 그 영민의 신앙 선택의 권리를 가지고 한 영내에 한 신앙만 인정되었다. 교회 구역과 재산은 팟소 협정 당시를 기준으로 하였다. 제후들이 그 신앙을 가톨릭에서 루터란으로 또는 루터란에서 가톨릭으로 전향한다고 해도 그것은 평민들의 기존한 신앙의 자유와 교구 재산의 기득권을 변경시키지 못한다. 영주와 신앙이 다른 영민은 자유로이 그가 원하는 타지역으로 갈 수 있으나 그것도 가톨릭, 루터란 중 하나만을 선택할 수 있다.

이렇게 루터파는 완전한 자유를 얻었다. 그러나 독일은 영구히 갈라져 루터의 전 독일 교회 개혁의 꿈은 깨어졌다. 동시에 로마 교회의 가견적 단일성도 깨어지고 말았다.

제 15 장
서서에서의 종교개혁

 루터의 종교개혁과 거의 때를 같이하여 스위스에서도 종교개혁이 일어났다. 그 중심 인물인 쯔빙글리(Huldreich Zwingli, 1484-1531)는 바젤(Basel), 베른(Bern) 라틴학교에서 공부한 후 빈(Wienna) 바젤 대학에서 수학하였다. 바젤에서 인문주의자 비텐바하(T. Wyttenbach)에게서 성서 유일의 권위와 그리스도의 속죄의 죽음이 유일한 사죄의 대가인 것과 면죄부 무용론을 배웠고 에라스무스에게 영향을 받았다. 그는 또한 토마스 아퀴나스와 르네상스 플라톤주의자들에게서 하나님과 사람 사이의 내적 연결성은 결코 끊어지지 않았고 따라서 사람은 이성으로 하나님을 찾을 수 있다는 자연신학을 배웠다. 그는 또한 어거스틴에게 깊은 감화를 받았다. 루터의 95개조 논제 이래 스위스에는 루터의 저서들이 많이 들어왔고 라이프찌히 공개토론은 쯔빙글리로 하여금 루터에게 많은 동정심을 가지게 하였다. 어쨌든 어거스틴과 루터에게서 쯔빙글리는 구속함받기 이전 자연인은 선을 행할 능력이 없으며 오직 그리스도를 통하여 그는 죄에서 구속함받고 하나님의 사용하는 도구가 될 수 있음을 배웠다. 1516년 이후 그는 성서에서만의 설교를 시작하여 그리스도의 복음을 가르쳤다. 웜스 국회 이래 불가피하게 보여진 루터의 운명은 쯔빙글리로 하여금 그 개혁운동에 있어서 극히 신중하게 하였다. 이때까지 그의 운동은 정적인 것뿐이었던 것이다. 여러 번 용병대(傭兵隊)의 군목으로 이태리에 가본 쯔빙글리는 그 도덕적인 죄악을 절감하고 반대했기 때문에 프랑스의 증오를 사서 그의 교구(Glarus)를 떠나 아인지델은(Einsiedeln)의 민중의 신부가 되었고 다시 옮겨 취리히(Zurich)의 민중의 신부가 되었다. 여기서부터 1522년 그의 개혁 사업은 진행되었던 것이다. 취리히의 개혁운동의 요인은 여러 가지이다. 하나는 장소가 스위스였다는 사실이다. 비록 로마 제국의 일부이기는 하지만 비교적 정치적으로 자유로운 곳이었기 때문에 로마교의 구속을 별로 받지 않게 되었다. 루터와 같은 깊은 신앙체험은 없으나 인문주의자들의 영향을 받은 쯔빙글리의 개혁은 보다 더 지성적이었다. 그의 하나님은 철학적인 절대적 원인이었고, 따라서 모든 것은 그의 예정에 의하여 된다. 그는 하나님의 예정을 경건한 이교도에게까지 확대시켜 그들도 그리스도를 통하여 오는 축복을 받는다고 보았다. 취리히 시 당국과의 긴밀한 협조는 그의 개혁 사업에 중요한 작용을 하였다. 개혁운동은 급진적으로 확대하여 성서에 명백히 보장되지 않은 옛 신앙은 배격되었다. 콘스탄스 감독은 렌트기간 중 금식 위반 사건을 계기로 하여 개혁운동을 누르려 했으나 취리히 시 당국은 앞서 성서에 의거하여 신부들이 자유로이 설교할 수 있음을 선언한 바 있었고 신약성서에 금식을 규정한 일이 없음을 내세우고 감독의 주창을 거부하고 이제는 순수히 하나님의 말씀만을 설교할 것을 결정하였다. 이렇게 행정부와의 긴밀한 협조로 개혁을 추진하던 쯔빙글리는 민중의 계몽 사업에 나서게 되었다. 시 당국은 쯔빙글리의 권고를 받고 1523년 1월 성서만을 기준으로 한 대공개토론을 시도하게 되었다.

쯔빙글리는 이를 위하여 67조항으로 된 토론 항목을 제출하여 복음의 권위는 교회에 의거하지 않으며 구원은 신앙으로지 선행으로가 아님을 단정하고 미사의 희생 제사성, 수도사의 서약, 신부들의 독신, 성자들의 중보기도, 연옥 등을 부정하고 그리스도만이 교회의 유일한 머리임을 선언하였다. 그후에도 계속되는 공개토론을 통하여 개혁운동은 급진적으로 진행되어 모든 비성서적인 것은 다 일소되었다. 미사는 폐지되고 오르간과 라틴 찬송도 사라졌으며, 제단과 화상도 걷어치웠다. 성자들의 유물, 견신례, 종부 성사, 푸로세숀(procession, 미사나 저녁 기도를 드리기 위하여 신부가 제단에 나가고 물러가는 엄숙한 행진 의식)도 없어졌다. 감독의 치리권은 폐지되고 시 당국이 장악하였다. 중요한 것은 비밀 결혼을 없이하고 결혼 제도를 확립한 일이었다. 합법적인 결혼이란 회중 앞에서의 공개적인 확증과 교회 당회록에의 등기이다.

이와 같이 하여 시민들의 모든 사생활을 시 당국과 교회가 지배하기 시작했던 것이다. 또 어려운 이들의 구제기관을 제도적으로 확립하고 그 경영을 위하여 수도원 재산을 몰수하여 충당하였다. 쯔빙글리의 개혁운동은 다른 지방에도 파급되었다. 바젤은 오이코람파디우스(J. Oecolampadius)에 의하여 1529년 미사가 폐지되었고, 베른은 1528년, 그외 여러 지방도 개혁에 참가하였다. 1529년 마르부르크(Marburg) 회담은 성찬론의 불일치로 루터파와의 연합은 불가능해졌다. 이렇게 개혁운동이 급속도적으로 발전해 감에 따라 옛 신앙을 고수하는 자들과의 긴장상태는 더 가중하게 되었고 특히 개혁파들의 복음운동을 로마측 지역에서도 강행하였기 때문에 전쟁은 터지고 말았다. 로마측은 모든 준비를 갖추고 신속하게 움직인 데 대하여 쮜리히는 아무 준비없이 있다가 쯔빙글리의 경고를 듣지 않고 1531년 10월 11일 카펠(Kappel)에서 패전하였고 종군했던 쯔빙글리도 전사하였다. 그 결과로 스위스의 완전한 개혁은 영구히 실패하고 말았다. 불링거(H. B ullinger)가 후계자가 되어 개혁 사업을 추진하다가 그가 기초한 신조(Consensus Tigrinus)에 의하여 쯔빙글리파는 1549년 칼빈파에 합류하였다.

스위스의 개혁운동의 또 하나의 중심지는 제네바(Geneva)이다. 제네바는 본래 로마교의 주교가 주재하는 주교구로 어느 정도 사보이(Savoy)공의 지배하에 있었다. 그러나 사보이공이 제네바를 완전히 사보이령에 합치려 했기 때문에 제네바는 1530년 베른(Bern), 프라이부르크(Freiburg)과 동맹하여 자유를 수호하려 투쟁하였다. 이렇게 제네바의 개혁운동은 본래 정치적인 것이었으나 차츰 종교적인 운동으로 전개되었다. 길로움 파렐(G. Frel of Dauphine)이 1532년 제네바 시 200인 의회가 순수한 복음이 모든 교회와 수도원에서 설교되어야 한다고 선포했을 때 제네바에 와서 활동하다가 주교에 의하여 추방당한 후 1533년 베른의 압력에 의하여 신교의 예배 자유가 확보되자 다시 와서 활발히 개혁운동을 전개하였다. 1535년 미사는 폐지되고 수도사, 수녀들은 추방되었다. 파렐은 구습을 타파하는 데는 맹장이었으나 잿더미 위에 새로운 것을 건설하는 데는 재능이 없었다. 이러던 차에 칼빈이 잠시 제네바에 머물러 있음을 알고 강압적으로 그를 설복하여 개혁 사업에 같이 힘쓰게 하였다.

존 칼빈(John Calvin, 1509. 7. 10-1564. 5. 27)은 파리 북방 피칼디(Picardy) 지방 노용(Noyon)에서 감독의 비서의 집에서 났다. 부친은 성직이 아니었으나 그의 영향으로 성직이 되게 하려 하여 성직록으로 칼빈은 교육을 받아 14세 되던 해에 파리대학에 들어가 신학과 철학을 공부하였다. 그러나 부친이 감독과 의사 충돌한 후 칼빈으로 법률을 공부하도록 했기 때문에 오를레앙(Orleans)대학에서, 1529년 부르그(Bourges)대학에서 공부하여 법학사가 되었다. 1531년 부친이 사망하자 비로소 자기 의사로 인문주의 프랑스대학에서 헬라어와 히브리어를 공부하였다. 1532년 4월 최초의 저서 세네카(Seneca)의 「관용론 주해」를 출판했는데 이때에 벌써 그의 학재와 도덕적 의식을 보여 주었다. 대학 시절부터 그는 인문주의자들과 교우관계를 가졌는데 그중 가장 유명한 지도자가 잭 레 페브르(J. Le Fèbre)였다. 그는 로마 교회에서 손 끊은 일이 없었으나 1512년 바울 서신에 대한 주해를 쓰면서 공덕사상을 부정하고 구원은 자유로운 하나님의 은사임과 성서가 최고 유일한 권위임을 강조하였던 것이다. 1532년 봄부터 1533년 가을 사이에 칼빈은 성서를 통하여 하나님의 부르심을 받고 급격한 구원의 체험을 하게 되었고 또 하나님의 뜻에 복종해야 된다는 강한 의식을 가지게 되었다. 그래도 그는 아직도 파리의 인문주의자들의 무리에 속해 있었다. 1533년 11월 1일, 친구 니콜라스 콥(Nicolas

Cop)이 파리대학 총장이 되었는데 그 취임 강연에서 에라스무스와 루터적인 용어로 개혁을 제창하여 문제가 되었다. 칼빈이 이 취임강연에 얼마나 관계하였는지 모르나 프란시스의 체포령이 내려 콥과 칼빈은 피신할 수밖에 없었다. 1534년 노용에 돌아와 성직록을 사퇴하고 잠시 투옥되었다가 방면된 후 1535년 바젤에 왔다. 프란시스 1세는 황제 찰스 5세와의 투쟁상 독일의 프로테스탄트와 손잡으면서도 프랑스의 프로테스탄트들은 무정부적인 음모를 꾸민다는 구실로 핍박하고 있었다. 그러므로 칼빈은 그들을 변호하기 위하여 26세시 1536년 3월 바젤에서 그의 「기독교강요」 초판을 출판하여 프란시스 1세에게 봉정하였다.

처음에는 라틴어로, 다음에는 불어로 쓴 「기독교강요」는 가장 조직적인 프로테스탄트 신학일 뿐 아니라 고금을 통한 기독교 신학서 중 최대의 것이기도 하다. 독창적이기보다는 조직적인 것이 칼빈이었다. 믿음으로의 칭의와 성례는 하나님의 약속에 대한 보증이라는 사상은 루터에게서 하나님의 영광을 위한 창조, 예정은 그리스도인의 위안, 그리스도인의 생활은 하나님의 뜻에 합치해야 한다는 사상은 부처(Butzer)에게서 왔다. 그러나 이 모든 사상을 조직화하여 명백하게 해명한 것은 칼빈의 힘이다. 1559년 「기독교강요」 최종판이 나왔을 때 그것은 사도신경의 순서를 따라 4부로 나뉘었다. 제1부는 창조와 섭리와 지배자로서의 하나님, 제2부는 그리스도를 통한 하나님의 구속을, 제3부는 성령, 제4부는 교회 또 교회와 정치의 관계를 취급하였다. 비록 하나님의 본성은 모든 인간의 이해를 초월하나 그가 지으신 이 우주의 질서와 아름다움과 조화를 관찰 연구하며 또 사람의 몸을 보아 하나님에 대한 어떤 지식을 얻을 수 있고 또 성서를 통하여 적당한 지식을 얻을 수 있다. 그는 어거스틴의 용어를 사용하면서 삼위일체 하나님을 강조한다. 빌헬름 니젤(Wilhelm Niesel)은 이 자연계시를 사람이 가지고 있는 종교의식을 의미한다고 말한다. 하나님은 객관적으로 자기를 계시하나 사람은 직관적인 의식을 가질 뿐, 따라서 니젤의 해석에 의하면 칼빈도 자연신학을 부정하는 결과가 된다.

오직 성령에 의해서만 하나님을 알 수 있다. 그러나 축자적인 계시를 칼빈은 인정하지 않는다. 성령의 영감이 있을 때만 사람은 올바른 성서 이해가 가능할 뿐더러 성서가 죽은 문자에서 산 하나님의 말씀이 된다. 하나님의 섭리로 그가 의미하는 것은 자연법칙을 제정한 후 모든 것을 그 법칙에 맡기고 스스로는 구경만 하고 계시는 게으른 하나님이 아니라 모든 것을 개별적으로 보살펴 참새 한 마리라도 그의 뜻이 아니면 땅에 떨어지지 않는 의미로 그는 하나님의 섭리를 말했다. 만약 모든 것이 하나님의 뜻이 아니면 생기지 않는다고 하면 사람이 죄를 짓는 것도 하나님의 뜻에 의한 것이며 따라서 그 책임은 하나님이 져야 할 것이 아니냐 할 때 칼빈은, 하나님은 모든 죄와 불의에서 자유로우며 그가 사람으로 악을 행하도록 섭리하였다 하더라도 악을 행하는 그 사람 자신이 책임져야 한다고 말했다. 그는 이 파라독스(역설)의 신비를 해명하지 않고 단지 성서에 가르치는 바를 온유한 마음으로 받아들일 것을 권고할 뿐이다.

칼빈은 사람의 창조에 대하여 말한다. 하나님의 모든 창조 중 사람이 가장 고귀하고 그의 의와 지혜와 선하심의 표본이다. 하나님은 그 형상대로 사람을 지으셨으나 그 형상은 사람의 영혼에 있는 바 영혼은 지성을 가져 선악을 구별하며 의와 불의를 구별하는 능력을 가지고 있고 또 불멸한다. 아담의 첫 범죄를 말하면서 그 본질은 하나님의 권위에 대한 반역에 있다. 그것은 원죄로 모든 후손들에게 미치는 바 하나님의 형상이 소멸되지는 않으나 그것 때문에 일그러져 어느 의미에서는 지워져 없어지는 것보다 더 나쁘다. 하나님과 같이 되어 보려던 교만과 영혼의 일그러짐에서부터 완전타락이 왔다. 사람의 의지는 하나님의 은혜의 도우심이 없다면 선행을 할 수 없고 하나님의 은혜는 그가 선택하여 중생을 통하여 받아들인 자들에게만 주시기 때문에 은혜를 떠나서는 사람은 하나님의 진노를 받아 마땅하다.

사람을 구속하기 위하여 하나님은 사랑과 긍휼로 그리스도가 오시기까지 율법을 주셔서 소망을 가지도록 하셨다. 비록 하나님은 사람 속에 있는 죄는 미워하시나 그래도 그의 안에는 하나님의 사랑을 받을 만한 것이 있다. 구속자가 되며 중보자가 되기 위하여 그리스도는 완전히 하나님이시며 완전히 사람이어야 했다. 그는 제사장, 예언자, 왕의 직책을 다하여 스스로의 희생으로 죄를 멸하시고 하나님의 의의 심판을 만족케 하셨고, 부활하심으로 죽음을 정복하시고 승천하셔서 하나님 우편에서 왕의 통치를 하시고 마지막 날에 재림, 심판하신다.

성령이 죄인에게 역사하여 그리스도가 그를 위해 하신 일을 믿게 하신다. 의롭게 되고 구원얻는 것은 믿음을 통하여서다. 믿음은 성령의 역사의 결과다. 그것은 진리에 대한 지적 승인 이상이다. 그것은 마음속에 침투해 들어와야 한다. 믿음과 회개는 불가분리의 관계에 있으나 회개는 믿음에 선행하는 것이 아니라 결과이다. 회개에서 하나님과 사람에 대한 사랑이 이루어지고 거룩과 순결이 열매맺는다. 중생하여 새 사람된 증거가 하나님의 기뻐하시는 일을 하는 데 있다. 루터처럼 믿음으로의 구원을 강조한 그였으나 여기 칼빈이 루터보다 더 나은 면을 볼 수 있다. "우리는 선행없이는 아니나 그래도 선행으로 의롭게 되는 것이 아니다. 우리는 성격 때문에 구원받는 것이 아니나 구원은 성격을 이룩하게 한다. 우리는 결코 이생에서 완전할 수는 없다. 그러나 언제나 주의 도에 나가기를 힘써야 한다. 우리 몸을 하나님이 받으실 만한 제사로 드려서 주께서 쓰시는 도구가 되어야 한다." 루터와 함께 칼빈은 그리스도인의 자유를 강조하였다. 그것은 율법과 의무를 의식하면서도 율법을 넘어서서 자발적으로 하나님의 뜻에 복종하는 것이다. "모든 것을 하나님의 영광과 뜻을 위하여!"가 칼빈의 사상과 생애를 지배하는 열쇠요 또 이런 의미에서 그의 예정론을 살펴보아야 한다.

칼빈은 하나님은 영원 전부터 어떤 자는 구원으로, 어떤 자는 멸망으로 예정했다는 이중 예정을 주창하였다. 그래도 칼빈은 루터처럼 이 예정 문제가 죽음의 고민이 아니라 위안이라고 보았다. 왜냐하면 어느 누구도 하나님의 손에서 빼앗을 자가 없기 때문이다. 물론 예정은 어거스틴이 말한 것처럼 신비이다. 우리는 인간의 의를 표준으로 세워 하나님의 의를 판단해서는 안 된다. 또한 우리가 예정된 자냐 아니냐를 항상 염려할 필요도 없다. 만약 우리가 하나님의 예정을 절대적으로 확신한다고 하면 우리는 자기 만족과 교만에 빠질 것이다. 물론 예정된 표지는 있다. 신앙고백과 올바른 생활과 성례에 참예하는 것이다. 사람은 구원을 그 주요 목표로 삼을 것이 아니라 하나님의 영광과 명예를 제일되는 목적으로 삼아야 한다.

제4부는 교회를 취급한다. 교회는 가견적인 제도와 동일시할 것이 아니라 산 자와 죽은 자를 다 포함하는 모든 예정된 자로 구성한 가톨릭 교회, 보편적인 교회다. 그것은 나눌 수 없다. 그리스도가 쪼개어지는 것을 의미하기 때문이다. 가톨릭 교회는 불가견적이고 오직 하나님만 아신다. 그래도 교회는 가견적이다. 동일한 하나님의 진리를 받아들이고 동일한 신앙의 띠로 묶인 세계 모든 살아 있는 자들을 포함한 가견적 교회다. 거기에는 이름만이 그리스도인이나 실상은 그리스도와 아무 관계도 없는 죄인들이 있다. 그래도 하나님의 말씀이 올바르게 전해지고 성례가 올바르게 거행되는 교회이기 때문에 모든 그리스도인들은 교회에서 성도의 교제를 가져야 하고 성례에 참례해야 한다. 칼빈은 세례와 성찬만을 성례로 인정하였다. 칼빈은 신약성서의 제도를 따라 교회의 직분으로 목사, 교사, 장로, 집사로 나누었다. 평신도들은 교직 선거의 권리를 가지며 또 교회는 독자적으로 범죄한 자에게 출교까지의 치리권을 가지고 정치는 여기에 간섭해서는 안 된다. 정치는 교회를 보양하며 그릇된 교리에서 교회를 지키며 출교로만은 부족한 교인을 처벌할 의무가 있다. 라틴 문화와 풍토에서 자라난 칼빈에게 로마교의 교회와 정치 이론의 영향이 있음을 말하는 것이다. 성찬론에 있어서 칼빈은 쯔빙글리와 루터의 중간을 취하여 영적 임재설을 주창하였다. 쯔빙글리와 함께 부활 승천하신 그리스도가 육체로 떡과 잔에 함께 임재할 수 없으나 또한 루터와 함께 성찬은 단순한 기념이나 상징이 아니라 하나님의 주신 은사요 성령의 역사를 통하여 하늘에 계신 그리스도의 진정한 육체와 피를 마시는 것이다라고 하였다. 칼빈의 기독론과 성찬론은 루터가 알렉산드리아의 시릴의 견해를 따름에 비하여 안디옥 학파에 가까웠던 것이다.

제네바는 프랑스, 스위스, 사보이 세 경계선상에 있는 소도시로 행정상 교구 감독, 사보이공, 매년 시민에 의하여 선출되는 4행정관에 의하여 다스려졌는데 전기한 바와 같이 사보이가가 제네바를 사보이에 병합시키려 했기 때문에 베른과 프라이부르크와 동맹하여 사보이가 물리치고 그후 감독도 퇴진하여 의회정치를 하게 되었다. 맨 위에 네 사람의 행정관과 재무책임자와 200인 의회에서 선출된 20인으로 구성된 소의회가 있고, 그 밑에 60인 의회 그 아래 소의회에 의하여 선출된 200인 의회가 있고, 그 밑에는 주민의 모든 가장들이 참석하는 총회가 있다. 사건은 먼저 소의회에 제출되면 200인 의회로 넘어가서 처리되는데 중요한 사건은 총회의 결정을 거쳐야 된다. 파렐에게 강압적으로 붙잡힌 칼빈은 처음에는 성서 강의만 하다가 일 년 후부터 설교자가 되었다. 드러나게 개혁자로 나서지 않았지만 파렐에 대한 영향력은 대단하였다. 폭동이 빈번하게 일어나고 특히 성도덕이 극히 문란해진 제네바를 근본적으로 개혁하기 위하여 두 사람이 한 첫 시업이 1537년 1월에 소의회에 제출한 '교회 치리에 관한 조문'이었다. 4부로 구성되어 성찬, 찬송, 아동교육, 결혼에 관한 개혁안인 바 매월 정기적으로 거행할 성찬식을 위해 시 의회는 그 준비로 심사위원회를 구성하여 목사와 협력하여 부덕한 사람을 적발하여 출교까지의 사무를 담당케 하였다. 제네바를 모범 도시로 만드는 동시에 교회의 독립을 얻으려는 노력이었다.

그러나 이 엄격한 규율에 견디지 못한 시민들의 반대의 소리가 점점 커갔다. 1538년 1월 200인 의회는 칼빈의 치리를 무시하고 성찬을 누구에게나 줄 수 있도록 결정, 2월에는 시 의원 선거에 반대파가 득승, 4월 23일 파렐과 칼빈을 추방하였다. 전자는 뉴샤텔(Neuchatel)에 물러가서 목회하였고, 칼빈은 마틴 부처의 초청에 의하여 스트라스부르크의 프랑스 피난민 교회 목회자가 되는 동시에 신학을 강의하였다. 여기서의 3년 채재기간은 칼빈에게 있어서 가장 행복한 시기였다. 시 대표의 한 사람으로 찰스 5세가 초청한 신·구교 재합동회의에 참석하여 멜랑히톤, 기타 독일 개혁자들과 친교를 맺었고 여기서 어진 아내와 결혼하였다(1540). 또 여기서 「기독교강요」증 보판, 「로마서강해」, 변증서 「사돌레토(Sadoleto)에게 답한다」가 나왔다. 그 어간 제네바에서는 칼빈파가 득승하여 다시 칼빈을 초청하였다. 주저하던 칼빈은 드디오 1541년 제네바에 돌아왔다. 그 직후 「교회제도」(The Ordinances)를 발표하였다. 목사는 매주 회집하여 공중 토의, 성직 지망자 심사, 성서 강해를 하고 교사는 제네바 학교 교육 사무를 담당, 집사는 빈자 구제와 병원 사무를 담당하였다. 장로는 칼빈제도의 핵심으로 5인의 목사와 소의회에서 2인, 6인 의회에서 4인, 200인 의회에서 선출된 6인의 장로로 구성된 치리기관 (Consistoire)을 구성하여 매주 목요일 회집 사무를 처리한다. 이외에도 칼빈은 교리문답을 제정하였고 예배의식을 채용하였는데 찬송을 그 주요한 순서로 넣었다. 교육을 장려하였고 무역을 진흥하였다. 칼빈의 명성을 듣고 그에게 배우려는 사람들이 프랑스, 이태리, 네덜란드, 스코틀랜드, 잉글랜드 등 각국에서 모여왔다.

  그러나 칼빈에 대한 반대도 높아갔다. 엄격한 도덕적 개혁에 견디기 어려운 사람들과 점증하는 의인들의 세력이 제네바의 영웅적인 독립 전통을 깰까 의심하는 자들의 소리였다. 1548~1555년 칼빈은 격렬한 투쟁을 하지 않을 수 없었다. 가장 격렬했던 투쟁의 하나가 베이기(Veigy)의 의사 볼섹(J. H. Bjolsec)의 칼빈의 예정론 오류에 대한 고발이다. 이것은 칼빈의 성서 해석에 대한 도전이다. 칼빈은 1551년 10월 시 의회에 제소하여 간신히 볼섹을 추방하였다. 1553년 2월 시의원 선거는 반대편이 결정적으로 유리하였다. 이 난경에서 칼빈을 구출한 것이 미카엘 셀베투스(M. Servetus) 사건이다. 셀베투스는 1531년에 '삼위일체론의 오류'(De Trinitatis Eroribus)를 발표하였고, 1553년에 '기독교의 복구'(Restitution of Christianity)를 발표하였다. 니케아의 삼위일체론과 칼케돈의 기독론과 유아세례가 교회 타락의 주요한 원인으로 보았던 것이다. 핍박을 만나 숨어 익명으로 의사가 되었다. 리용(Lyons)에서 로마 교도들에게 체포되어 화형 언도를 받았으나 그 직전에 탈출하여 후에 제네바에 왔다가 1553년 8월에 체포되었다. 1553년 10월 27일 화형당했는데 멜랑히톤을 위시한 개혁자들이 다 이 처형에 동의하였다.

 이 사건은 칼빈의 승리였으니 스위스 교회를 이단에서 건지는 동시에 칼빈의 적들이 일반이 다 그 처형의 정당성을 인정하는 이단자를 옹호했기 때문이다. 1551년 1월 칼빈은 콘씨스토아(Consistoire)가 시 의회의 간섭이 없는 항구적인 교회의 독립을 쟁취하였고 1559년 그의 개혁 사업의 면류관이라 할 수 있는 제네바 아카데미를 창설하였다. 1564년 5월 27일 칼빈은 서거했으나 그의 감화는 기독교강요, 교회 제도, 성서주해, 부단한 통신 등을 통하여 프랑스의 프로테스탄트, 네덜란드, 스코틀랜드, 영국 청교도들의 사상을 지배할 뿐만 아니라 폴란드, 헝가리, 남서 독일에도 그의 감화가 미치는 그야말로 '오직 하나인 국제적 개혁자'가 되었다. 베자(T. Beza)가 그의 후계자였다.

제 16 장
곁길로 걸어가는 개혁운동

종교개혁의 여파와 부산물로 이색적인 종파들이 파생하였다. 재세례파, 신비적인 신령파, 반삼일론자들이다. 신비적, 말세적, 범신론적, 사회혁명적, 14, 15세기 스콜라신학에 대한 비판사상, 르네상스, 루터, 쯔빙글리의 개혁 사상들이 뭉쳐서 이러한 종파들이 형성되었다. 많은 공통적인 것을 가지고 있고 특히 로마교와 아울러 복음주의 개혁 교회를 다같이 배격한다. 또한 서로 다른 점들도 가지고 있는데 반삼일론자들은 교리를 철저히 배격하고, 신령파들은 범신론적으로 재해석하고, 재세례파들은 무비판적으로 받아들인다. 성서에 대해서도 신령파는 내적 빛(inner light)에 종속시키고, 재세례파는 절대적으로 율법화하고 있다.

루터의 종교개혁의 선풍을 일으키던 당시 1520년대에 성서를 통하지 않는 초자연적인 성령의 계시를 직접적으로 받는다고 하며 말세신앙을 강조하며 극단적 개혁운동을 하던 자들이 있었다. 토마스 뮌처(T. Münzer)가 그 대표이다. 쯔비카우(Zwickaw)에서 선동하다가 보헤미아 할레(Halle), 튜링기아 알스타트(Allstadt in Thürengia), 뮐하우젠(Mülhàusen) 남독일, 스위스 경계 지방, 그후 농민전쟁 때 (1525) 다시 중부 독일에 와서 폭동을 선동 지휘하다가 프랑켄하우젠(Frankenhausen)에서 잡혀 뮐하우젠에서 참형되었다. 신학을 잘 아는 자로 루터에게서 가톨릭 교회에 대한 비판을 배웠으나 루터를 넘어섰다. 이제 성서는 그 의미를 상실하였다. 신앙이 아니라 신앙에 대한 증언만 줄 뿐이다. 체험 그것도 하나님이 그 택하신 자에게 주시는 십자가의 체험이 신앙으로 이끄는 것이다. 믿는 자는 하나님으로부터 직접적으로 배우기 때문에 신학적으로 성서를 해석할 해석자가 필요없다. 택함받은 자는 예언할 수 있고 미래를 내다보는 눈을 가질 수 있다. 인간적인 사회는 근본적으로 변형되어야 한다. 새 교회는 택함받은 자들의 자유 의사에 의하여 엄격한 치리와 재산의 공동소유로 이룩되어야 한다. 결과는 유아세례의 배격과 자주적인 신앙 의식을 가진 자의 세례 요구였다. 이 모든 세상 권력은 무조건 버려야 하며, 오직 하나님과 그리스도만이 높임을 받아야 한다. 하나님 없는 자는 무조건 죽여 없애야 한다.

이렇게 뮌처가 극단적으로 나가자 평화를 사랑하는 칼스타트 취리히 재세례파들, 멜키올 호프만(M. Hoffmann) 등은 그에게서 떠났다. 유아세례 반대와 자의식적 신앙자들의 재세례를 맨 처음 주창한 자는 뮌처였으나 그것을 처음 실시한 자는 취리히 재세례파들이었다. 그들은 독일의 동류들과의 관계를 가지고 있는 것은 사실이나 그들에 의하여 재세례파의 신앙을 가지게 된 것은 아니다. 1523년 5월 허부마이어(B. Hubmaier)가 유아세례에 대한 성서적인 근거를 회의하기 시작하였고, 1524년 그레벨과 만쯔(C. Grebel, F. Manz)도 같은 결론에 도달하여 1527년 2월 취리히 근방 졸리콘(Zollicon)에서 재세례를 비로소 받았기 때문에 적들이 이렇게 불렀던 것이다. 쯔빙글리는 이들에게 단호한 태도를 취했고 시 당국도 혹심한 익사형, 화형 등의 핍박을 하였기 때문에 도리어 놀라운 발전을 보게 되어 알프스 지역 메렌(Mahren), 니델하인(Niederhein), 프리스랜드(Friesland)로 확대되었고 또 침례교, 회중교회, 퀘이커도 이들의 영향을 많이 받았다.

1527년 2월 이들은 슐라흐트(Schlacht)에 모여 그들의 7신조를 제정하였다. 특징은 (1) 국가와 국가 교회(state Church)의 불신 (2) 성서를 율법화하여 문자적으로 지키는 것, 특히 산상보훈에 입각한 도덕 (3) 모든 핍박, 특히 권력자들의 핍박에 대한 겸손한 인내와 감수(甘受) (4) 신비한 내적 빛 교리 (5) 성도들로 구성된 교회 (6) 의식적인 신앙을 가진 자들의 세례다. 이중 (4)와 (5)는 종교개혁의 근본 신앙과 대립한다. 재세례파들은 루터의 사죄의 복음을 이해하지 못할 뿐 아니라 성례를 통한 로마교 구원관도 배격했던 것이다.

뮌처가 선동해서 이루었던 재세례파들의 본거지 뮌스터(Munster)가 점령당한 후 광포한 광신주의는 후퇴하고 온건한 경향으로 나가게 되었다. 일찍 로마교의 신부였던 프리스랜드 출신인 멘노 시몬이 그 지도자다. 여러 번 어려운 핍박을 거친 후 이들은 홀랜드와 스위스, 팔쯔(Pfalz), 북독일 도시 엠덴, 함부르크, 단치히, 엘빙(Emden, Hamburg, Danzig, Elbing) 등지에서 신교의 자유를 얻었다. 그들은 유아세례 서약 군복무를 거부하였다.

이와 나란히 개인적으로 신비주의에 기울어져 교회와 함께 재세례파를 떠나든가 또는 이름만이 교회에 속한 자들이 있었다. 이들은 플라톤 신비주의와 범신론적 르네상스 자연관(스토익 물질적인) 범신사상이 쿠사누스(Cusanus)에 의하여 재생되었고 특히 브루노에서 보는 바와 같이 코펠니커스의 학설과의 관련에서 그 승리를 확고히 하였다. 다시 말하면 우주를 구성하는 모든 부분의 동질성이 완전히 인정되었던 것이다. 그러므로 이 우주는 보다 더 영적인 하늘 별들의 세계에 비하여 불완전하지 않다. matter와 motion은 두 세계에 다함께 있는 것이다. 이러한 사상에서 케플러와 갈릴레오가 출발하였고, 뉴톤이 사과가 떨어지는 힘과 별들의 회전과 동일함을 발견했을 때 이 설은 완성되었다. 현대 과학에 있어서 하늘과 땅 사이에 그 본질과 가치에 두었던 옛 구별은 더 있을 수 없는 것이다. 우주는 그 본질에 있어서 철두철미 하나인 것이다(Winderwand, *A History of Philosophy*, p. 402.). 그들은 내적 빛, 다시 말하면 개인적으로 체험한 계시가 오직 하나인 확실성의 원천이요 따라서 성서의 문자에 우위한다. 가장 대표적인 사변적인 신비가가 남독일 출신 세바스챤 프랑케(S. Francke)이다. 그는 로마교, 루터, 쯔빙글리와 아울러 율법적인 재세례파도 배격하며 어떠한 의식도 부정하는 개인주의로 기울어졌다.

  곁길로 달리는 셋째 운동이 인문주의자들의 무리에서 나왔다. 반삼일론자들로 미카엘 셀베투스가 그 대표적인 자이다. 그는 날카롭게 복음의 그리스도와 교리의 그리스도를 구별하였다. 반삼일론자들의 운동은 남프랑스, 이태리, 폴랜드, 루마니아에 확대해 갔다. 소찌니 안들이 이러한 자이다. 숙질 렐리오 소찌니(Lelio Sozzini)와 파우스토 쏘지니(Fausto Sozzini)가 그 대표로 이태리 시엔나(Sienna) 출신인바 셀베투스 화형 후 삼일신관에 회의를 품었다. 핍박을 만나 폴랜드에 와서 그들의 교회를 세우고 1605년 라코(Rakow) 교리문답을 제정했는데 합리주의와 초자연주의의 결합이었다. 성서가 진리의 기초인바 이적 특히 부활 이적이 신약성서 신앙에 대한 보증이 되고 신약 성서는 또 구약성서에 대한 보증이 된다. 성서는 초이성적일 수는 있으나 반이성적일 수는 없다. 우리에게 요구되는 유일한 신앙은 상선 벌악의 하나님에 대한 신앙이다. 이들은 개혁자들의 형벌 대속설을 부정하였다. 사죄와 보속을 조화할 수 없기 때문이다. 죄없는 그리스도를 벌한다는 것은 절대 죄다. 그리스도의 위대한 생애가 우리에게 좋은 본을 보여 주어 그대로 살아 갈 때 구원인 것이다. 1638년 제스윗파에 의하여 이들의 라코 학교가 폐쇄되고, 1658년 폴랜드에서 추방당한 후 이들은 몰락하였다.

제 17 장
개혁운동의 확대

　녹일 외에 루터의 개혁운동이 가장 활발하게 성공한 지역이 스칸디나비아이다. 1520년대에 스웨덴이, 1530년대에 덴마크와 노르웨이가 루터교로 개종하였다. 이 북구 3국의 프로테스탄트가 교회 제도에 있어서나 예배 의식에 있어서 가장 보수적인 루터 교회였다. 루터교는 또한 발틱 해안 프러시아, 리부랜드, 에스트랜드, 쿨랜드에도 들어갔다. 폴랜드와 리타우엔(Litauen)에 루터교 외에 칼빈주의와 반삼일론자들이 활동하였다. 비슷한 사정에 놓여 있는 곳이 헝가리이다. 한동안 상부 헝가리의 독일인들만 아니라 마걀 귀족들도 루터파로 개종하였으나 후에는 칼빈주의가 루터교를 능가하였다. 그러다가 가톨릭 교회의 반격으로 헝가리는 결국 가톨릭으로 되돌아가고 말았다. 루마니아 색슨족들 사이에 루터교가 수립되었으나 동일 지역의 마걀족들 사이와 체코족들 사이에는 칼빈주의가 지배적이었다. 이밖에도 가톨릭과 반삼일론자들도 발을 붙였으나 대다수의 루마니아족은 동방 정통교회에 속하였다.
　이태리에서는 소수의 복음주의자들이 있었으나 1542년 가톨릭 종교재판으로 인하여 상당수가 순교하였고 다른 이들은 외국으로 망명하였다. 스페인에서는 혹시 개혁운동이 있었다고 해도 1557년 종교재판으로 인하여 자취를 감추고 말았다. 이와 반대로 프랑스에서의 개혁운동은 주목할 만한 역사를 가지고 있다. 처음에는 소수의 인문주의자들 가운데서 시작한 개혁운동이 1520년대에 와서는 프랑스 왕의 격심한 핍박의 대상이 되었다. '한 왕, 한 법률, 한 신앙'(un roi, une loi, une foi)이 프랑스의 모토였던 것이다. 칼빈이 핍박받는 프로테스탄트를 위하여 힘썼기 때문에 루터파는 칼빈주의에 뒤지고 말았다.

그리하여 1559년 위그노(Huguenot) 교도들은 파리에서 제 1 차 총회를 개최하여 칼빈주의 교리와 교회 제도를 채택하였다. 주로 천민들이었으나 불본왕가의 귀족들이 참가함으로 한 정치적인 세력이 되었다. 결국은 피비린내 나는 종교전쟁이 1562~1598년까지 계속하였는데 1572년 8월 24일 성바돌로메 제일을 계기로 한 위그노 교도 대학살 사건을 절정으로 하여 프랑스 전국에 미치는 대량 학살이 벌어졌다. 이 사건을 들었을 때 로마 교황은 테데움(Tedeum)을 불렀다. 그러나 위그노였던 불본왕가의 헨리 4세가 왕위에 오른 후 정치적인 고려에서 가톨릭으로 전향하는 대신 1598년 낭테(Nante) 칙령을 선포하여 약간의 제약과 함께 신교의 자유를 위그노에게 허락하였다. 이로부터 프랑스는 종교적으로는 단일국가가 아니었으나 그래도 프랑스 왕의 전제 권력의 강화에 따라 신교의 자유는 가속도적으로 제약을 받다가 마침내 1685년 루이 14세는 복구령을 선포하여 낭테 칙령을 폐기하고 말았다. 50만 명 이상의 위그노 특히 상공업에 종사하는 중산계급이 해외 특히 홀랜드, 잉글랜드, 브란덴부르크(Brandenburg), 헷센 팔쯔(Pfalz)로 망명하였고 생명의 위험을 무릅쓰는 설교자에 의하여 위그노 교회는 지하에 숨어 연명하였다.

네덜란드는 찰스 5세와 그 아들 스페인 왕 필립 2세의 지배하에 있었다. 처음에는 루터교가, 다음에는 극단적인 재세례파가, 마지막으로는 칼빈주의가 전파되었으나 찰스 5세 특히 필립스 2세는 스페인에서와 같이 종교재판에 처하여 복음주의 개혁운동을 철저히 탄압하였다. 이 까닭에 복음주의 개혁운동은 스페인의 지배를 증오하는 정치적 투쟁과 결속하여 참담한 종교전쟁을 치르게 되었다. 마침내 북부는 1579년 우트레히트 동맹(Utrecht Union)을 맺어 1579년 독립을 선언하였고, 1648년 베스트팔리아(Westphalia) 평화 협정에서 완전히 승인을 받았고 남부 10주는 스페인 치하에 가톨릭으로 남게 되었다. 칼빈주의가 홀랜드의 국교가 되었으나 그래도 다른 종파에 대하여 관용주의를 실시하였다. 종교적으로 자유의 분위기가 보장됨에 따라 인문주의자들, 이신론적(deistic, 理神論的) 사상, 심지어 예정론에 대한 회의주의까지 날뛰게 되자 칼빈주의는 이 모든 것이 하나님의 영광을 해치는 것으로 보았다. 더욱이 타락 전 예정론(supralapasarianism) 변증을 위임받은 라이던(Leyden)대학 신학교수 알미니우스(J. Arminius)가 도리어 무조건적인 예정에 회의를 품고 인간의 자유의지를 인정하였기 때문에 격렬한 논쟁이 일어났다. 그의 사후 그를 따르는 무리들이 1610년 신조 '항론'(remonstrance)을 기초하였다. 완전 타락을 반대하여 어느 정도의 자유를, 무조건적 예성을 반대하여 예지 예정을, 제한된 구원에 반대하여 모든 사람을 위한 구원을, 불가항력적인 은혜에 반대하여 은혜에 항거할 수 있음을, 성도의 보전에 대하여 그 불확실성을 주장하였다.

결국 이 문제를 해결코자 1618년 11월 13일에서 1619년 5월 9일까지 도르트레히트(Dortrecht) 회의가 개최되어 알미니안들은 패퇴하고, 칼빈주의는 하이델베르크 교리문답(Heidelberg Catechism), 벨기 신앙고백(Belgic Confession)을 채택하여 홀랜드 교회의 교리적 기초를 삼았다. 이 논쟁 중 알미니안의 한 사람인 후고 그로티우스(H. Grotius)의 유명한 속죄론이 나왔다. 개혁자들이 형벌대속설을, 소찌니안들이 도덕감화설을 말하는 데 대하여 그는 정치설을 제창하였다. 하나님은 도덕적인 지배자이다. 죄는 그의 율법의 위반이다. 처벌하지 않고도 용서할 수는 있으나 그 경우 법은 무시되고 만다. 죄는 은혜로 사하나 하나님의 법의 존엄성을 확증하기 위하여 그리스도는 죽으셨다. 이 속죄론은 그리스도가 만인을 위하여 죽으셨다면서 왜 모든 사람이 구원얻지 못하느냐에 대한 알미니우스주의의 곤란한 문제를 해결해 주었다. 그리스도의 죽음은 형벌의 대가가 아닌 것이다. 이 설은 또한 소찌니안들에 대하여 그리스도의 희생의 명백한 이유를 밝혀 놓았다. 그러나 이 설은 속죄론 중 가장 불만인 것일 것이다. 왜냐하면 그리스도의 죽음은 일반적인 정의를 위해서이기보다는 나 개인의 구원을 위해서이기 때문이다.

영국의 개혁운동은 종교적인 이유라기보다는 국왕 헨리 8세의 결혼 문제와 외인의 지배 간섭을 싫어하는 영국인들의 민족 감정이 가장 큰 동기였다. 루터의 개혁운동을 논박하는 논문 '7성례를 주장한다'를 발표하여(1521) 레오 10세로부터 '신앙의 수호자'라는 칭호를 받은 헨리 8세는 혐오(嫌惡)하던 아라곤의 카타린(Katharine of Argon)과의 이혼 승락을 교황청으로부터 얻지 못하자 로마 교회와 손을 끊고 스스로 영국 교회의 수장(首長)이 되었고(1534), 켄터베리 대주교로부터 합법적으로 이혼 승락을 받았다. 그래도 그는 모든 복음주의운동을 가차없이 탄압하였고 모든 수도원을 폐쇄하여 그 재산을 몰수했는데 여기도 아무 종교적 동기가 없었다. 유약한 에드워드(Edward) 6세 때에 프로테스탄트 개혁운동이 전개되었으나 메리 튜더(Mary Tudor) 여왕 때 다시 가톨릭으로 복구하여 잔인하게 신교도 학살 참극을 연출하였다. 엘리자벳(Elizabeth) 1세 여왕 때에 다시 영국 국교가 재확립되고 국왕이 교회의 머리가 되었다.

1563년에 제정된 '39 신조'는 영국 교회의 교리가 되었고, 1549년에 제정된 '공동 기도서'(A Book of Common Prayer)는 예배 의식이 되었다. 영국 교회는 일종의 혼합체라 할 수 있는바 예배 의식과 감독의 사도직 계승권 주장은 가톨릭적이나 교황권과 로마적 미사는 거부해 버렸고 교리적으로는 칼빈주의 영향을 많이 받은 민족적인 국가 교회였다.

영국 교회와는 달리 스코틀랜드 교회는 철두철미 칼빈주의 교회였다. 제네바 외에 스코틀랜드처럼 순수한 칼빈주의 개혁운동이 승리를 거둔 데는 없다. 이것은 칼빈의 제자였던 존 녹스(J. Knox)의 노력과 지도에 의한다. 가톨릭 왕가의 횡포에 대항하여 철저한 항전을 한 결과 1560년 칼빈주의 교회는 국교가 되고 왕위를 물러난 메리 스튜워트 여왕은 영국으로 망명한 후 엘리자벳 1세에게 체포되고, 1587년 마침내 참형을 당하였다.
 개혁운동은 영국 교회를 다 국교가 되게 하지 못하였다. 일부 소수는 의연히 가톨릭으로 남아 있었고, 칼빈주의에 영향받은 다른 일부는 지금까지의 개혁에만 족할 수가 없었다. 영국 교리를 교황의 누룩에서 정화하여 성서적인 장로 제도의 교회가 되게 하기를 원하던 자들을 청교도 또는 장로교도들이라 하는데 철저한 개혁을 요구하였기 때문에 엘리자벳 여왕은 가차없이 핍박하였다. 17세기 영국 혁명은 이러한 종교적 대립과 전제적인 스튜워트 왕가의 정치적인 과오로 일어났다. 교회는 세 파로 갈라졌다. 앵글리칸파, 장로파, 독립파다. 1642년 감독제의 국교는 폐기되고 웨스트민스터회의에서 수립한 장로 제도는 국교가 되지 못했고 도리어 크롬웰(O. Cromwell)이 이끈 열광적인 의회군에 의하여 독립 교회 또는 회중교회가 승리하였다. 그들은 국교 제도를 폐지하고 종교의 자유와 개 교회의 자결권을 주창하였다. 1649년 찰스 1세를 처형한 후 크롬웰이 영국의 지배자가 되었을 때 약간의 제한 외에는 사실상 종교 자유가 실시되었다.
 그러나 1660년 스튜워트 왕가의 복구와 함께 감독 교회가 유일한 국교가 되었고, 모든 분리주의자들을 가차없이 핍박하였으며, 영국을 가톨릭 교회에로의 복구의 길을 마련하였다. 그러다가 1688년 '영광스러운 혁명'을 통하여 스튜워트 왕가는 다시 전복되고 영국 프로테스탄티즘은 가톨릭 복구의 위험에서 구출되었다. 1689년 오렌지공 윌리암 3세는 관용령(Tolerance Act)을 선포하였다. 대다수는 국교도로 남아 있었으나 이때까지 자주 핍박받던 분리주의자들은 국교내에서 반대당으로 종교적 자립을 즐길 수 있었으나 가톨릭 교회는 1829년까지, 소찌니안들은 1813년까지 법률상 구속받는 상태에 있었다. 혁명시대 중 분리주의자들은 특이한 종교적 정열을 체험하였다. 네 그룹으로 나누면 장로교도, 독립파(회중교회), 침례교도, 퀘이커이다. 가장 흥미로운 그룹이 1649년 조지 폭스(George Fox)가 창설한 퀘이커교도(Quaker, Society of Friends)이다. 열광적이면서 특이한 풍습을 가졌기 때문에 핍박을 많이 받았으나 차차 그 특이성은 완화되었다. 가장 유명한 대변자가 미국 펜실바니아주를 개척한 윌리암 펜(W. Penn)이다. 필라델피아를 중심으로 민주주의와 종교적 자유를 실시하였다. 내적 빛(inner light) 교리를 믿으며 신조를 부정하며 성례와 성서와 교리, 역사적 예수도 후퇴하였다. 서약 해학(諧謔)을 부정하며 극단적인 진실성과 생활의 단순성을 요구하였고, 양심의 자유와 노예 해방에도 많은 공헌을 하였다.

제 18 장
가톨릭 교회의 부흥

프로테스탄트 종교개혁으로 많은 후퇴를 강요당한 로마 교회는 교황 바울 3세 때로부터 프로테스탄트에 반격을 가할 뿐 아니라 신앙적인 부흥, 교회생활의 개혁 또 교리적으로도 프로테스탄트에 대결하는 로마교, 독특한 교리를 제정하는 등 화려한 움직임을 보여 주었다. 부흥의 원인은 여러 가지이다. 프로테스탄티즘의 신앙부흥에서 자극받은 내부적 각성, 스페인의 이사벨라(Isabella)와 카디날 키메네스(Ximenes)의 부흥운동, 보다 더 중요한 것은 이그나티우스 로욜라(Ignatuis Loyola)의 제스윗(Jesuit) 교단의 활동이 그 중요한 원인이다.

이사벨라는 매우 경건한 가톨릭인이었다. 부패 타락한 교회를 개혁하기 위하여 그 중임을 톨레도(Toledo)의 대주교 키메네스에게 맡겼다. 키메네스는 무기력하고 세속적인 교직을 다 추방하고 신부들의 도덕적 수준을 매우 높일 뿐만 아니라 1498년 안칼라대학(Univ. of Ancla de Henares)을 창설하고 유능한 교수들을 초청하여 교직자들로 성서연구에 힘쓰도록 하였다. 그의 가장 귀중한 업적의 하나가 「알칼라 대조 성서」(The Complutensian (Alcala) Polyglot)이다. 히브리, 그릭, 라틴, 탈굼(Targum)을 모세 5경까지와 신약은 그릭과 라틴으로 출판하였다. 신학적으로 그는 아퀴나스의 부흥을 힘썼고 이단 처단에도 대단한 열의를 보여 주었다. 스페인에서는 정통과 애국정신은 동일시되었다. 그러므로 종교재판을 사용하여 유대교, 회회교는 국가와 교회의 존망에 관계되는 것으로 가차없이 탄압하였던 것이다.

루터의 개혁운동이 일기 시작할 무렵 이태리에서도 교회 개혁을 진실하게 원하는 자들이 있었다. 그들은 1517년 '성애탁선회'(The Oratory of Divine Love)를 창설하였다. 이름난 지도자들은 카라파, 사돌레토, 콘타리니(G. P. Caraffa, J. Sadoleto, G. Contarini)이다. 그 외에도 디타인(Theatines)파, 바나바(Barnabites)파, 및 카푸킨(Capuchins)파도 있었다. 교황 바울 3세는 누구보다도 프로테스탄트 개혁운동이 로마측에 미치는 위기를 의식하고 온건한 콘타리니의 조언을 물리치고 철저한 카라파의 의견대로 1542년 7월 21일 스페인의 개혁을 본받아 종교재판을 범로마교적으로 조직하였다.

보다 더 가톨릭 교회의 부흥을 가져온 자가 이그나티우스 로욜라와 그의 교단이다. 1491년 스페인의 한 귀족의 집에서 나서 1521년 프랑스와의 전쟁에서 부상입고 병석에서「예수전」,「성 도미닉전」,「성 프랜시스전」을 읽고 회복한 후 몬세랏(Montsrat)에 가서 마리아의 제단에 무기를 바치고 동정녀의 기사되기를 서약, 만레사(Manresa)에 가서 도미닉수도원에서 비전을 보았다. 후일 그는 이 비전을 그의 '영적 훈련'에 담아 두었다. 1523년 성지를 순례한 후 바르셀로나(Barcelona)에서 소년들과 함께 공부하기 시작하였고, 그후 대학에 진학하였다. 타고난 지도자로 같은 뜻을 품은 자들과 함께 영적 훈련을 했으나 종교재판관의 의심을 사게 되어 1528년 파리대학으로 옮겨왔다. 여기서도 뜻을 같이하는 자들을 모았다(P. Lefevre, F. Xavier, D. Leinez, A. Salmeron, N. Bobadilla, S. Rodriguez). 이들과 함께 1534년 8월 15일 성지에 가서 교회를 봉사하든지 그것이 불가능하면 교황에게 헌신하여 그가 시키는 일에 절대 복종하기를 서약하였다.

1536년 베니스에 왔으나 때마침 베니스와 털크가 전쟁 중이므로 성지를 못가게 되자 로마에 되돌아와서 불신자와 이단과 싸우는 군사교단 창설을 교황에게 청원하였다. 바울 3세는 반대를 물리치고 이 교단을 재가하였고, 1514년 4월 이그나티우스는 단장으로 선출되어 죽을 때까지 그 직에 있었다. 교단 조직은 머리에는 독재적인 권리를 가지는 단장이 종신직으로 총회에서 선출되고, 그 밑에 지방조직 지회장이 있고, 그 아래 각 수도원장이 있다. 입단하려면 2년간의 견습 수도사 기간을 거쳐 (1) 수도사의 서약을 하고 도학반에 들어가 철학 신학을 배우고 (2) 15년 후 신부로 안수받고 신령반에 들어가 연구하는 한편 동료들을 가르치며 카운셀링(상담)을 하고 (3) 교수반에 들어가 수도사의 3서약 외에 교황에게 대한 무조건 절대 복종을 서약하고 교단의 핵심체가 된다. '영적 훈련'은 각 지회장의 관리하에 4주간 전문 교수의 지도로 그리스도의 생애와 행적, 그리스도인의 투쟁에 온 정력을 기울여 명상한다. "그것은 이그나티우스가 조직한 놀라운 기관으로 르네상스의 개인주의와 각 사람에게 특수한 일을 맡기고 훈련하는 교단 전체의 정신과 목적에 완전히 복종하려는 의지를 결합하였다" (W. Walker ; A History of the Christian Church. p. 377).

이 교단은 급속도적으로 이태리, 스페인, 포르투칼에 퍼졌고 완만하게나마 프랑스, 독일에서도 발전하였다. 주요한 방법으로 설교, 교육, 외국 선교 등을 사용한다. 오직 하나의 목적이 교황 교회의 유일 무이한 독재적인 지상권 수립이었기 때문에 모든 방법을 구사하여 이 교도와 이단들의 개종을 강요하였고 따라서 음모 술수, 폭력을 서슴치 않고 자행하였다. 제스윗의 죄관은 상태보다 개개의 행동에서 보며 가능한 한 과소평가한다. 명백한 의식으로 그 죄됨을 의식하고 또 의지로 전적 동의를 하고 짓는 죄만 죄로 본다. 개연주의(Prababilism) 교리는 죄에 대한 각자의 책임을 적게 한다. 권위가 그것을 인정한다면 사람은 그가 보기에 최악한 것이라도 선택한다. 정신적 보류(mental reservation) 교리에 의하여 목적을 위하여서는 사실 전체를 밝힐 필요나 올바른 인상을 줄 필요도 없다. 제스윗 교단은 각국에서 조직되었기 때문에 자연히 그 성격이 국제적이었고 또

부단한 통신으로 보고하게 되었기 때문에 강력한 정치세력이 되었다.
 종교재판의 부활과 제스윗 교단의 활동과 함께 가톨릭 부흥을 가져온 셋째 원인이 트렌트회의다(1545-1563). 이 회의는 중간 장기간의 중단기를 빼놓으면 3기로 나누이나 그 중 제1기(1545-1549)가 가장 중요하다. 제1기 제4회의에서 교리의 근거와 권위문제를 취급하여 구약 외경을 성서에 편입키로 하고 성서와 전승을 동등의 권위로, 불가타(Vulgata)를 표준 번역 성서로, 교회가 독점적으로 성서를 해석할 권리를 보유한다고 결정하고 제5회의에서 원죄를, 제6회의에서 칭의문제를 취급하여 믿음과 행위로 의됨을 결정, 제7회의에서 7성례를 결정, 그리고 제5,6,7회의에서 로마 교회 밖의 개혁운동을 완전히 거부하고 말았다. 트렌트회의에서는 교황 무오교리는 논의되지 않았으나 이 회의 제3기를 지배하고 있던 제스윗, 디에고, 라이네쯔(D. Leinez)가 이를 위하여 부단히 노력한 것은 사실이다.
 어쨌든 이 회의에서 어느 정도 교회의 부패 타락을 시정했을 뿐 아니라 앞으로의 발전의 모든 소지(素地)를 마련하였고, 프로테스탄트와 대결하는 태세를 갖추었고 교회내의 통일을 이루었다. 그러나 트렌트회의, 특히 제스윗이 판을 친 마지막 회기에 대해 분노를 적잖이 느낀 가톨릭이 많았다. 그중 17세기 프랑스에서 제스윗에 적의를 가지면서 엄격한 가톨릭 신앙을 지향한 자가 얀센파이다. 창시자 코넬리우스 얀센(C. Jansen)은 네덜란드 입프레스(Ypres)의 감독이었다. 그의 사후 출판된 「어거스틴」에서 제스윗파의 펠라기우스적 죄관과 은총관을 반대하여 어거스틴의 입장을 고수하였다. 그를 따르는 무리들이 파리 근방 폴트 로얄(Port Royal)의 수녀원을 중심으로 하여 활동하였다. 제스윗을 적대한 가장 이름난 자가 파스칼(B. Pascal)이다. 그래도 제스윗은 루이 14세의 강력한 지지를 받아 얀센파를 핍박하고 폴트로얄수녀원을 파괴해 버렸다. 얀센파는 네덜란드로 망명하고 말았다. 로마 교회의 부흥과 프로테스탄트에 대한 반격이 독일에서 그 세력을 확대해 갈 때 루터파와 칼빈주의자들은 불행하게도 합세하여 이를 막을 생각을 하지 않았다.

30년 전쟁은 이러한 정세하에 보헤미아에서 일어났다. 1618년 프로테스탄트측에서 반란을 일으켜 팔라티네잇(Palatinate)의 프레데릭 4세를 왕으로 추대하였다. 루터파 제후들은 그가 칼빈과 신앙자였기 때문에 도우려 안한 데 반하여 가톨릭측은 스페인의 원군을 얻어 프레데릭을 분쇄하고 그 팔라티네잇 영지의 대부분을 빼앗았다. 1625년 덴마크 왕 크리스찬 4세가 참전하자 가톨릭측에는 명장 왈렌스타인(Wallenstein)이 북독일에 진군, 1629년 3월 황제 페르디난드(Ferdinand)는 복구령을 선포하여 1552년 이래 프로테스탄트에 속했던 모든 교회령을 가톨릭으로 환원시키고 가톨릭 영내에 모든 프로테스탄트를 축출하고 루터파 외의 어느 프로테스탄트도 인정치 않았다. 그러나 가톨릭측에도 내분이 생겨 왈렌스타인은 제거되었다. 그 직전 스웨덴 왕 구스타브 아돌푸스(G. Adolphus)가 프로테스탄트 신앙과 발틱 해상권 확보를 위하여 1630년 참전, 가톨릭군을 분쇄하고 한편 프랑스 리셸류(Richeliew)의 원조를 받으면서 남진하여 다시 황제에게 기용된 왈렌스타인과 류첸(Lutzen)에서 대전하여 자신은 전사했으나 왈렌스타인을 패퇴시켰다. 그후 왈렌스타인은 자기측에서 암살당하고 전쟁은 교착상태에 빠졌다.

오랜 전쟁에 시달린 양측은 드디어 1648년 10월 베스트팔리아(Westphalia)에서 평화 협정을 체결하였다. 스웨덴은 발틱 해의 주도권을 확보했으며, 프랑스는 알사스(Alsace)의 대부분을 차지하고, 스위스는 독립을 확인받고 브란덴부르크(Brandenburg)는 포메라니아(Pomerania)를 스웨덴에 양보하는 대신 마그데부르크 대주교구 할버스타트(Halberstadt) 주교구 민덴(Minden)을 차지하고, 막시밀리안은 선제권과 팔라티네잇 일부를 확보, 그외의 팔라티네잇은 프레데릭 4세의 아들 루드비히(Ludwig)에게, 또 그를 위하여 새로운 선제권을 신설하였다. 보다 더 중요한 것은 종교에 관한 결정이다. 칼빈파는 완전히 승인되고 복구령은 폐기되고 1624년을 기준으로 신·구교 영지를 결정하였다. 제후의 영민(領民)의 신앙에 대한 결정권은 그대로 인정하나 1624년 당시 기존한 다른 신앙도 그대로 인정하였다. 루터파와 칼빈파는 제후의 신앙 변혁이 영민의 신앙을 좌우하지 못하도록 하였다. 어느 쪽도 평화 협정에 만족한 자가 없으나 전쟁에 염증을 느꼈기 때문에 이 평화 협정은 독일 신·구교 지역을 영구히 분단하는 결과가 되고 말았다.

제4부
세속화 시대의 교회
−1648∼−

※ 제Ⅰ기 적응을 모색하는 교회
　19. 계몽주의운동과 그 여파
　20. 교회의 갱신

※ 제Ⅱ기 새 시대의 비전에 살려는 교회
　21. 신교의 신학
　22. 다시 전진하는 로마 가톨릭 교회
　23. 동방 정통 교회
　24. 신교의 세계 선교
　25. 한국의 교회
　26. 에큐메니칼운동과 교회의 재일치 문제

제 19 장
계몽주의운동과 그 여파

"근대는 교회사적으로 볼 때 일반 역사에 있어서 보다 더 정의하기 곤란하다. 하나의 통일을 말하기도 어려우려니와 분류하기는 더욱 어렵다."(K. D. Schmidt;Grundrib der Kirchengeschichte, p. 349에서 인용)고 하이린히 보른캄(H. Bornkam)은 말한 바 있다. 국가와 교회, 세속적인 문화와 종교적 사상은 분리되었다. 교회도 역시 여러 갈래로 분열되었다. 교회는 역사를 이끌고 나가는 세력이 됨을 포기 했을 뿐 아니라 시대의 템포와 리듬이 도리어 교회를 이끌고 나간 것이다. 확실히 말할 수 있는 것은 근대는 자주적인 세속화의 시대라 해야 한다.

이러한 세속화의 경향은 르네상스 시대에 싹트기 시작하여 근대에 와서는 지배적인 것이 되었다. 그것은 "비교회화, 비기독교화, 비윤리화하는 것을 의미한다"(Walther von Loewenich; Die Geschichte der Kirches. 311). 세속화와 함께 근대의 또 하나의 성격은 '개인주의적'이다. 사람들은 17, 18세기에 와서 스스로 자기의 생활과 사고를 결정짓는 자유를 쟁취하려고 하였고, 19세기에 이르러 인류역사에 일찍이 볼 수 없었던 실질적이요 진정한 의미의 자유를 획득하였다. 마스(mass)가 최근세의 특색이기는 하지만 마스는 개인주의와 상반되는 개념이 아니다. 도리어 마스와 개인주의는 밀접히 연결되었다. 왜냐하면 마스는 공동체가 아니기 때문이다. 공동체가 있는 곳에는 또한 유기적인 연결이 있으나 마스는 연결이 없는 대중인 것이다. 종교는 이제는 개인적인 사사로운 일이 되어 버렸다. 신학은 새로운 과제를 가지게 되었다. 복음과 세계의 관계이다. 교회도 또한 새로운 과제를 의식하게 되었다. 세상이 교회에 오지 않기 때문에 이제는 교회가 세상으로 향하여 나아가야 한다는 과제이다. 교회는 에큐메니칼운동을 통하여 인위적인 폐쇄성을 극복하고 "그들은 세상에 속하고, 세상은 그리스도에게 속했다."는 말씀을 기억하게 되었다. 일견 선교의 사명과 역사적 비판적 신학은 아무 관계가 없는 것 같으나 사실은 복음과 세계라는 동일 노선에 서 있는 것이다. "밭은 세상이다"(마 13 : 38). 물론 씨를 뿌려도 잘 나지도 않거니와 제대로 자라지도 않는 밭이기도 하지만 거기에는 또한 옥토도 있는 것이다.

종교개혁 시대 이후 세계관은 달라졌고 따라서 교회의 입장도 달라졌다. 비록 16세기의 교회들이 루터파들, 칼빈파들, 교황주의자들, 신령파들, 그들의 신앙과 행위, 성서와 전승, 문자와 영성 전례 등에 관한 차이와 대립은 해소시킬 수 없었다 해도 그들의 믿는 기독교는 진리라는 점에서는 일치하였다. 그러나 18~20세기에 와서는 그들의 이러한 전제는 흔들리고 말았다. 기독교의 진리성은 신학의 여러 문제들의 전제가 아니라 신학적 문제의 대상이 되었다. 특히 하나님과 세상의 관계 문제는 종래 교회가 가르치던 사상을 아주 흔들어 놓고 말았다. 코페르니쿠스(N. Copernicus)의 태양 중심의 지동설은 갈릴레오(G. Galileo)의 연구로 교회의 전통적인 우주관을 뒤집어 놓았고, 뉴톤(I. Newton)에 의하여 만인이 다 믿게 되었다. 이 우주는 하나님의 섭리와 경륜이 지배하는 것이 아니라 기계적인 인과의 법칙의 지배하에 태양을 중심으로 돌아가는 지구라는 생각이 사람들의 마음에 꽉 차 있었다.

이렇게 과학이 교회와 신학의 권위를 부정하게 될 때에 철학이라고 가만이 있을 수 없었다. 17세기에 철학은 아리스토텔레스와 교회 교리의 권위에서 해방되었고 따라서 신학의 여종노릇하지 않았다. 데카르트(Descartes)는 회의를 학문의 출발점과 방법으로 삼아 유일하고 확실한 존재는 이 사고하는 자기로 보고 이 사고하는 자기를 분석하여 자기보다 더 큰 사상이 자기에게서 나올 수 없으니 인과의 관계를 보아 하나님을 가정하지 않을 수 없었다. 스피노자(Spinoza)는 인격적인 신관을 부정하고 범신론적으로 자연과 신을 동일시하며 개인의 영혼불멸을 부정하였고, 토마스 홉스(T. Hoffs)는 감각주의와 무신론을 제창하였다. 18세기 계몽주의 시대에 들어와서 과학적인 사고방식과 기독교적인 사상 사이에는 완전한 결렬이 생겼다. 자연적, 이성적인 종교 외에 도대체 계시종교가 존재할 수 있는가? 초월신교(Deism)는 이러한 정세하에 영국에서 일어났다. 1624년 에드왈드 헐벌트(E. Herbert of Cherbury)가 아무것에도 물들지 않은 원시인의 자연종교의 신조를 제창하였다. 존 톨랜드(John Toland)는 1696년 '기독교는 신비하지 않다'를, 안토니 콜린스(A. Collins)는 '자유로운 사고에 대한 강화'(1713)를, 매티유 틴달(M. Tindal)은 '기독교는 창조와 같이 오래다'(1730)를 발표했는데 여기서 초월신교의 중요한 모습은 드러났다. 이성과 합치되는 보편적인 종교가 있다.

그러므로 기독교의 최선의 것은 실상은 기독교보다 더 이전부터의 것이요 또 완전히 이성과 일치한다. 보편적인 합리적 종교는 하나님이 우주의 창조자임을 믿는다. 그가 제정한 법칙에 의하여 이 우주는 운행된다. 사람은 그 마음속에 주어진 이성과 도덕률에 의하여 살아야 한다. 하나님을 경배해야 하나 그것은 덕스러운 생활 외에 아무것도 아니다. 이성으로 증명이 못되는 신앙이나 생활은 미신적이요 비합리적이므로 버려야 한다. 모든 종류의 제관들이 미신을 가져왔다. 기독교도 예외가 아니다. 이성을 따르는 것이 미신을 벗어나는 길이다.

초월신교의 약점은 분명하다. 원시 보편 종교가 합리적이라는 것은 우스운 이야기이다. 무엇이든지 자연스러운 것은 옳다 하는 것도 천박한 낙관주의이다. 초월신교는 추상적인 종교관이요 종교의 실제적,

역사적 경로는 눈감고 안 보는 자이다. 초월신교의 신은 너무도 멀리 있어서 그가 제정한 기계적인 자연법칙에 이 우주를 맡겨 놓고는 보지도 않는다. 이러한 주의 사상이 일시 사람들의 마음에 자극을 줄 수 있으나 도저히 그를 움직이거나 확신케 할 수는 없다.

제 20 장

교회의 갱신
(경건파, 모라비아파, 메도디스트운동)

계몽주의 시대가 교회를 사회의 중심에서 주변으로 몰아내고, 사람들이 교회의 전통적인 권위 신앙을 박차버리고, 세속화적인 이지주의(理智主義)가 판을 쳤다고 해서 그것이 이 시대의 양상의 전부는 아니다. 새 시대의 학문과의 신학적 타협이 있는 반면 경건한 신앙운동이 일어났다. 17세기에 가톨릭측에서는 신비주의자들, 얀세니즘(Jansenism), 영국에서는 청교도들, 퀘이커들, 17, 18세기에 독일에서는 경건파, 모라비아파, 영국에서는 메도디스트운동이 일어났다. 그러므로 이러한 경건한 신앙운동을 고려하지 않고는 계몽시대에 대한 정당한 인식 평가가 있을 수 없다.

1. 경건파

17세기 루터파 교회에는 소위 프로테스탄트 스콜라스티시즘에 기울어졌다. 루터의 심령을 움직이는 순복음주의 신앙은 엄격한 교리주의로 대치되었다. 성찬론에 관한 순수한 교리 고집은 극단적으로 루터를 고집하는 자들과 칼빈에 접근한 멜랑히톤파의 격렬한 투쟁을 불러일으켜 멜랑히톤파는 위장 칼빈주의(Cryptocalvinism)라고 통매(痛

罵)되었고, 보헤미아가 가톨릭측에 무참히 짓밟혀도, 네덜란드가 스페인의 알바(Alva)에게 짓밟혀도 그들이 칼빈주의적이라는 이유로 구원의 손길을 거절하였던 것이다. 칼빈주의자들은 그리스도인이 아니라고까지 극단적인 말을 했던 것이다. 어떤 의미에서는 로마 가톨릭 교회보다 더 편협하였다. 왜냐하면 로마 교회가 교리주의인 것은 사실이다. 그래도 그들은 행위를 강조했는데 루터파에는 행위를 부정하는 순수한 교리만 남았기 때문이다. 경건파운동을 이러한 루터파의 죽은 정통(dead orthodoxy)과의 결별이다. 무엇보다도 그리스도인들의 중생체험을 강조하고 평신도 활동을 강조하고 칼빈주의 청교도적인 금욕생활을 강조하였다.

경건파의 근원은 세속화한 네덜란드의 풍토에 반발하여 우트레흐트(Utrecht)의 교수 보에티우스(Voetius)가 교회 안에서 시작한 신앙 그룹운동이다. 거기는 또한 라바디(Jean de Labadie)의 불같은 열정적 신앙운동이 들끓고 있었다. 독일에서의 경건파운동을 시작한 슈페너(P.J.Spener)는 학생시절 제네바에서 라바디의 영향을 받았다. 신비가 아른트(J.Arndt)의 '진정한 기독교'와 청교도의 글을 애독하였다. 1666년 프랑크폴트(Frankfort)의 원목사가 되었다. 1675년 아른트의 설교집에 서문을 붙여 출판한 그의 「피아 데시데리아」(Pia desideria)에서 정치의 교회 간섭, 교직자들의 부덕한 생활, 신학의 논쟁 도구화, 평신도들의 음주, 부도덕, 이기주의가 교회 타락의 원인으로 지적하고 그 개선책으로 교회내에 성서연구 그룹을 둘 것, 만인제사장이니 피차 신앙의 감독과 권고의 책임을 질 것, 기독교는 지식이 아니라 생활이니 논쟁을 삼갈 것, 교직자들을 훈련 개선할 것, 체험적 종교지식을 강조할 것, 논쟁적 설교가 아니라 건덕을 위한 설교를 할 것 등등을 들었다. 자연 기성 종교가들의 미움을 산 것은 당연한 일이다. 그의 기독교가 교리 신조의 신학적 해석을 넘어서 성서로 돌아간 것이다. 마음만 올바르면 신학적 해석을 불고하는 그의 태도가 루터파의 '순수한 교리'에 파괴적이었기 때문에 이단으로 규탄받았다. 그는 드레스덴(Dresden)의 궁정 설교가로 초청받았으나 요한 게올그

(J.Georg) 선제후의 음주 방탕을 공격하였기 때문에 거기도 있을 수 없어 브란덴부르크(Brandenburg)의 선제후 프레데릭 3세(Frederick Ⅲ)의 초청을 받고 베를린(Berlin)의 성 니콜라이(St. Nikolai) 교회 목회자가 되었다.

경건파운동은 라이프찌히(Leipzig) 대학에 퍼졌다. 프랑케(A.H. Francke)를 중심으로 성서연구 그룹이 조직되었으나 드레스덴으로 슈페너를 방문하고 돌아온 프랑케의 강의에 도취된 학생들이 문제를 일으켜 프랑케는 거기를 떠나 엘풀트(Erfurt)를 거쳐 슈페너의 주선으로 할레(Halle) 대학 교수와 부근 교회 목회자를 겸하였다. 그때로부터 할레는 경건파운동의 중심지가 되었다. 1695년 그는 어려운 이들을 위한 학교를, 1696년 페다고기움(Paedagogium)을, 1697년 부설 라틴학교를, 1698년 유명한 고아원을 세웠다. 이 모든 기관은 거의 무일푼으로 시작했으나 그의 굳은 신앙으로 유명하게 만들었다. 1710년 프랑케의 친구들에 의하여 성서공회가 설립되어 성서 출판과 염가 판매를 했다. 또 하나 특기할 만한 일은 이들의 선교 활동이다. 당시 프로테스탄트들은 선교를 등한시했으나 이들은 열렬히 선교를 강조하여 18세기 할레를 중심하여 60여 선교사를 파송하였다. 그중 가장 유명한 자가 인도 선교에 불멸의 공적을 쌓은 슈발츠(C.F.Schwartz)이다. 경건파의 공과(功過)는 교리주의에 타락한 교회에 생명을 준 것, 교직자들의 영적 수준을 향상시킨 것, 설교와 청소년 훈련을 강화한 것, 평신도의 교회활동을 크게 일으킨 것, 성서연구를 보편화한 것은 '공'이요, 심각한 고뇌의 투쟁을 통한 회개만이 하늘나라에 들어가는 유일한 길이라고 고집한 것, 지나친 금욕생활을 강조하여 어느 의미에서는 기독교를 율법종교가 되게 한 것, 경건파에 속하지 않은 자들은 비신앙적이라고 본 것, 종교의 지적인 면을 무시하여 지적인 지도자들을 양성하지 못한 것은 '과'라 할 것이다.

2. 모라비아파

비록 경건파는 인정하지 않지만 그 가운데 가장 주목할 만한 산물의 하나가 모라비아파운동이다. 30년 전쟁의 결과 보헤미아의 프로테스탄트들은 혹심한 박해하에 보헤미아와 모라비아에 숨어서 겨우 생명을 유지하였다. 1722년 그중 일부가 색슨지방에 피난왔을 때 진젠돌프(Zinzendorf) 백작은 그의 영지 베텔스돌프(Berthelsdolf)에 그들을 받아들였고 그들은 이곳을 헤룬훗(Herrnhut)이라 명명하고 그 지방 풍습을 따라 장로들 중에서 사람을 택하여 자치제를 실시하였다. 진젠돌프는 색슨의 고관의 집에서 출생하여 경건파의 분위기에서 자라 할레의 프랑케의 페다고기움(Paedagogium)에서 교육을 받고 비텐베르크에서 법률을 공부한 후 일시 관직에 나갔다. 처음에 모라비아파 형제들이 피난왔을 때 별로 큰 관심을 가지지 않았으나 1727년부터는 사실상 그들의 영적 지도자가 되었다. 그는 이 무리들을 수도사의 서약과 독신(獨身)이 없는 수도원을 만들었다. 매일의 기도와 예배를 여행(勵行)했다. 1728년부터 청년 남녀들을 가정에서 분리시켜 엄격한 감독하에 신앙훈련을 시켰다. 아이들은 할레의 고아원을 본받아 부모에게서 떠나 훈련받았다. 심지어 결혼배우자 선택도 회중이 지도한다. 이러한 엄격한 간섭은 그 이상이 회중을 세상에서 분리시키면서도 그리스도의 왕국을 위하여 어디든지 일꾼을 보내려 했기 때문이다. 이러한 진젠돌프의 루터교 안에서의 교회 의도와 모라비안들의 독립교회 요구는 서로 맞지 않았으나 점점 분리주의자들이 주도권을 잡게 되었다. 자연 정통 루터파와 경건파도 그들의 특이성과 분리주의 까닭에 모라비아파를 반대하였다.

모라비안들은 열렬한 선교자들이었다. 덴마크 왕가와 협력하여 그린랜드와 데니쉬 웨스트 인디아에 선교사를 파송, 미국 조지아(Georgia), 펜실바니아(Pensylvania)에 선교사를 파송하였고 아메리칸 인디안들에게, 수리남(Surinam), 기아나(Guiana), 애굽, 남아프리카, 라브라돌(Labrador) 등지에 선교사를 파송하였다. 진젠돌프와 색슨 당국 사이에는 미묘한 관계가 전개되어 1736년 그는 추방당하여 서부독일 지방에서 활동하던 중 1737년 베를린에서 후쓰계 소교파인 보헤미안들의 감독 야블론스키(Jablonski)에게서 감독으로 안수받았다. 웨스트 인디아 제도에, 런던에, 미국 뉴욕에, 펜실바니아에, 다시 구라파에 진젠돌프는 지칠 줄 모르고 다니면서 활동하였다. 진젠돌프의 불호에도 불구하고 모라비안들은 점차 독립 교회로 나가 1745년 장로교적이기는 하나 감독, 장로, 집사직제를 가지는 교회제도를 채택, 프러시아 정부와 영국에서 완전한 독립 교회로 인정받았다. 그래도 진젠돌프는 색슨 루터파 연방 교회와의 관계를 그대로 유지하려고 교섭하여 1747년 색슨 당국은 그의 추방령을 취소하였고, 1748년 모라비안파는 아우크스부르크 신앙고백을 받아들이고, 1749년 색슨 교회의 일부로, 그러나 자유로운 교회 활동을 하게 되었다.

추방 중에 진젠돌프의 신학은 형성되었다. 근본적으로는 루터에 입각하면서 그와 다른 강조를 한 데 그의 특색이 있다. 즉 그리스도 중심이었다. 그에게 있어서는 오직 한 가지 소원밖에 없었다. 그것은 그리스도였다. 그리스도의 피와 상처를 그가 아무리 감격해도 다 감격못하는 바였다. 자연히 창조주시며 우리의 아버지이신 하나님은 배후에 숨어 빛이 희미해졌다. 삼위일체를 특이하게 해석하였다. 아버지와 어머니(성령), 그리고 형제, 작은 등불이라 불렀다. 성찬을 극히 귀중하게 여겼고 에베소서 5:32을 따라 결혼의 신비를 그리스도와 교회의 연합에 견주었다.

진젠돌프는 그 재산을 모두 다 모라비안 교회를 위하여 썼을 뿐만 아니라 많은 부채를 지고 파산하였다. 그가 세상 떠났을 때 교회는 이 부채를 책임졌고 또 그 후계자로는 미국 모라비안의 책임자였던 스팡겐부르크(A. G. Spangenberg)가 피선되었다. 그는 진젠돌프 같은 천재나 열심은 없었으나 그만 못지 않은 경건과 실제적인 능력과 조직적인 재능을 가졌기 때문에 모라비안 교회는 건실하게 발전하였다.

경건파와 계몽주의는 다같이 재난의 1648년 이후에 자라난 자들이었다. 따라서 많은 차이와 대립에도 불구하고 개인주의적이라는 공통된 특색을 가지고 있었고 또 경건파의 교리에 대한 무관심은 독일에서의 계몽주의의 승리의 바탕이 되었을 뿐만 아니라 또 그 일부는 계몽주의로 넘어가고 말았다.

3. 메도디스트운동

18세기 영국 교회 특히 국교는 차마 볼 수 없을 정도로 부패 타락하였다. 상류사회는 부도덕과 불신앙이 지배하였고, 시민들은 인습적으로 교회출석이나 하고 하류 노동자들의 세계에는 무서울 정도로 죄악이 날뛰고 있어 엄벌로서 겨우 다스리는 형편이었다. 이러한 맥빠진 교회에 영적으로 큰 부흥을 가져올 뿐만 아니라 사회도덕을 갱신한 자들이 웨슬리(John and Charles Wesley) 형제와 횟필드(G. Whitefield)와 그들이 일으킨 메도디스트운동이다.

1729년 웨슬리 형제는 옥스포드대학에서 신앙운동 그룹을 조직하였고 후에 횟필드가 여기에 가담하였다. 1735년 웨슬리 형제는 조지아에 선교사로 가면서 항해 도중 폭풍을 만났을 때 조금도 동요를 모르는 모라비안들의 신앙 태도에 깊은 인상을 받았고, 사바나(Savana)에 도착했을 때 모라비안 선교사 스팡겐부르크에게서 "그대는 예수 그리스도를 아는가" 하는 곤란한 질문을 받았다. "나는 그가 세상을 구원하신 구주임을 안다." 스팡겐부르크가 다시 질문을 하였다. "사실이다. 그러나 그가 또한 그대를 구원하신 것을 아는가?" 조지아에서 맹렬히 선교 활동을 했음에도 불구하고 실패한 그들은 다시 영국으로 돌아와 찰스는 1738년 5월 21일, 존은 5월 24일 수요일 밤 집회에 루터의 로마서 강해 서문을 듣는 도중 그렇게도 갈망하던 구원을 체험하였다. 헤른훗(Hernhut)에서 진젠돌프와 2주간 함께 있다가 돌아온 웨슬리와 횟필드는 설교자로 나섰으나 국교 신부들은 그들에게 강단을 거절하였다.

횟필드는 1739년 2월 17일 브리스톨(Brisstol)에서 처음으로 노천설교를 시도하여 굉장한 성공을 거두고 웨슬리를 초청하였다. 횟필드처럼 드라마틱(dramatic)한 힘은 없었지만 드물게 보는 대설교가였던 그는 마침내 이에 응하였다. 그는 잉글랜드, 스코틀랜드, 아일랜드 각지를 순회하면서 대부흥운동을 일으켰다. 또한 웨슬리는 특수한 조직의 능을 가진 사람이었다. 1739년 브리스톨에 첫 집회소(socety)를 세웠다. 그는 점점 모라비아파와 멀어졌다. 모라비안처럼 신비적이기에는 웨슬리는 너무도 활동적이었던 것이다. 그래도 그는 국교에서 독립할 의사는 조금도 없었다. 그러므로 그는 교회가 아니라 집회소를 세웠던 것이다. 집회소의 수는 나날이 늘어갔다. 안수받은 설교자를 원했으나 국교는 아주 냉담하였다. 웨슬리는 런던과 브리스톨의 모든 집회소를 찾아다녔다. 너무도 거창해졌으므로 1744년 런던에 첫 연회(anual conference)를 개최하였다. 2년 후에는 순회 구역을 나누어 순회 전도자와 주재 설교자들을 두고 각 구역마다 감리사(superintendent)를 두었다. 그는 또한 출판물을 각 전도자(lay preacher)들에게 보내어 그들의 수준을 높이는 동시에 설교도 도왔다.

웨슬리의 신학은 국교와 별로 다를 것 없으나 두 가지 점에서 특색이 있었다. 하나는 그리스도인의 완전에 대한 신앙이다. 신앙생활의 근본 동기, 즉 하나님과 이웃에 대한 사랑에 있어서는 죄에서 완전히 해방될 수 있다고 믿었다. 그러나 이것도 목표이지 성취는 아니었다. 또 하나는 예정론에 관해 그는 알미니안이었다. 예정론은 도덕적 향상 노력을 마비시킨다고 보았기 때문에 칼빈주의를 증오하였다.

메도디스트운동은 미국에서도 활발히 전개되었다. 그러므로 그는 1771년 애스버리(F. Asbury)와 그외 설교자들을 파송하였다. 이들은 다 평신도 설교자들이었다. 독립전쟁 후 미국의 메도디즘은 영국에서 독립하였다. 성례문제가 긴급했기 때문에 더이상 국교에서의 안수를 기다릴 수 없어 웨슬리는 토마스 콕(Thomas Coke)과 함께 이들을 안수하였다. 미국에서 메도디즘은 위대한 발전을 하였다. 메도디즘운동은 계몽주의와 특히 프랑스 대혁명의 광신적이고도 잔인한 반기독교 운동에 대한 일대 반격이었다. 이 위대한 부흥운동은 병든 사회를 구원할 뿐만 아니라 기독교 문서운동에도 굉장한 박차를 가하여 1804년 대영성서공회가 창설되었고, 19세기 외국 선교운동에도 큰 동력이 되었다. 또한 메도디스트운동의 결과로 자선 활동이 성행하였고, 1834년에 의회에서는 노예제도폐지를 통과시켰다.

제 21 장
신교의 신학

근대 프로테스탄트 신학은 독일에서 많이 발전하였다. 이것은 다른 어느 나라보다도 독일 대학들이 학문의 자유를 가지고 있었기 때문이다. 학자들은 다른 신학자들의 글을 연구하고 그 위에 혹은 그를 반대하여 자기의 사상을 수립 발전시켰기 때문에 신학의 방향은 직선적으로가 아니라 괘종시계의 추의 움직임 같았다.

근대 프로테스탄트 신학은 쉴라이에르마허(F. D. E. Schleiermacher)에서 출발한다. 그는 모라비안 신앙 분위기에 자라나서 대학 시절에 칸트, 아리스토텔레스, 플라톤, 그리고 낭만주의(romanticism)의 영향을 많이 받았다. 1799년 「종교론」을, 1821~1822년 「신앙론」을 썼다. 그는 정통주의와 합리주의를 다 배척하였다. 양자 다 종교를 본질적으로 지적인 체계와 행동에 대한 외적 권위의 수락으로 보았던 것이다. 그는 감정의 세계가 종교의 영역이라 보았다. 종교란 절대 의속(依屬)의 감정이다. 그는 의식적으로 교의학(Dogmatik)을 취급하지 않고 신앙론을 다루었다. 교의학은 신에 대한 기독교적인 교리를 서술하는 것이나, 신앙론은 기독교적인 경험한 감정상태를 다룬다. 그것은 형이상학도 사변도 아니다. 그것은 내적체험의 서술이다. 그의 신학은 그리스도 중심의 신학이었다. "모든 것은 나사렛 예수를 통하여 이루어진 구속에 관계되었다." 그러나 그것은 전통적인 의미의 그리스도는 아니었다. "구속이란 구속자의 강력한 하나님 의식에 대한 신앙을 받아들이는 것이다." 그리스도는 전통적인 의미에서의 신인(God-Man)이 아니었던 것이다. 그는 처녀 탄생, 부활, 승천 같은 교리를 배격하였다. 그의 신학은 하나님의 계시에서가 아니라 사람의 종교적 감정에서 출발한 것이기 때문이다.

19세기에 쉴라이에르마허의 신앙의식의 신학을 에어랑겐(Erlangen) 학파가 그 출발점으로 삼았다. 이 학파의 대표적인 호프만(J.C.K. Hofmann)은 옛 진리를 새로운 방법으로 가르치려 하였다. 따라서 그는 신학을 이 시대의 두 방향인 역사적 면과 심리적 면을 연결시켰다. 성서는 무시간적인 교리서가 아니라 역사적이고 유기적인 책이다. 구약과 신약성서의 예언과 성취에서 하나님은 인간에 대한 구속의 경륜을 이루신다. 그러나 그는 여기에다 쉴라이에르마허의 신앙체험을 더 부가하였다. 신학이란 중생 체험의 서술인 것이다.

자유주의와 보수주의를 조정하는 조정파도 쉴라이에르마허의 영향을 받아 그리스도를 향하는 따뜻한 감정을 말하나 또한 성서 영감론과 설화에 대한 비판도 받아들였다. 가장 이름난 자의 중 하나가 유대인 교회사가 네안더(J. A. Neander)이다. 1826년 그는 유명한 「기독교사」를 출판했으나 그 완성은 보지 못하였다. 그는 언제나 "마음이 신학자를 만든다."라고 즐겨 말했다. 라인홀드 제베르크(R. Seeberg)도 이 학파에 속하는 자로 그 까닭에 그는 에어랑겐에서 베를린으로 옮겼다. 그의 주저 「교리사」는 하르낙(Harnack)보다는 독창적이 아니나 교회를 위한 사용가치는 그보다 훨씬 앞선다.

그러나 다대수의 목사들은 쉴라이에르마허보다는 루터파 보수주의를 수호하는 고백신학을 따라왔다. 가장 영향을 준 자가 베를린 교수 헹스텐베르크(E. W. Hengstenberg)이다. 이들은 성서의 문자적인 영감과 종교 개혁시대 루터의 신앙교리를 그대로 믿고 또 그 부흥을 노력하던 자들이다. 18세기에 이들 중에서 경건과 실제생활에 있어서 이름난 이들이 배출했으나 신학적인 면에서는 별로 뛰어난 이들이 없었다.
  성서주의자들도 보수주의자들이다. 원칙적으로 철학을 거부한다. 칸트, 헤겔, 쉘링도 철학적 유신론, 기독교 세계관도 윤리관도 또 성서를 넘어서는 철학의 영향을 받은 교의적 발전도 다 거부한다. 루터파와 칼빈파의 신앙고백 차이에도 무관심하고 로마의 교리도 그 불충분한 성서적 기초 까닭에 반대한다. 이들은 쉴라이에르마허의 주관신학도 부정하고 성서를 객관적 기준으로 삼는다. 가장 독창적인 자가 튜빙겐의 베크이다(T. Beck of Tubingen). 그는 그의 「기독교 신앙론」에서 말한다. "모든 진정한 기독교 지식은 본질적으로 배타적으로 성서에 있다. 성서에 주어지지 않은 어떠한 것도 종교의 세계에 있어서 기독교 지식을 위하여 객관적으로 아무 의미도 가지지 못한다." 그는 또한 성서와 계시를 동일시하였다. 이 파에서 키텔(Kittel)과 기타 인사들이 편찬한 유명한 「신약성서 사전」이 1922년 이래 출판되었다. 주목할 만한 사실은 헤겔(Hegel)의 영향하에 새로운 역사적 비판주의가 성서 신학과 교회사에 적용되었다. 역사는 정신의 발전과정이라는 사상이다. 그러나 스트라우스(D. F. Straus)는 신과 사람이 역사적인 한 개인 예수에게서 하나라는 사상을 거부하였다. 그는 「예수의 생애」(Leben Jesu, Kritisch bearbeitet, 1835)에서 복음사의 이적은 원시 교회의 전설적인 신화(myth)라고 이해해야 한다. 그는 교회에 대하여 중요한 질문을 던졌다. 교회가 무의식적으로 신비에 싸인 그리스도를 창작했든지 반대로 그리스도가 교회의 기본적인 원천이든지 둘 중 하나다. 그는 전자라고 보았다. 그러나 여기에 그의 기본적인 잘못이 있었다.
  튜빙겐 학파의 바울(F. C. Baur)은 헤겔의 변증법을 적용하여 원시교회는 베드로적 기독교와 바울적 기독교의 대립이 있었고 이를 종합한 것이 고(古)가톨릭 교회라 하였다. 계시록은 유대적이니 초기의 글이요, 로마서, 갈라디아서, 고린도 전서는 바울적이요, 그 외의 책들은 투쟁이 없으니 후기의 것이다. 마태는 유대적이니 가장 오래되고, 누가는 마가를 다시 기록한 것 같고, 마가는 충돌을 감추려 하니 그후의 글이요, 요한복음은 2세기 논쟁을 보여 주니 신약성서의 대부분은 2세기의 기록이라 보았다. 바울의 잘못은 헤겔의 역사 이론이란 미리 마련된 틀에다 원시 교회를 억지로 맞춰 넣어 사실 아닌 베드로적 기독교와 바울적 기독교의 대립을 사실화한 데 있다.

19세기 후반에 교회의 신앙과 과학적 역사학 연구를 종합하고 자유주의와 칸트의 도덕 가치를 신학의 정신으로 삼아 가장 큰 영향을 준 자가 리츨(A. Ritschl)이다. 튜빙겐에서 바울에게 배웠으나 떠났다. 주저「기독교의 칭의와 화해의 교리」에서 칸트의 도덕적 감정이야말로 실제적인 확실성의 기초라 하였다. 절대적인 지식을 거부하는 동시에 쉴라이에르마허의 종교감정이 신앙확신의 기초이기는 하나 그래도 그것은 쉴라이에르마허처럼 개인적인 감정이 아니라 교회 전체의 심성이다. 그러나 종교적 감정 또는 의식은 추상적인 사변 지식이 되어서는 안 되고 어디까지나 실제적인 것, 다시 말하면 하나님과 사람 사이의 실제적 관계, 즉 죄와 구원의 관계이어야 한다. 기독교는 단일한 점을 중심으로 한 원이 아니라 두 점을 싸고 도는 타원형의 종교이다. 하나는 개인과 하나님의 관계 칭의와 화해요, 다른 하나는 하나님 나라이다. 기독교는 구속자이면서 하나님 나라의 건설자이신 그리스도의 생활에 기초했으며, 하나님의 자녀의 자유를 누리며 사랑의 동기에서 행동하는 인류의 도덕적인 건설을 목표로 하는 종교이다. 리츨은 루터의 종교로 돌아간다고 하면서도 루터의 복음주의 신앙을 떠났다. 그의 종교는 철두철미 윤리적 종교에 떨어지고 말았다. 리츨은 따로 그의 학파를 만들지 않았으나 그의 제자 중 가장 중요한 자가 헬만(W. Hermann)과 하르낙(A. Harnack)이다. 전자는 말부르히(Marbury)의 자유주의 신학의 기수요, 후자는 베를린의 교회사가의 왕자였다. 그의 주저는「교리사」요, 그의「기독교의 본질」은 자유주의 신학을 서술한 명저이다.

리츨은 유대교와의 관계를 제외한 모든 다른 관련을 제외해 버렸다. 이러한 기독교의 고립에 불만을 품은 사람 중 하나가 괴팅겐(Gottingen)의 리츨의 동료 라가드(P. de Lagarde)이다. 그는 말한다.

신학은 역사적 학이지 철학적 학이 아니다. 그러므로 기독교의 연구는 비교종교의 방법이어야 한다. 이러한 새로운 연구방법의 영향하에 성서학 분야에 소위 고등비평이 적용되었다. 벨하우젠(J. Wellhausen), 군켈(H. Gunkel)은 구약에, 브레데(Wrede), 부셋(Bousset)은 신약에 적용하였다. 그러나 얼마 안 가서 이 종교사학파는 그들이 말하는 주창이 종교적 기초로서 불충분하다는 것을 알기 시작하였다. 신앙도 역사도 어느 것도 그들의 주창에서 만족을 얻을 수가 없었다. 신약 문서적 근거에서 역사적 예수를 규명한다는 것은 불가능한 일이었고 또 신앙이 단순한 역사적 존재에만 만족할 수도 없었다. 신앙의 본질은 언제나 현재적으로 존재하는 실재와의 관계를 요구하고 있었기 때문이다. 자연히 이 학파는 역사와 사적 예수에서부터 종교철학과 인간의 이성에 뿌리박은 종교적 상징에 그 관심을 옮길 수밖에 없었다. 가장 대표적인 자가 트뢸치(E. Troeltsch)이다. 그는 리츨의 제자였으나 그를 떠나 종교의 형이상학적 근거의 필요성을 느껴 헤겔 학파에 들어갔다. 인간의 마음의 구조를 생각할 때 종교의 합리적 아 프리오리(a priori)를 말할 수밖에 없었다. 비상한 노력을 기울여 기독교의 절대성을 검토하였다. 기독교는 역사적 종교다. 그러나 그것은 절대성을 요구한다. 역사는 그 형태와 사상에 있어서 언제나 발전하고 변모한다. 그러므로 역사적인 것은 절대적일 수는 없다. 역사적인 것과 상대적인 것은 동일하다. 뿐만 아니라 역사적인 것은 인과의 법칙의 제약을 받는다. 기독교도 예외일 수는 없다. 물론 오늘까지 기독교는 최고의 종교이다. 그래도 이것은 객관적인 과학적인 기준에 의한 평가가 아니라 개인적 주관에 의한 확신일 뿐이다. 종교란 언제나 개인의 확신이다. 이래서 트뢸치는 구속자 신인(God-Man)에 대한 신앙 대신에 인간의 진화론적인 발전을 내세웠다.

  1차 대전 이후에도 역사 비판적인 신학 방향이 계속되었다. 디벨리우스(M. Dibelius)와 불트만(R. Bultmann)에 의하여 양식사적 연구 방법이 신약성서에 적용되었다. 4복음서의 그리스도의 생애와 교훈은 단편적인 구전(oral tradition)으로 내려오던 것을 교훈과 선교의 목적으로 편찬하였기 때문에 기자의 의도와 견해에 의해 각색된 것이다. 따라서 문서의 형태 양식을 역사적으로 비판적으로 연구하여 그 이전의 그리스도를 찾아야 한다. 그러나 이러한 연구 노력은 회의주의에 기울어진 수밖에 없었다. 신약 문서 사료를 학적으로 연구하여 역사적 예수를 정확하게 파악하기가 불가능했던 것이다. 따라서 자유주의자들의 역사적 예수상은 무너지고 말았다.

하르낙 이후 교회사와 교리사의 연구는 장족의 발전을 하게 되었다. 홀(K. Holl)과 그 추종자들을 통하여 새로운 관점을 찾았다. 그는 그의 무게 있는 고대 교회사 연구와 아울러 루터 연구에 신기원을 이룩하였다. 이른바 루터 르네상스를 불러일으켰다. 루터의 종교는 그의 신관에 의하여 규정된 철두철미 양심의 종교이다. 이로써 홀은 리츨의 루터상을 완전히 부서 버렸던 것이다. 그의 이러한 연구는 또한 조직신학에도 영향을 주어 튜빙겐의 칼 하임(K. Heim)은 현대 회의주의를 몰아내고 그 자리에 신앙을 심기에 힘썼다.

그래도 대전 후 신학의 방향을 근본적으로 바꾼 것은 칼 바르트와 그의 동료들(E. Thurneysen, E. Brunner, F. Gogarten)의 신학운동이다. 쉴라이에르마허, 리츨, 트뢸치 등 자유주의 신학은 버리운 바 되었다. 그렇다고 해서 그들이 방법론적 원리로서의 자유주의를 내버린 것은 아니다. 그들은 계속 편견이 없는 과학적인 연구 방법으로 진정한 복음주의 신학을 추구했던 것이다. 이러한 운동의 거인이 바르트였다. 바젤에서 독일계의 서서인의 가정에서 나서(1886) 베른, 베를린, 튜빙겐, 말부르히에서 교육받고 1차 대전 중에 제네바와 사펜빌(Safenwil)에서 목회하였고, 튜빙겐, 뮌스터(Munster), 본(Bonn)에서 가르치다가 1934년 나치 정책에 항거하고 추방당하여 바젤에서 가르쳤다. 사펜빌에서 목회 중 1918년 그의 유명한 「로마서 강해」가 나왔고 제2판이 1921년에 나왔다.

이때까지 신학자들의 문제는 기독교와 현대의 세계관을 어떻게 결부시킬 것인가, 어떻게 신앙과 역사를 결부시키며, 기독교의 메시지와 그와 맞서는 일반 종교의식(意識)을 결부시키며, 기독교를 일반 종교사에 유기적으로 맺어지게 할 수 있는가 하는 문제였다. 바르트는 사람과 하나님 사이의 그릇된 매듭을 풀어 버리고 근본적으로 문제 자체를 취급하였다. 모든 인간적인 견해와 이데올로기와 프로그램과 종교적 개념에서 심지어는 교회의 이데올로기에서까지도 복음을 해방시켰다. 왜냐하면 이러한 것들은 다 신학과 교회의 실제에 있어서 생긴 욕구였지 살아 계신 하나님의 말씀이 아니었기 때문이다. 종교에서 사람은 하나님이 아니라 사람 그 자신을 추구했던 것이다. 바르트의 신학을 변증법적 신학이라 한다. 그것은 사람은 하나님의 진리를 오직 제언과 대언(提言, 對言)에서만 서술할 수 있기 때문이다. 하나님은 주시며 아버지시요, 의로우시며 긍휼하시고 가까우시며 멀리 계시고 숨겨지셨으며 나타나신 이시지 어느 하나의 인간의 말로 신에 대한 개념을 표시할 수 없다. 그의 신학을 또한 위기신학이라 한다. 그러나 그것은 역사적 시간적인 위기가 아니라 하나님 앞에 어느 때고 사람은 선다는 의미에서 위기다. 합리주의자들은 위기의식을 무시해 버렸고, 19세기 루터파 고백신학에 있어서 그것은 극복된 위기라 가볍게 보았다. 그러나 극복되었다면 하나님에 의해서만 극복되었을 뿐이다.

사람은 언제나 떨며 두려워하며 하나님의 사죄의 말씀을 들어야 한다. 바르트는「로마서 강해」제2판에서 하르낙-트뢸치 신학의 상대주의(relativism)를 극복하는 데 목적을 두었다. 종교사학파의 방법으로는 정확하게 예수의 생애와 사적을 밝힐 수 없음이 드러났다. 이 딜레마의 해결을 헬만 교수는 심리주의, 다시 말하면 예수의 내적 생활 체험에서 해결하려 했고, 보수주의자들은 비평학과 성서의 최종성(finality)의 타협으로 메워 보려 했다. 바르트는 계시와 구속은 역사와 심리학의 영역을 완전히 초월한 것이라고 주창하였다. 바울과 플라톤이 손을 맞잡을 수 있음을 확신한 그는 변증법을 방법론적으로만 보지 않고 이제는 형이상학적인 실체로 보았다. 우주적 이원론이「로마서 강해」제2판의 기조(基調)가 된 것이다. "하나님은 하늘에 계시고 나는 땅 위에 있다." 절대자는 인간이 도달할 수 없는 자이다. 역사적 사실이란 하늘에 대한 비유 외에 아무것도 아니다. 무엇보다도 바르트의 신학은 말씀의 신학이다. 하나님이 말씀하셨다. 그러므로 우리도 하나님에게 관하여 말한다. 신학은 인간의 의견이 아니라 하나님의 말씀의 해명이다. 사변이 아니며 경건한 종교 감정의 기술이 아니라 말씀의 해명이다. 그의 유명한 교의학 초판이 나왔을 때 그것은 '기독교적' 교의학으로 되었다. 제2판이 나왔을 때는 '교회적' 교의학으로 바뀌었다. 바르트는 신학이 아무 제약이 없는 자유로운 학문이 아니라 교회의 영역에 속한 학문임을 강조하려 했던 것이다. 그는 또한 철학이 계시신학에 참여함을 부정하였다. 말씀이 교의학의 유일한 표준이다. 바르트는 말씀을 삼중적으로 보았다. 설교의 말씀, 성서로서의 말씀, 계시된 말씀으로 그 내용인즉 예수 그리스도 임마누엘 하나님이 우리와 함께 계시다이다. 로고스에서 '숨겨진 하나님'은 '계시된 하나님'이 된다. 여기 삼위일체론의 뿌리가 있다. 그러나 바르트는 로고스, 하나님의 말씀과 사람의 말의 동일화를 거부하였다. 이런 의미에서 그는 성서의 무오를 부정하였다. 비평이 성서와 신학에서의 위치를 인정하였다. 바르트는 또한 하나님은 그의 말씀에서만 자기를 계시하신다는 입장에서 강력히 가톨릭 자연신학과 아울러 프로테스탄트의 종교적 아 프리오리를 거절하였다. 부룬너와의 자연 신학에 관한 논쟁은 이러한 경위에서 일어난 것이다.

  바르트는 신학을 이성의 세계에 국한시켰고 구속론과 동일화시켰다. 시간과 영원의 관계를 신비적인 비역사적인 개념으로 보아 죄가 개인적인 행위라기보다 차라리 일종의 숙명적인 것으로 보았다. 바르트와 많은 점에서 다른 이가 틸리히(P. Tillich)이다. 나치즘에 반대하여 1933년 미국에 와서 뉴욕 유니온신학교에서 교수하여 철학적인 질문에 신학적인 대답으로 이성과 신앙의 결합을 시도한 그의 철학적 신학은 많은 영향을 미국 신학계에 끼쳤다. 미국에서 바르트의 영향을 받아 자유주의 신학을 배격하고 사회윤리의 신학적 기초를 제공한 자가 라인홀드 니버(R. Niebuhr)이다. 그의 「인간의 본성과 운명」(The Nature and Destiny of Man)은 이러한 면에서 가장 중요한 저서이다.

 스웨덴에서 룬드(Lund)를 중심으로 하고 바르트의 영향을 받아 19세기 쉴라이에르마허로부터 하르낙에 이르기까지의 자유주의 신학을 반박한 신학자들이 아울렌(G. Aulen)과 니그렌(A. Nygren)이다. 그래도 그들은 바르트처럼 극단적으로 이성과 자연 신학을 배척하지 않았다. 그들은 고대 교회 신학자들에게로 돌아가 이른바 고전적 기독교를 회복하기에 힘썼다. 아울렌의 '승리자 예수'는 이레네우스(Irenaeus)의 속죄론의 재발견이요, 니그렌의 '아가페와 에로스'는 플라톤적 이상적이나 이기적인 동기에서 출발한 에로스에 대조하여 전적으로 자기 희생적인 하나님의 사랑(아가페)을 강조하였다.

제 22 장
다시 전진하는 로마 가톨릭 교회

　1789년 프랑스 대혁명이 일어나기까지 로마 가톨릭 교회의 세력은 표면적으로 꽤 강한 것 같았지만 사실상으로는 침체하였다. 가톨릭 군주들과 제후들은 무능한 교황의 손에서 교회를 빼앗아 민족적 교회를 형성하기에 힘썼다. 프랑스에서 갈리카니즘(Gallikanism), 독일에서 페브로니아니즘(Febronianism), 오스트리아에서 조세피즘(Josephism) 등은 이를 말한다. 계몽주의운동은 또한 교황청의 오른팔 같은 제스윗 교단에 대하여 심각한 적개심을 일으켰다. 이리하여 제스윗 교단은 포루트칼에서 1759년 추방을 당하고 프랑스, 스페인, 나폴리, 시실리, 팔마에서 추방당하고 불본 왕조의 압력으로 마침내 클레멘트 14세는 1773년 제스윗 교단의 해체를 명하였다. 보다 더 심각한 타격은 프랑스 대혁명이었다. 혁명정부에 의하여 교회는 마침내 폐쇄되고 모든 재산은 몰수당하였다. 그후 나폴레온과 협정을 맺고, 1801년 프랑스 교회는 재생되었지만 그의 치세하에 교황국은 두 번이나 폐지되고 교황은 유폐당했던 것이다.
　나폴레온 몰락 후 유럽에는 계몽주의와 프랑스 대혁명에 대한 반동이 일어났다. 비엔나에서 열렸던 평화회의에서 오스트리아의 메텔니히(Metternich)의 주도하에 모든 자유주의적인 경향은 탄압되고 복고

(復古) 정신으로 휩쓸렸다. 1814년 5월 비오 7세(Pius Ⅶ)는 프랑스 포로 생활에서 로마로 돌아왔다. 1814년 제스윗 교단은 부활하여 그 후부터 지금까지 가장 강력한 가톨릭의 교회의 기둥이 되었다. 1815년 교황국은 부활하였다. 교황권의 재흥기는 인류의 구원은 교황권의 강화에 기대할 수밖에 없다는 의식은 울트라몬타니즘(Ultramontanism)에 그 근거가 있었다. 낭만주의와 자유주의에 대한 정치적인 반동이 교황청으로 하여금 이러한 길로 걷게 했던 것이다. 프랑스에서 낭만주의자 샤토부리앙(Chateaubriand)이 사람들의 마음을 교회로 향하게 했고, 조셉 드 마이스터(Joseph de Maistre) 같은 가톨릭 정치가가 새로운 혁명의 참화에서 민중을 구할 수 있는 유일한 길이 교황권의 강화라고 가르쳤던 것이다.

그러나 교황권의 찬란한 확장은 전구라파적 대혁명을 불러일으켰던 1848년 2월 파리 혁명 이후부터다. 그때부터 제스윗 교단의 세력은 가톨릭 교회를 지배하고 말았다. 비오 9세는 처음에는 자유주의적인 경향이 있었으나 제스윗의 영향으로 극단적인 반동으로 돌아섰다. 1854년 그는 마리아 무죄임신 교리(마리아에게서 원죄를 벗겨 주기 위하여 그 어머니가 마리아를 죄없이 임신했다는 교리)를 제정하였다. 1864년 현대 정치와 문화 생활 중에서 80가지의 오류(誤謬)를 정죄하는 실라부스(syllabus)를 발표하였고, 1870년 제1차 바디칸회의에서 교황이 그 직위에 있는 한(excathedra) 신앙과 행위에 있어서 무오하다는 교황무오 교리를 제정하였다.

이리하여 교황은 성서와 전승 위에 군림하는 절대의 권위를 차지하게 되었다. 그러나 정치적으로는 교황국의 전망은 아주 흔들려 갔다. 1859년 이래 살디니아(Sardinia)의 왕 빅톨 엠마누엘 2세(Victor Emmanuel Ⅱ)는 그 재상 카불(C. Carvour)과 함께 이태리의 통일을 힘써 1860년 교황국의 대부분을 병합하였고, 1870년 로마를 점령하였다. 1871년 이태리 정부는 교황에게 군왕의 특권과 자유로운 외교권 바티칸 소유권 라테란(Lateran), 카스텔 간돌포(Castel Gandolfo) 별장을 주었다. 그러나 비오 9세는 이에 항의하여 엠마누엘을 파문에 처하고 스스로 '바티칸의 수인'(囚人)이라 선언하였다.
 그후 1929년 뭇솔리니(Mussolini)와 협정을 맺어 바티칸 교황국이 부활하기까지 로마 교황은 교황령의 상실을 인정하지 않았다. 그러나 교회적으로 볼 때 교황국의 폐합은 오히려 덕이 되었다. 교황에 대한 동정심을 분발시켜 세계 모든 가톨릭 교도로부터의 재정적 후원은 잃어버린 것을 메꾸고도 남음이 있었다. 그것은 잘못된 세속정치에 대한 관심으로부터 교황의 마음을 신앙적, 교회적인 데 전적으로 돌리게 하여 교황의 도덕적인 특권을 높이기도 한 것이다.
 비오 9세를 이은 자가 유능한 레오 13세이다. 그는 계속 교황국의 복구를 힘썼다. 노자(勞資) 관계와 노동자의 이해에 깊은 관심을 가지고 그에 대한 의의있는 사회정책을 수립하였다. 유명한 그의 교서 (Rerum novarum, 1891)는 사회정의에 대한 많은 관심을 불러일으켰다. 그는 사회, 경제, 자선, 정치적인 목적을 달성하기 위한 성직이 주도하는 가톨릭 조직체 형성을 위해 힘썼다. 그는 또한 성서연구를 권장하였고, 토마스 아퀴나스를 로마 가톨릭 교회 신학의 표준이라 선언하였다. 그는 바티칸 도서관을 공개하여 역사연구에 기여하였고, 동방 교회와의 재연합을 힘썼으나 성공회는 인정하지 않았다(1896).
 19세기에 로마 교회는 선교운동에 또한 많은 힘을 기울였다. 주로 프랑스가 그 역할을 담당하였다. 수도사들과 신부들이 선교사로 갔고 새로운 선교 교단들이 창설되었다. 레오가 외교에 유능한 데 비하여 비오 10세는 전세계를 그의 교구로 보살핀 아주 교회적인 교황이었다. 비록 정치적으로는 실패했지만(프랑스에서는 1905년, 포루트칼에서는 1911년 교회와 국가가 분리되었다.) 교회내의 개혁에는 많이 힘썼다. 현대주의 역사비판, 성서비판, 진화론의 영향은 로마 교회에도 적지 아니한 파문을 일으켰다. 비오 10세는 1907년 교서(Lamentabili)와 회칙(Pascendi)에서 65조의 현대주의를 정죄하는 오류요목(誤謬要目)을 발표하여 금지시켰다. 1950년 11월 1일 교황 비오 12세는 '마리아 육체 승천 교리'를 선포하였고, 1962년 요한 23세는 교회의 재일치를 위한 제 2바티칸회의를 개최하였다.

제 23 장
동방 정통 교회

589년 제 3 톨레도(Toledo) 회의에서 삼위일체론에 있어서 성령의 출연 문제로 틈이 난 동·서방 교회는 9세기 콘스탄티노플 대감독 선출 문제와 얼킨 불가리아 지배권을 가지고 더욱 벌어지다가 1054년 교황 레오 9세가 콘스탄티노플 대감독 미카엘 세룰라리우스(Michael Cerularius)를 성 소피아 성당에서 파문한 후 완전히 결렬되고 말았다. 이슬람 침략하에 쇠약과 수비적인 입장에 처해 있는 동방 제국과 밀접한 관계를 가지고 있던 동방 교회는 보수 정통주의 수호자로 자처하여 4~7세기간에 결정된 교리를 사수하고 이와 다른 새로운 운동이 나오면 정통 신앙에서의 이탈로 보아 위험시하였다.

이러한 분위기와 환경에서는 창조적인 학문 활동을 기대할 수 없을 뿐만 아니라 교회생활은 예배의식에만 치중하게 되고 다소 수도원이 활발한 운동을 했다고 해도 그것도 기도와 명상, 은둔적인 상태에 떨어져 교회 구원이나 사회 갱신 같은 역사 활동과는 거리가 멀었던 것이다. 더욱이 제 4차 십자군의 콘스탄티노플 점령은 동방 교회를 다시 일어날 수 없을 정도로 타격을 주었기 때문에 (1453) 동방 제국이 털크에 멸망되었을 때 교회의 대부분을 빼앗기고 러시아의 교회를 제외하고는 질식상태에서 허덕이고 있었다. 19세기에 와서 그리스의 독립 전쟁(1821-1829) 이후에야 발칸 종족들이 털크의 멍에를 비로소 벗어버리고 점차적으로 자립국가를 형성하였고 그와 함께 자립 교회(외인의 지배를 받지 않고 자국인의 감독이 지배하는 교회)가 서게 되었다. 1829년 그리스가, 1878년 루마니아, 세르비아, 불가리아가 콘스탄티노플에서 독립하였다. 러시아의 교회는 1589년 이래 콘스탄티노플 대감독에서부터 독립하였으나 1721년 피터(Peter) 대제는 대감독제를 폐지하고 그 대신 성회(Holy synod)를 세우고 교회를 그 지배하에 두었다.

그러나 1917년 볼세비키 혁명이 일어나자 국가와 교회는 완전히 분리되고(1918. 1. 1) 교회는 극심한 탄압 아래 경우 연명하였으나 나치스 독일의 침략에서 국가를 구하기 위하여 스탈린이 민족정신과 종교심에 호소한 이후부터 약간 형세가 나아가기 시작하였다.

제 24 장

신교의 세계 선교

 종교개혁 시대 스페인, 포루트칼 같은 가톨릭 국가들 특히 제스윗 교단 같은 강력한 선교 단체들이 신대륙 아세아 등지에 활발한 선교 운동을 전개하고 있었음에도 불구하고 개혁자들은 별로 이에 대한 관심을 보여 주지 않았다. 이것은 가톨릭에서 탈취한 그들의 자반을 굳게 해야 하기 때문에 선교 문제에 손을 댈 여유가 없었던 것이 사실이나 보다 더 그들의 정신적 자세가 더 중요한 이유이기도 했다. 루터는 말세가 임박했음에 반하여 색슨 복음주의 교회는 너무도 미약함을 느껴 처음부터 선교운동을 포기하고 말았고, 쯔빙글리는 하나님의 예정한 자들은 이교도들이라 해도 구원얻는다고 보았고, 칼빈은 하나님의 나라는 사람의 손으로 이룩하는 것이 아니라고 보았다. 온 천하에 복음을 전하라는 명령은 원시 교회 사도들에게 국한한 것이라고 보았기 때문에 그들은 선교운동에는 눈도 돌리지 않았던 것이다.

 개혁 시대 처음으로 선교의식을 강조한 자가 사라비아(A. Saravia)이다. 그는 '주님에 의하여 제정된 성직들에 대하여'(1590)에서 세계 선교의 사명을 역설하고 그것을 위한 기관을 설치할 것을 강조하였다. 그후 퀘이커 창설자 조지 폭스가 선교운동을 역설하였고 실제로 선교운동에 나섰던 자가 루터란 유스티니안 본 벨츠(Justinian von

Weltz) 남작이었다. 벨츠의 글과 선교운동에 감화받고 선교를 강조한 자가 경건파를 창설한 야고보 슈페너였고, 철학자 라이브니쯔(Leibnitz)는 중국에서 활동하는 제스윗 선교사를 만나고서는 열심히 선교를 역설하였고 그의 감화를 받아 헬만 프랑케는 덴마크 왕실과 협력하여 '덴마크-인도 선교회'를 창설하였다. 그러나 근대 선교사상 모라비안파처럼 위대한 선교 업적을 남긴 교회가 별로 없다. 선교 사업을 시작한 지 20년내에 이 교회는 앵글리칸이나 다른 어느 프로테스탄트들이 2세기간에 걸쳐 한 선교의 실적보다도 더 큰 일을 하였다. 그들의 놀라운 성공은 세계의 복음화야말로 그리스도인에게 지워진 가장 긴급한 의무요 책임이라 의식하였고, 또 이 사명은 교인이면 누구나 다 져야 할 의무로 알고 실행하였기 때문이다. 18세기 말부터 특히 19세기에 와서 교회 역사상 일찍이 볼 수 없었던 신교의 세계 선교운동이 전개되었다. 과학의 발전으로 기독교는 거의 모든 면에서 영향력을 잃어버려 가는 이 세기에 이처럼 세계 구석구석에까지 침투해 들어가는 선교운동은 그야말로 경이적인 사실이 아니라 할 수 없다.

신교의 선교가 이렇게 범세계적으로 전개된 이유로서 19세기 전반을 걸친 평화와 번영, 경제적, 정치적, 자유주의와 상업의 확장, 문화의 발전, 무엇보다도 신앙의 각성, 대부흥운동 등이었다. 독일에서는 경건파, 모라비아파의 신앙운동이, 영국에서는 웨슬리의 부흥운동, 미국에서는 대각성(Great awakening)운동, 메도디스트, 뱁티스트 부흥운동이 세계 선교의 소명의식을 충일케 했던 것이다. 거의 유럽의 모든 신교 특히 영국, 미국의 신교가 인적으로 물질적으로 이 위대한 과업을 감당하였다. 로마 가톨릭 국가에서는 국가의 뒷받침으로 선교를 했으나 신교에서는 개별적으로 수없이 일어나는 선교 단체들이 교인들의 자발적인 헌금과 헌신으로 하였다.

1. 저 북방 얼음산과 또 대양 산호섬
   저 남방 모든 나라 수많은 백성들

큰 죄악 범한 민족 다 구원얻으려
    참빛을 받은 우리 곧 오라 부른다.
 2. 주 은혜받은 우리 큰 책임 잊고서
    주 예수 참된 구원 전하지 않으랴.
    온 세상 모든 백성 참구원 얻도록
    온 몸과 재산드려 이 복음 전하자.
 3. 만왕의 왕된 예수 이 세상 오셔서
    만백성 구속하니 참구주시로다.
    저 부는 바람따라 이 소식 퍼치고
    저 바다 물결 좇아 이 복음 전하세." (Reginald Heber 작)

 이것은 이 시대 선교의 정신을 그리스도인의 마음속에 영원히 새겨준 찬송이다.

제 25 장
한국의 교회

1. 천주교의 한국 전교

처음 우리 나라에 들어온 것은 천주교였다. 선교사를 통하여서가 아니라 중국과 일본을 통하여 간접적으로 들어왔다. 1592년 임진왜란 때 제스윗파 세스페데스(Gregorio de Cespedes)가 고니시 유끼나가(小西行長)의 군종 신부로 한국에 와서 약 1년간 체재하면서 주로 침략 왜군들 사이에 전교하다가 일본으로 돌아갔다. 그가 직접 한국인들에게 전교한 사실은 별로 있는 것 같지 않다.

그후 병자호란 후 소현세자(紹顯世子)가 인질로 심양(深陽-奉天)을 거쳐 북경에 가서 제스윗 신부 아담 샬(Adam Schall)을 만나 그로부터 서양의 신학문과 기독교에 접하게 되었다. 그 무렵 마테오릿치(Matthiew Ricci)가 지은 교리서 「천주실의」(天主實義) 2권이 그외 여러 과학 서적과 함께 북경에 들어갔던 동지사(冬至使)들의 손을 통하여 들어왔다. 처음에는 실각한 남인파 학자들이 학문연구의 입장에서 서학(천주교)을 연구하다가 차츰 실천 철학으로 받아지게 되어 마침내 종교로 믿게 되었다. 이러한 자들 중에 이벽(李檗), 권철신 형제(權哲身, 權日身), 이가환(李家煥), 정약전 삼형제(丁若銓, 丁若鍾, 丁若鏞),

이승훈(李承薰) 등이 있었다. 경기도 광주와 양근 지방을 중심으로 하고 교리연구를 하고 있었으나 차츰 그 교리가 조선 전래의 풍습과 차이가 있음을 느끼고 그 해결을 모색하다가 정조(正祖) 7년(1783) 동지사 일행을 따라 이승훈이 북경에 들어가서 남당(南黨~天主敎)에서 세례받고 교리서 십자고상(十字苦像), 성화, 묵주 등을 가지고 돌아와 연구하던 중 먼저 이벽이 믿고 그의 전도로 위의 여러 사람들이 믿게 되었다. 그들은 북경에서 본 대로 교회 제도를 세워 권일신을 주교로 이승훈 등 몇 사람을 신부로 세워 신앙생활을 하다가 그들이 세운 성직 제도에 회의를 품고 다음에 북경으로 가는 사신들 편에 묻게 하였다. 당시 북경 주재 구베아(Alexander de Gouvea) 주교는 그 부당성을 지적하면서 세례 외의 성례를 행할 수 없음을 말하고 또한 조상숭배가 신앙생활에 어긋남을 가르쳤다. 1791년 전라도 양반 윤지충(尹持忠)이 모친상을 당하여 신주를 불사르고 제사를 지내지 않았기 때문에 핍박이 일어났다. 윤지충과 권상연(權尙然)은 순교하고, 이승훈은 교회를 버렸고 이벽, 권일신도 배교하였다. 정조(正祖)는 탕평책(蕩平策)을 써서 정치적 모략이 다분히 있는 극단적 핍박을 피하려 했으나 그래도 많은 사람들이 순교하였고 서양 서적은 불살라 버렸다.

구베아 주교의 지시에 의하여 성직 제도를 해제한 후 교회는 교회 행정과 성례 문제로 북경 주교에게로 신부를 보내 줄 것을 요청하였다. 그 결과로 1794년 중국인 신부 주문모(周文謨)가 서울에 왔으나 배교한 밀고자 때문에 3년간 귀부인 교우의 집에 숨어 있었다. 박해가 더욱 심하여지므로 그는 교우들을 구할 요량으로 자수했으나 1801년 숨겨 준 부인과 함께 서소문 밖에서 순교하였다. 이것이 신유(辛酉)박해다. 이때에 황사영(黃嗣永)이 북경 주교에게 로마 교황이 군대를 파송하여 조선을 정복하면 신교의 자유를 얻을 것이라는 백서(帛書)를 보냈으나 도중에 발각되어 그는 홍주(洪州)에서 목베임을 당하였고 이를 계기로 하여 1810, 1815, 1819, 1826년 큰 핍박이 일어났다. 1832년 샴(Siam)에서 선교하던 브루기에레(B. Brugiere)가 자진하여 한국 선교사로 임명되어 오다가 만주에서 병사하고 대신 중국에서 선교하던 모방(P. Maubant)이 임명되어 1835년 최초로 서울에 들어온 서양 신부가 되었다. 1년 후 샤스땅(Chastan) 신부가, 1837년에는 앵베르(Imbert) 주교가 입국하였다. 그러나 1839년 기해년(己亥年)에 대박해가 일어나 이들은 자수하고 순교하였다. 파리 외방 전교회에서는 다시 페레올(Ferreol)과 매스뜨르(Maistre) 신부를 한국 선교사로 임명하였다. 이들은 마카오 신학교에서 공부하던 한국인 김대건(金大建) 신부와 합하여 훈춘(渾春)으로부터 입국하려다 실패하고 상해에서 해로로 1845년 경우 김대건과 페레올 주교가 서해안에 상륙하였다. 다음 해 매스뜨르 신부를 입국시키려 배를 서해로 띄우다가 김대건이 체포되어 순교하고 대박해가 일어났다. 1862년 고종이 위에 오르고 대원군이 섭정이 되어 극단적인 쇄국정책을 취하였다. 1866년 다시 박해가 일어났다. 신부들은 많은 신자들과 함께 순교하였고 그 중 세 사람만 피했다. 그 중의 한 사람인 리델(Ridel) 신부가 탈출하여 바닷길로 중국에 가서 천진에서 프랑스 함대장 로스(Roze)를 만나 소식을 전하였다. 프랑스 함대는 강화도에 와서 신부들을 살해한 데 대한 배상을 요구했으나 별로 성과를 거두지 못하고 물러갈 수밖에 없었다. 대원군은 더욱더 쇄국정책을 강화하고 핍박을 계속하였다.

돌아보건대 천주교의 한국 선교는 피로 물든 역사로 일관하였다. 그러나 이러한 핍박에도 불구하고 신부들과 교도들은 영웅적인 신앙과 희생적인 정신을 유감없이 발휘하였다. 그러나 왜 핍박이 있어야 했던가! 거기에는 또한 이유가 있을 수밖에 없었다. 천주교는 정치에서 실각한 남인들 사이에서 일어나게 되었다. 자연히 정적들은 그들의 신앙운동을 단순히 종교적으로만 보게 되지 않았다. 조상숭배 거부 문제는 유교를 국교로 삼은 한국인의 눈에는 부도덕한 사교로 여기지 않을 수 없었다. 겸하여 황사영 같은 이들은 프랑스의 세력을 빌어 굴욕적인 개국을 강요하려고 하였다. 종교적으로도 천주교는 구원의 진리를 갈망하는 교도들에게 성서가 아니라 봉건적인 교회 제도와 교리를 가져왔을 뿐이었다. 핍박이 있는 것은 자연스런 일이었다.

2. 신교의 한국 선교

최초의 신교 선교사로 한국을 찾아온 이는 독일 태생으로 경건파의 중심지인 할레(Halle)에서 교육받고 네덜란드 선교회에서 파송받아 바타비아에서 선교하던 구츠라프(Carl Gutzlaff)이다. 그러나 그는 1828년 화란 선교회와 손을 끊고 샴(Siam)에 옮겨 왔고 다시 떠나 마카오에 와서 중국에 온 첫 신교 선교사 모리슨(R. Morrison)의 친구가 되고 1832년 동인도 회사의 파송으로 통상을 위한 북중국 해안 지역 개항 조사원의 통역으로 산동 지방에 왔다. 이들은 황해를 건너 한국 장산곶 근방 도서에 왔고 남하하여 충청도 금강(錦江) 입구에 상륙하여 조선 정부에 통상을 교섭하였으나 실패하고 돌아갔다.

그동안 구츠라프는 모리슨에게서 많은 한문 성서를 가지고 와서 우리 민족에게 뿌렸다. 그후 33년 만에 중국에 선교하던 토마스(R. J. Thomas)가 산동성 지푸(芝罘)에 주재하고 있던 스코틀랜드 성서회 지배인 윌리암슨(A. Williamson)의 집에서 대원군의 핍박을 피하여 온 천주교 신자들에게서 한국의 사정을 듣고 한국에 오기로 결심하고, 1865년 옹진(甕津) 근방 여러 섬에서 약 2개월 반을 지나면서 성서를 반포하다가 돌아갔다. 다시 이듬해 1866년 미국 상선 제너랄 셔만(General Sherman)호를 타고 대동강을 거슬러 평양까지 올라왔으나 이를 막는 관군에게 배는 불살라지고 토마스 목사는 성서를 뿌리다가 순교하였다. 그의 순교 1주년인 1867년 9월 9일 윌리암슨은 한국 개척 선교를 위한 만주 전도 여행을 하여 고려문(高麗門)에 와서 한국인들을 접촉하고 성서를 뿌렸다. 한편 만주 우장(牛莊)에 와서 선교하던 스코틀랜드 일치 자유 교회 선교사 존 로스(John Ross)와 매부 매킨타이어(J. Macintyre)도 한국 선교의 길을 열어 보려고 노력하였다. 1874년 고려문에서 의주 청년학자 이응찬(李應贊), 백홍준(白鴻俊), 이성하(李成夏)를 만났고 그 중 이응찬은 어학교사가 되어 함께 우장으로 갔다. 그후 남은 세 사람도 이들의 어학교사가 되어 함께 일하면서 세례를 받고 성서번역을 시작하여 1880년에 요한, 누가복음을 번역하고 그후 남은 두 복음과 사도행전을 번역하였다. 이 무렵 의주 출신 서상륜(徐相崙)이 이들과 함께 하고 1881년 세례를 받았다. 이들은 스코틀랜드 성서공회의 도움으로 인쇄소를 설치하고 1887년에 신약성서 전부를 「예수성교전서」라는 이름으로 3,000부를 출판하였다. 이보다 앞서 백홍준은 번역된 복음서를 가지고 서간도 지역 한국인들에게 전도하였고, 1884년 로스, 매킨타이어 목사는 동만주 지방을 순회하면서 거기 있는 신자 75인에게 세례를 주었다. 다시 로스 목사는 서상륜에게 성경을 주어 한국에 들어가게 하였다. 의주에 온 서상륜은 그후 아우 경조(景祚)와 함께 황해도 송천(松川-소래)으로 이사하였다. 1884년 로스 목사는 이성하에게 복음서와 사도행전을 주어 의주에 돌아가 전도하게 하는 한편 서상륜 형제에게 보내는 편지를 부쳤고, 복음서 6,000권을 인천 세관 고문 몰렌돌프(Mollendorf)에게 선편으로 보내어 서상륜에게 전하게 하였다.

한편 일본에는 한국인 유학생들이 와 있었다. 이들은 도쿄에서 기독교에 접하였다. 그들 중 대원군의 쇄국정책을 싫어하여 망명한 이수정(李樹廷)은 농학계의 권위인 쯔다(津田仙) 박사의 집에서 족자로 걸어둔 산상보훈에 감명을 받고 교회에 들어와 미국장로교 선교사 녹스(G. W. Knox), 감리교 선교사 매클레이(R. S. Maclay)의 지도를 받다가 1883년 세례를 받았다. 그리고 일본 주재 미국 성서공회 총무 루미스(Loomis)의 요청을 받고 한문 성서와 일문 성서를 참작하여 1884년 마가복음을 번역하는 동시에 한국 선교를 미국 교회에 요청하였다. 그는 또한 장차 올 선교사들을 돕기 위하여 한문 기독교 소책자들을 번역하였고, 한국인들의 풍속습관에 관한 글들을 썼다. 스코틀랜드 성서공회는 1883년 일본인 나가사까(長坂)를 대리인으로 한국에 파송하였고, 1884년 요꼬하마(橫濱) 주재 오스틴 탐슨(Ostin Thomson) 부부가 두 일인 매서인을 데리고 한국에 왔다. 대영 성서공회도 또한 1882년 한국에서 사업을 착수하여 로스 목사의 누가복음을 간행하고, 1884년에는 그의 사복음서와 사도행전을, 1887년에는 그의 전 신약성서를 출판하였고 또한 서상륜을 매서인으로 삼아 전도

사업을 하게 하였다.

1874년 고종 황제가 친정하게 되고 대원군은 물러섰다. 오래 정권을 누리려고 아내의 조카딸 고독한 민씨를 며느리로 맞아들였던 것이 도리어 그 손에서 물러났다. 세력을 잡은 민씨 일파는 쇄국정책을 버리고 1876년 일본과 우호통상 조약을 맺었다. 그래도 그들은 내정개혁을 힘쓰지 않았기 때문에 개화파들의 불만을 사게 되고 이것을 이용하여 일본은 그 세력을 부식하려고 하자, 민씨 일파는 청국의 후원을 요청하였다. 1882년 군대 개편에 불만을 품은 군인들이 13개월이나 밀린 급료로 주는 양곡이 품질불량에다가 양도 적어 대원군이 부채질로 난을 일으켰다. 민비는 피신하고 대원군은 재집권하였다. 그러나 민씨 일파의 요청으로 들어온 청군들에게 납치된 대원군은 3년간 청국 보정부(保定府)에 유폐되었고 민비는 다시 돌아왔다. 이 군란 틈에 공사관을 피습당한 일본은 제물포조약을 맺어 호위군대를 서울에 주둔케 되니 1894년 청일전쟁은 이러한 정세하에 터지게 되었다.

구미 각국 중 한국과 조약을 맨 처음 맺은 나라가 미국이다. 1880년 슈펠트(Shufeldt) 제독이 일본 외무성을 통하여 한국과 조약을 체결하려 했으나 일본이 미온적인 태도를 취하고 있었다. 이 기미를 알아 채린 청국 이홍장(李鴻章)이 미일 친선이 당시 중국을 위협하던 청국과 러시아의 전쟁이 일어난 경우 청국에 불리할 것을 염려하여 재빨리 슈펠트 제독을 천진에 초청하여 그의 주선으로 1882년 한미 통상조약이 체결되었다. 그러나 이 조약문에는 종교 문제에 대한 기록이 없었다. 아직도 신교의 자유가 허락되지 않았던 것이다. 그후 2~3년내 영국, 독일, 노르웨이, 이태리 등 열강과 통상조약을 맺게 되었다.

이렇게 외국과의 조약이 체결되자 최초로 한국 선교의 문호를 연 이가 의사 알렌(H. N. Allen) 박사이다. 그는 본래 중국에 선교사로 파송되었으나 거기서 적당한 자리를 찾지 못하던 중 한국 주재 미국 공사관 공의로 1884년 서울에 온 후 뒤이어 영국, 청국, 일본 영사관의 공의도 되었다. 때마침 민씨 일파의 보수당과 대결하던 김옥균, 서광범, 서재필, 박영호 등의 개화당이 1884년 12월 4일 우정국(郵政局) 신축 낙성연에서 정변을 일으켰다. 중상을 입은 민영익을 한의들이 고치지 못할 때 알렌 의사가 3개월간 정성을 다하여 그의 생명을 건졌고 그것을 계기로 하여 그는 고종 황제의 어의가 되었고, 정부는 그의 요청대로 광혜원(廣惠院)이라는 병원을 세웠다. 병원 개원 닷새 전인 1885년 4월 5일 부활절 아침에 북장로교 선교사 언더우드(H. G. Underwood)와 북감리교 선교사 아펜셀러(H. G. Appenzeller) 부부가 인천에 상륙하였다. 본래 언더우드는 뉴브룬스윅(New Brunsuick)신학교 학생이었고, 아펜셀러는 드류(Drew)신학교 학생이었다. 이들은 1883년 10월 할트포드(Hartford)에서 열렸던 신학교연합회에 참석했을 때 새로 개국한 한국 선교를 위한 호소를 듣고 언더우드는 인도 선교 지망을 바꾸어 한국으로, 아펜셀러는 일본 지망을 바꾸어 한국으로 오게 되었던 것이다. 언더우드는 오기 전 1년간 의학연구를 했기 때문에 오자마자 알렌 박사와 함께 의학생들에게 화학과 물리를 가르치는 한편 고아들을 모아 알렌 부인과 함께 가르치고 있었으나 아펜셀러 부부는 당시 한국 정세가 여자가 있기 어려워 부득이 일본으로 돌아가 때를 기다리게 되었고 대신 일본까지 함께 왔던 스크랜튼(W. B. Scranton) 박사가 의료 선교사로 나와 광혜원에서 알렌 박사와 함께 일하다가 후에 감리교 병원을 따로 세웠다. 1885년 8월 배재학당을, 1886년 스크랜튼 박사의 모친 스크랜튼 부인(Mary F. Scranton)이 이화학당을 세웠고, 언더우드가 1886년 봄 지금의 경신 중·고등학교와 연세대학교의 모체인 고아원을 세웠다. 그리고 이 고아원 학교에서 정신여학교가 태어났다.

1890년까지 한국에 온 선교 단체가 별로 많지 않았다. 그러나 그후부터 각 선교 단체들이 들어오기 시작하였다. 1890년 영국 성공회가 들어왔다. 본래는 한국에 와 있는 영국인들의 신앙생활을 위하여서이나 차츰 한국인에게 복음을 전하게 되었다. 1889년 10월 호주 빅토리아(Victoria)장로교 선교사 데이비스 남매(J. H. Davis, M. T. Davis)가 들어와 선교지를 물색하다가 천연두와 폐렴에 걸려 헨리 데이비스가 죽은 데 자극받아 호주에서 여러 선교사들이 와서 부산을 근거지로 선교활동을 하였다. 1891년 9월 안식년으로 미국에 간 언더우드가 맥코믹(McCormik)신학교에서 한국 선교를 호소, 동년 10월 네쉬빌(Nashville)에 모였던 신학교연합회에서 언더우드와 당시 반더빌트(Vandervilt)대학 유학생이던 윤치호(尹致昊)의 호소로 남장로교 선교부에서 1892년 레이놀드(W. D. Reynolds) 등 7인의 선교사를 파송하기로 결정하였다. 1889년 토론토(Toronto)대학 YMCA선교사로 게일(J. S. Gale)이 와서 선교하다가 후에 북장로교 선교부에 가담하였고, 의사 하디(R. A. Hardie) 부부가 또한 내한하여 선교하다가 1898년 남감리교 선교부에 가담하였다. 캐나다에서 펜윅(M. C. Fenwick)이 독립 선교사로 1889년에 내한했다가 1893년 미국에 가서 선교회를 조직하고 다시 1896년 한국에 왔다. 1893년 10월 캐나다에서 매켄지(W. J. Mackenzie)가 와서 송천에서 독립 선교사로 활동하다가 병사한 후 캐나다 장로교에서 한국 선교를 결정하고 그리얼슨(R. Grierson) 의사 부부, 마그래(D. McRae), 푸트(W. R. Foote) 부부를 1898년에 파송하였다. 1895년 보스톤(Boston)침례교 엘라 딩 기념선교회(Ella Thing Memorial Mission)에서 한국 선교를 시작했으나 후에 자금난으로 펜윅에게 그 선교지를 이양하였다. 남감리교의 한국 선교는 윤치호의 호소에 의하여 1895년 상해에 있던 리드(C. F. Reid)와 감독 핸드릭스(E. A. Hendrix)가 한국을 시찰하고 다음 해 리드가 송도를 중심으로 한국 선교를 개척하였다.

작은 나라에 여러 선교 단체가 들어오게 되고 보니 마찰을 피하고 공동의 사업을 하기 위하여는 선교 구역의 조정이 불가피하게 되었다. 1889년 북장로교 선교부와 호주 선교부가 이에 합의하여 낙동강 이북은 북장로교가, 이남은 호주 선교부가 맡기로 하였고 후에 남장로교 선교부도 여기에 호응하여 전라도를, 그 이외의 구역은 북장로교가, 또 캐나다 선교부가 와서는 함경도를 맡기로 하였다. 1892년 북장로교와 북감리교 사이에 선교 구역을 조정하여 인구 5,000명 이상의 도시는 양교파가 다 선교하고 그보다 작은 도시는 먼저 시작한 교파가 맡도록 하였고, 남감리교는 중부와 서부 지방에서 선교하기로 하였다. 이 협동정신은 1903~1907년 대부흥운동을 계기로 하여 더욱 발휘되어 1905년 북장로교와 북감리교가 평안북도에서 태천(泰川), 영변(寧邊), 박천(博川)의 반분은 후자가, 그 나머지는 전자가 맡기로 했고, 1906년에는 평안남도에서는 구역을 확정, 1907년에는 남감리교와 북장로교가 합의하여 강원도 북부 3분의 2와 서울, 이북, 경기도 지방은 남감리교가, 강원도 남부의 3분의 1과 서울 동부와 서부의 남감리교 구역은 북장로교가 맡기로 하였다. 1908년에는 남감리교와 캐나다 장로교가 합의하여 원산 이남은 남감리교가, 그 외의 함경도는 캐나다 선교부가 맡기로 하고 충청북도는 북장로교, 충청남도는 북감리교, 전라도는 남장로교, 경상남도는 호주 선교부, 그 외는 북장로교가 맡기로 조성하였다. 처음부터 신교 선교사들은 자립 교회를 목표로 한 선교 정책과 방법을 채용하였다. 1896년 6월 장로교 선교부는 네비어스(John Nevius-중국주재 선교사)의 정책 방법을 채택하였다. (1) 직장에 그대로 있어 충실하게 생업을 유지하면서 이웃에게 그리스도를 증거케 하고 (2) 교회 운영의 방침으로는 개체 교회가 스스로 책임질 수 있는 범위 안에서 유지하고 (3) 우수한 인물을 선정하여 교회가 경제적인 책임을 지고 양성하여 전도자가 되게 하고 (4) 교회 건축은 교우들이 책임지고 자력으로 그들의 정도에 맞도록 고유한 양식으로 짓게 한다.

이러한 기본 정책과 방침에 입각하여 1893년 선교사 공의회에서 채택한 정책과 법은 노동자 계급에서부터 시작하여 상류 계급으로 전도를 전개하고, 부녀자들 교육에 힘쓰고 가능한 한 각 교회는 그들의 자녀를 교육하기 위하여 교회학교를 경영하도록 하고, 성서를 번역 출판하여 널리 보급하고 종교문서 서적을 순 한글로 쓰도록 하고, 의료사업을 통하여 선교의 문호를 더욱 개방하도록 하였다.

이리하여 선교부는 그 맡은 구역마다 병원을 세워 중요한 전도의 방편을 삼았다. 이러한 기관 중 가장 중요한 것이 어비슨(O. R. Avison) 박사가 중심 활동한 세브란스병원을 모체로 하여 세운 세브란스 의학전문학교는 근대 한국 의료사업과 의학교육에 찬연한 공헌을 하였다. 또한 교회는 가능한 한 소학교를 경영하였고 선교부는 중요한 도시마다 중등교육을 위한 학교를 세웠고, 평양에다가 최초로 기독교대학인 숭실대학을, 서울에는 이화여자전문학교, 연희전문학교를 세워 인재를 양성하였고, 교역자 양성기관으로 평양에 장로회신학교(1901), 서울에 남북감리교가 연합하여 협성신학교를 세웠다(1908). 로스 번역 성서나 이수정 번역 성서가 다 오역이 많으므로 성서번역위원회를 구성하여 1900년 신약성서가, 1910년에는 구약성서가 번역되어 출판되었다. 불행히도 아펜셀러 목사가 번역위원회에 참석하러 목포에 가는 도중 1902년 파선하여 익사하고 말았다. 이 외에 선교 방법으로 순회전도와 노방 가두 전도와 사랑방을 이용한 개인 전도 등이 사용되었다.

3. 교회조직과 발전

선교사들은 기독교에 대한 금교령이 풀리지 않았기 때문에 직접적인 전도에 손을 못댔고 이미 당국의 양해를 얻었음에도 불구하고 그들끼리의 예배드리는 것도 무척 신중을 기하였다. 이리해서 그들의 최초의 주일예배도 1885년에 가서야 시작하였다. 그러면서도 전도의 문이 열리기를 기도했던 것이다. 최초의 한국인 신자는 알렌 의사의 어학선생 노도사(盧道士)였다. 그는 기독교를 알 목적으로 알렌 의사의 어학선생이 되어 그 책상에서 한문 마가복음과 누가복음을 보고 가져다 읽고 다음 날 언더우드를 찾아가서 가르침을 받고 다시 더 다른 복음서와 주석과 교리서를 가져다 읽고 세례받기를 원하였다. 이리하여 순교의 위험을 각오하고 1886년 7월 11일 세례받았다.

점점 당국의 태도가 완화되자 선교사들은 노방전도를 시작하였다. 1887년 9월 12일 서울에서 최초의 장로교회인 새문안교회가 창립되었다. 봉천에서 한국 선교를 위하여 많은 공헌을 한 로스 선교사가 이 예배에 참석한 것은 참으로 기념할 만한 일이었다. 서상륜, 서경

조가 최초의 장로로 안수되었다. 그러나 새문안교회보다 앞서 한국에 최초로 선 곳은 황해도 송천이다. 서상륜 형제가 여기 와서 열심으로 전도하여 1885년 교회를 세우고, 1883년 언더우드를 찾아와서 이 사실을 보고하고 세례주기를 간청하였다. 다음 해 봄, 네 사람이 서울에 올라와서 세례 문답하고 그 중 세 사람에게 국법을 무릅쓰는 신앙의 각오를 다짐받고 세례를 주고 가을에 언더우드는 소래에 가서 7인에게 세례를 주었다.

한편 아펜셀러는 1886년 부활주일에 일본인 한 사람에게 세례를 주었고, 다시 1887년 배재학당에 다니던 두 학생에게 세례를 주었으며, 11월 9일에는 베델 기도실에서 한국인들을 위한 최초의 감리교 예배를 드렸다. 정동교회는 이렇게 시작되었다. 1888년 1월 이화학당에서 처음으로 지방회가 조직되어 감리교 운영방침을 세웠다. 선교 초기에는 주로 서울, 인천, 부산 등 도시를 중심으로 활동하던 선교사들은 선교 구역의 탐색과 확장을 위하여 각지로 순회여행에 나섰다. 1887년 가을 언더우드가 송도, 송천, 평양, 의주를 여행하였고, 1888년 봄 언더우드 아펜셀러가 평양까지, 같은 해 아펜셀러와 존스는 원주 대구 부산등지를, 또 아펜셀러는 북쪽 국경지대까지 여행하였다.

1889년 봄, 언더우는 신혼여행을 겸하여 송도, 송천, 평양, 강계, 의주를 여행하고 세례받기 원하는 이들 33인을 데리고 만주쪽 압록강 상에서 세례를 주었고, 1891년 마펫(S. A. Moffet)과 게일(J. S. Gale) 목사는 평양, 의주, 봉천에 가서 로스를 만나고 동만주로 가서 고려촌을 방문하고, 함경도를 거쳐 서울에 왔고, 그후 충청도와 전라도를 순회하면서 전도하였다. 그중 평양은 가장 중요한 곳으로 마펫 목사는 1893년 가을, 여기에 정주하여 22명의 학생을 모아 성경과 교리를 가르쳤고, 1894년 1월 28일 그 중 7인에게 세례주고 성찬식을 거하였다. 그후 감리교 홀(W. J. Hall) 박사가 평양에 와서 의료선교를 시작하였다. 평양을 중심으로 한 장로교 선교운동은 의주, 선천, 용천 등지로 뻗어 활발하게 진행되었고 감리교도 영변, 원산 등지에서, 캐나다 선교부는 원산, 성진, 함흥 등지에서 활발한 교회운동을 하였다.
 이렇게 선교 활동으로 각지에 교회가 서고 대발전하던 중 1907년 한국 교회 역사에 있어서 영원히 기념할 만한 대부흥운동이 평양에서 일어났다. 그러나 그 시초는 1903년 감리교 선교사들이 원산에서 가졌던 사경회에 있었다. 토론토대학 선교부의 파송으로 온 하디(R. A. Hardie) 선교사가 자신의 선교 활동이 지지부진한 데 고민하면서 기도하던 중 성령의 역사를 충만히 받았다. 다음해 모인 원산 집회는 더욱더 은혜로웠고 이러한 소식을 들은 평양 선교사들이 1906년 하디 목사를 청하여 은혜를 나누었다. 그후 뉴욕에서 존슨(H. A. Johnson) 목사가 평양에 와서 인도와 웰스에서 일어난 대부흥운동을 전하였다. 은혜를 갈망하는 교인들의 기도는 1907년 1월 사경회 때에 이루어졌다. 낮에는 성경공부, 밤에는 부흥전도 집회로 모였다. 이러한 어떤 날 밤 집회에서 성령의 대부흥 역사가 터진 것이다. 사람들이 다투어 기도함으로 사회하던 이길함(Graham Lee) 목사가 다같이 기도하자고 하였다. 이리하여 하나님께 매달리는 기도의 폭포소리는 천지를 진동하듯 했다. 그날 밤 받은 은혜는 이루 다 말할 수 없었다.
 "……사람들은 잇대어 일어나 자기들의 죄를 고백하고 소리를 내어 울며 마루바닥에 엎드려 주먹으로 마루장을 치며 과거에 지은 죄를 통회하였다. ……어떤 때는 한 사람이 일어나서 죄를 고백한 후에 온 회중이 소리를 내어 기도를 하는데 수백명이 이처럼 함께 기도할 때 받는 은혜는 참으로 놀라운 것이었다. 또 어떤 사람이 죄를 고백하고 나면 견딜 수 없는 심정으로 울음을 터뜨려 모든 사람이 다함께 울어서 울음바다를 이루기도 하였다."
 이처럼 죄를 고백하고 나면 울고 또한 기도를 하게 되니 시간이 가는 줄도 몰라 새벽 두 시까지 집회가 계속되는 일이 예사였다. 사경회가 끝난 후 참예했던 사람들마다 돌아가서 이 위대한 부흥 소식을 방방곡곡에 전하였다. 하디(Hardie), 남감리회 선교사 젤딘(J. L. Gerdine), 길선주(吉善宙) 목사는 각지에 다니면서 대부흥운동을 일으켰다. 부흥의 불길은 학교에도 번졌고 전국을 휩쓸었다. 이로 인하여 얼마나 많은 교인들이 교회에 들어와서 교세가 확장되었는지는 말할 수 없다. 부흥운동 이전부터 교세는 폭발적으로 대확장해 갔기 때문이다. 그러나 말할 수 있는 것은 부흥운동을 통하여 교회는 갱신되었고 신자들은 중생의 체험을 했다는 사실이다. 또 하나 말할 것은 부흥의 결과로 이때까지 어딘가 담이 막혔던 선교사들과 한국인 그리스도인들 사이에 보다 더 나은 이해를 할 수 있었다는 점이다. 우월감과 경원시(敬遠視)는 사라지는 대신 마음을 주고 받는 친교와 이해가 이루어졌던 것이다. 셋째는 부흥사경회가 이 운동을 계기로 하여 한국교회 생활의 영속적인 특색이 되었다는 점이다. 넷째는 이 운동을 계기로 하여 한국교회에는 연합정신이 두드러지게 드러났다. 각각 다른 교파를 배경으로 선교사들이 왔어도 그들은 하나의 한국 그리스도교회를 비록 세우지는 못했지만 세우려고 노력하게 되었고 장로교로 말하면 한 예수교장로회를 세웠다. 교육사업과 의료사업, 복음화 운동에 공동노력을 기울였다. 비록 큰 성과는 거두지 못했다 해도 백만명 구령운동도 그 좋은 예이다.

교회가 발전하게 되면서 자연히 문제되는 것은 조직체를 수립하는 것이다. 앞서 한국에 나와 있는 네 장로교 선교부는 하나의 장로교 설치할 목적으로 장로회 공의회를 설치하였다. 그들은 이미 말한 바대로 1901년 평양에 신학교를 세웠고, 1907년 7인의 첫 졸업생을 내게 되었다. 1907년 조선예수교장로회독로회가 조직되고, 선교사들은 본국 교단의 회원권을 그대로 가지면서도 새로 조직된 노회의 회원이 되어 첫 신학 졸업생들을 안수하였다. 그리고 웨스트민스터 소요리문답과 인도 장로교 신조에 입각한 12신조를 교리로 채용하였다. 선교에 주력하여 처음으로 안수받은 7인 중 하나인 이기풍(李基豊) 목사를 제주도로 파송하였고, 1909년 최관흘(崔寬屹)을 시베리아로, 한석진(韓錫晋)을 도쿄에 있는 한국 유학생들에게 파송하였다. 1912년 9월 1일 평양에서 비로소 총회가 조직되어 회장에 언더우드, 부회장에 길선주가 선출되었고, 노회수는 경기-충청, 남평안, 북평안, 황해, 전라, 경상, 함경 7노회였고, 회원은 목사 52, 장로 125, 선교사 44인이었다. 산동성에 선교사를 파송하기로 하고 박태로(朴泰魯), 사병순(史秉淳), 김영훈(金永勳) 목사와 그 가족들을 보내게 하였다.

한편 감리교에서는 1901년 5월 14일 김창식(金昌植), 김기범(金箕範)이 처음으로 안수받아 세례주며 결혼을 주례할 수 있는 자격을 부여받았다. 1905년 북감리교 연회를 조직하였고, 1908년 3월에는 조선선교년회가 조직되었고, 남감리교 선교년회가 1918년에 조직되었으나 두 감리교가 통합하여 자립적인 한국 감리교회를 형성하기는 1930년이었고, 초대 감독에는 양주삼(梁柱三) 목사가 피선되었다.

4. 수 난

1910년 8월 22일 한국은 침략 일본에 병합되었고 총독 데라우찌(寺內正毅)는 무단정책을 취하여 철저한 탄압을 가하였다. 그 본보기로 소위 데라우찌 암살 음모사건을 조작하였다. 아무리 선교사들이 정치 문제에 있어서 중립을 지키고 한국인 그리스도인들에게 대해서는 정치에 복종하라고 가르쳐도 그들은 그당시 교회의 배후에는 선교사들의 선동이 있는 것으로 보았고 따라서 교회는 어느 때고 간에 정치적인 세력으로 화할 수 있는 것으로 경계하였던 것이다. 1911년 10월 12일 무슨 일인지 이유도 모르게 경신중학교 학생 3명이 검거되었다. 2주일 후에는 교사 전부와 많은 학생들과 국민학교 교사 몇 사람이 검거되었다. 북한에서 많은 교회의 지도자들이 평양, 영변 등지에서 검거되었다. 1910년 12월 29일 데라우찌 총독이 선천을 지나가는 기회를 이용하여 암살하려고 했다는 것이었다. 기소된 125인 중 98명이 그리스도교인이었다. 혹독한 고문으로 자백받은 자백서 외에 아무것도 없었으나 서울에서 재판했을 때 음모사건은 기독교를 누르려는 조작극임이 드러났으나 기소된 자 중 105인이 유죄판결을 받았다. 상고하여 6명을 제외한 정원이 무죄 석방되었고, 복역하던 6명도 1915년 방면되었는데 그 중의 한 사람이 윤치호이다.

1911년 신교육령이 발표되었다. 보다 더 충성스러운 일본 백성을 만드는 것을 교육 이념으로 하였다. 1915년 다시 더 엄격한 교육령을 발표하여 사립학교는 총독부에서 제정한 교수요목을 따라야 할 것을 명하면서 10년 기한부로 학교를 신교육령에 맞추라고 하였다. 종교 교육과 예배가 인정되지 않았다. 감리교 경영의 여러 학교는 그래도 기독교적인 분위기에서 교육할 수 있다는 점을 고려하여 당국의 방책에 순응하여 고등보통학교가 되었으나 장로교에서는 성경을 가르칠 수 있는 기회를 더 끈질기게 모색하였다.

1919년 3·1운동이 터지자 무단정치는 물러가고 문화정치를 표방하는 사이또 미노류(齊藤實)가 총독으로 부임하였다. 교회도 총독과 교섭하여 결국은 성경을 가르치기로 하는 지정 학교로 인정받았다. 1918년 1차 대전이 끝나고 파리에서 평화회의가 열렸을 때 미국 윌슨(Wilson) 대통령이 약소민족 자결주의를 제창하였다. 이에 자극받은 한국 민족은 1919년 3월 1일 독립운동을 일으켰다. 기독교 16명, 천도교 15명, 불교 2명의 지도자 33인이 서명한 독립선언서를 정오에 명월관에서 낭독하고 오후 2시에 군중들은 파고다 공원에서 시위행열에 참가, 같은 시각에 전국 각지에 동일한 운동이 벌어졌다. 경찰이 그렇게도 경계를 심히 했음에도 불구하고 전국적으로 일어난 이 운동이 사전에 탄로되지 않았다는 사실과 그리스도인의 주창에 의하여 비폭력 무저항주의로 독립운동을 일으켰다는 점은 특기할 만한 사실이었다. 그러나 총독부 당국은 한 민족의 평화적인 독립운동을 총칼로 무자비하게 진압하였다. 수많은 사람들이 각처에서 피살되었고 검속되었고 혹독한 고문을 당하였다. 그런 사람들의 대부분이 기독교 신자들이었다. 이때 수원 제암리(堤岩里)에서는 교인 전부를 교회에 몰아넣고 불을 지른 후 뛰쳐나온 사람들을 칼로 찔러 죽인 무참한 일이 벌어졌다.

이와 같이 3·1운동은 정치적으로는 실패였다. 그러나 이 운동을 통하여 한국 민족의 기개는 만방에 빛났다. 그렇게도 당국이 이 사건을 묻어 두려고 했음에도 불구하고 그들의 잔인한 만행을 참아 볼 수 없었던 선교사들을 통하여 세계에 알려져 마침내 일본은 세계 여론에 굴복하여 무단정치를 버리고 사이또 미노루의 문화정치를 실시하게 되었다. 한편 종교의 정치에 대한 중립 표방으로 기독교인도 애국심이 있는가 의심받던 교회도 이 운동을 통하여 누구 못지 않게 애국적이라는 것이 드러나게 되어 이로 인하여 교회를 찾아오는 사람들이 부쩍 늘어났다.

1930년 일본은 대륙 침략의 제일보로 만주 사변을 일으켜 부의(傳儀)를 황제로 한 괴뢰 만주국을 세웠다. 1936년 노구교(盧構橋) 사건을 일으켜 본격적으로 중국 침략에 나섰다. 승리를 위하여 정신적인 통일이 필요하였고 이러한 정신적인 지주를 신도(神道)에서 찾았다. 신도란 일본 황족의 조상숭배와 다신숭배의 원시 자연종교가 혼합된 일본의 고유한 종교였다. 불교에 눌릴 뿐만 아니라 혼합되어 별로 그 본색조차 찾기 어려울 정도였으나 명치유신(明治維新) 때 이 신앙을 불교에서 분리 부활시켜 국가 종교로 삼았던 것인데 군국주의자들이 소위 성전을 승리로 이끌기 위한 정신적 지주로 이용하여 전국민 특히 식민지에 이 신앙을 강요하였던 것이다. 1935년 가을 평안남도 지사가 교육자 회의를 개최하였을 때 먼저 신사참배를 선언하였다. 여기 참예했던 숭실전문학교장 매큔(George S. McCune)과 숭의여학교장 스눅(Miss. V. L. Snook)이 이에 불응하자 6일간의 기한부로 이에 대한 태도를 결정하라고 한 데서부터 문제는 터졌다. 선교사들과 평양시내 교회 목사들이 상의한 후 교회측에서는 지사에게 신사참배를 거부하는 통고문을 보냈고, 매큔 박사와 스눅 양이 파직, 그리고 3개월 후에는 한국에서 추방당했다. 이를 계기로 하여 기독교 학교는 심각한 난관에 빠졌고 숭실전문, 숭실중학, 숭의여중 등 여러 학교는 폐교되었다. 오래지 않아 교회도 꼭 같은 문제로 진통을 겪게 되었다. 일본은 헌법에 보장된 신교의 자유를 거둘 수 없기 때문에 신도를 종교라 하지 않고 그것은 단순히 애국적인 국가 의식이라고 내세웠으나 "근본적으로 신도는 많은 신들의 상호협동을 믿는 신앙이다. 신사참배는 여러 종류의 신들을 통일하며 조화하는 것을 믿는 신앙이다."(Sckyo Ono, Shinto : The Kami Way ; p. 79) 한 것처럼 국가 의식 이상의 종교의식이었던 것이고 또 이 두 의식의 구별은 극히 모호하였던 것이다.

1938년 9월 평양에서 장로회 총회가 모였다. 두 주일 전부터 총회에 참석해야 할 총대들에게는 사전에 위협으로 신사참배 가결에 찬성표 던지기를 강요하였고 또 이를 피하려 참석을 안하려는 자들을 강요하여 기필코 참석케 하였다. 선교사들도 미리 호출하여 총회에서 발언하지 못하도록 했으나 방위량(W. N. Blair) 목사가 선교부를 대표하여 반대 의사를 표명하려 했으나 발언권을 제지당하였다. 회장은 부를 묻지 않은 몇 사람만의 찬성만으로 신사참배 가결을 선포하였다. 거부하던 수백명의 지도자들과 교인들은 투옥되었다.

미일 전쟁이 터진 후 교회에 대한 탄압을 갈수록 더 심해 갔다. 200여 교회가 폐쇄되었고, 2,000여 신자들이 옥에 갇혔으며, 50여 명의 순교자를 냈다. 그 중 가장 유명한 자가 평양 산정현교회 주기철(朱基澈) 목사였다. 1942년 각 교회를 통합하여 조선 기독교단을 만들었다. 1943년 성결교(1907년 시작), 안식교(1904년 시작), 동아 그리스도 교회가 재림, 심판, 말세 교리를 가르친다고 폐쇄당하였다. 1945년 8월 1일 교회를 일본 기독교단에 예속시켰고 그 수일 후 많은 지도자들이 구속되었다. 사후에 밝혀진 일이지만 이들은 8월 18일 사형하기로 되었던 것이나 그 사흘 전에 일본은 무조건 항복하였다. 해방 후 불행하게도 한국에는 38선이 생겼다. 남에는 미군이 진주하고, 북에는 소련군이 들어왔다. 교회는 어쩔 수 없이 허리가 잘린 채 각각 두 지역에서 각기 재건과 주어진 정치적 환경에서의 문제를 다루지 않으면 안 되게 되었다.

1945년 12월 북에서는 평양 장대현(章台峴)교회에서 5도 연합교회가 결성되었다. 나날이 강압적으로 나오는 소련 군정에 대비하여 교회의 생존을 대결하기 위하여서였다. 남북통일이 완성될 때까지 총회를 대행하며 신사참배의 죄를 통회하며 교직자는 2개월 근신하고 신학교를 직영하여 교역자를 양성하며 조국의 기독교화를 위하여 독립기념 전도회를 조직하는 것등을 결의하였다. 한편 이남에서는 1945년

9월 8일 새문안교회에 교단 남부대회가 소집되었다. 해방 전 교단 조직의 지도자들이 그대로 주저앉아 해외에서 돌아오는 정치 지도자들을 맞이하여 기독교적 민주국가를 세우려는 뒷받침을 할 의도가 작용한 것은 사실이나 감리교 대표자들이 감리교 복귀를 선언하고 장로교회에서도 복귀 재건을 의도하게 되어 남부대회는 아무 성과없이 해체되고 말았다. 그후 장로교에서는 1946년 6월 승동교회에 남부 총회가 열려 27회 총회 신사참배 결의를 취소하고 조선신학교를 남부총회에서 직영하기로 하였다. 감리교에서는 1946년 1월 14일 동대문교회에서 동, 서, 중 연합연회를 개최하고 교회의 재건을 결정하였다. 성결교도 1945년 11월 9일 서울에 총회를 개최하고 폐쇄되었던 교회를 재건하였고, 구세군은 거의 다 없어져 가는 교회를 재건하였고, 동아기독교도 재건하면서 미국 남침례 교회와 제휴하여 침례교로 재발족하였고, 안식교도 해방과 함께 재건하였다.

그러나 38선과 소련군의 북한 진주는 앞으로 있을 참담한 수난을 점치기 그리 어렵지 않았다. 윤하영, 한경직 목사를 중심으로 한 기독교 사회민주당 용암포 지부 결성식에서의 충돌을 계기로 한 신의주 학생사건(1945. 11. 23)에서 공산당은 무자비하게 기총소사를 하여 50여 명의 사상자를 냈고 교회마다 스파이를 침투시켜 박해의 기회를 엿보았다. 또 평양에서 김화식(金化湜) 목사를 중심으로 한 기독교 자유당이 통일정부 수립을 대비하여 결성되려고 할 때 그 전날인 1947년 11월 18일 내무서에 탐지되어 김화식 목사 이하 40여 명의 지도자들이 체포되어 옥사, 행방불명이 되었다. 1946년 교회는 3·1절 행사를 하려고 하였다. 내무서는 이를 중지시키려 했으나 강행했기 때문에 충돌하고 말았다. 동년 11월 3일 북괴 괴뢰정부의 총선거일은 주일날이었다. 5도 연합로회는 10월 20일 신앙집회의 자유와 주일 엄수, 예배 이외의 어떠한 집회도 교회에서 할 수 없음을 통고하였다. 이렇게 되자 북괴 정권은 강량욱(康良煜)을 시켜 전 산동 선교사였던 박상순(朴尙順) 목사를 위원장으로 한 기독교연맹을 조직하고 교회의 내분을 조장하였다.

한편 남한에서도 공산도배의 만행은 1948년 10월 20일 여수 반란 사건을 일으키고야 말았다. 순천, 여수 등지의 교회는 말할 수 없는 위험에 빠졌다. 손양원 목사의 아들 동인, 동신(東仁, 東信) 형제가 순교하였고 그를 죽인 학생이 잡혀 사형되게 되자 손양원 목사가 구출하여 아들을 삼은 것도 이때이다. 드디어 1950년 6월 25일 북괴는 남침하고야 말았다. 북에서는 교회의 지도자는 총검속되었고 대부분의 교회는 폐쇄되었으며, 교인들은 심한 핍박과 학살을 당하였다. 남한에서도 약 60여 명의 교역자가 검속되어 옥사, 총살, 납치되어 북으로 갔다. 교회는 1950년 7월 3일 대전 제1장로교회에서 대한기독교 구국회를 결성하고 국방부 사회부와 협력하여 선무, 구호, 방송, 의용대 모집 등 다대한 공헌을 하였다. 9월 28일 수복시에는 국군과 함께 서울에서 약 1,000명의 선무 공작대원을 북한 점령지구에 파송하였다. 사변 중 한국교회를 위한 선교사들의 헌신적인 노력은 교회가 언제까지나 감사한 마음을 가져야 한다. 중공군의 남침으로 인하여 1951년 1월 4일 교회는 수십만의 피난민과 함께 다시 남으로, 제주도, 거제도까지 피난하지 않을 수 없었다. 부산 중앙교회에서 결성된 기독교연합전시비상대책위원회는 투르만 대통령, UN 사무총장, 맥아더 사령관에게 호소문을 보냈고, 한경직, 유형기 양씨를 미국에 파견하여 여론을 환기시켰다. 6·25동란은 결국 휴전으로 끝나고 말았으나 교회가 받은 손실은 이루 말할 수 없었다.

5. 재건, 분열, 전진

1. 재 건

6·25사변으로 파괴된 교회의 재건을 위하여 1952년 1월 14일 한국 기독교연합회 주도하에 각 교파를 망라한 재건연구위원회가 결성되어 교회와 주일학교, 교육과 문화, 사회와 후생, 농촌, 경제, 산업 6부문에 걸친 광범위한 재건 사업을 선교부의 협조를 얻어 계획 추진하였다. 또 이 재건연구위원회는 세계 교회가 한국을 원조할 수 있는

기틀을 마련하였기 때문에 기독교세계봉사회, 국제선교협의회, 기독교국제연합위원회의 대표들이 한국을 시찰하게 되었다. 1953년 6월 2일 장로교회에서는 선교협의회를 열고 재건에 대한 구체적인 방안을 토의하였고, 6월 22일 감리교에서는 선교본부로부터 위원이 와서 구체적인 방안을 마련하였으며, 성결교, 기타 소교파도 이와 비슷한 방안을 취하였다.

신앙부흥운동도 추진되었다. 장로회 총회는 1952년을 전도의 해로 정하고 교인 총동원하여 1~3월은 자체의 신앙부흥을, 4~5월은 개인전도 셋째, 집단전도, 넷째 교회의 지도 등 4단계로 나누어 발전을 도모하였고, 성결교회에서도 3월에 대부흥운동을 전개, 감리교에서는 1953년 웨슬리 250주년 기념 대부흥운동을 전개하였으며, 1954년 장로교에서는 선교 70주년 기념 사업으로 5개년 계획으로 전국 500 무교회 면(面)에 교회세우기 운동을, 감리교회에서는 100교회 세우기 운동을 벌였다. 또한 피얼스(Bob Pierce), 빌리 그래함(Billy Graham) 같은 대부흥사들이 여러 번 한국에 와서 대부흥운동을 일으켰다.

2. 분 열

해방 후 신사참배 문제 뒷처리로 교회는 첫 분열의 쓴맛을 보게 되었다. 참배한 교회 지도자들의 회개 근신이 불만족스러울 뿐만 아니라 그들이 여전히 교회의 주도권을 쥔 데 대한 출옥 성도들의 불만은 드디어 극단적인 재건 교회를 세우고 나갔고 뒤를 이어 경남노회에서 메첸(G. Machen)의 근본주의 노선을 지지하는 자들이 교회가 신신학, 에큐메니칼, 그리고 신사참배의 죄를 청산하지 못했다는 이유로 고려신학교를 세우고 또한 고신파 장로교로 갈라져 나갔다(1951). 교리적인 문제로 분열되어 새 교파로 나간 것이 기독교장로회이다. 일제의 탄압으로 1938년 9월 평양신학교가 문이 닫힌 후 1940년 4월 서울 승동교회에서 김대현(金大鉉) 장로의 희사금으로 조선신학원이 설립되었고, 그 신학적 주도 인물이 일본 청산학원 신학부와 미국 웨스턴신학교를 졸업한 김재준(金在俊) 교수였다. 해방 후 이 신학교는 남부총회의 직영신학이 되었으나 김 교수의 자유주의 노선에 불만을 품은 보수주의 인사들이 1947년 4월 18일 대구에서 열린 제33회 장로회 총회에 김 교수가 고등비평을 성서해석에 도입했다는 점과 성서의 무오의 권위를 부인한다고 불만을 품은 해 신학교 51명의 학생의 진정서를 제출한 데서부터 문제는 터졌다. 때마침 고려신학교의 초청을 받고 만주에서 돌아온 전 평양신학교 교수 박형용(朴亨龍) 박사를 중심으로 하고 보수 진영에서는 1948년 6월 장로신학교를 설립하였다. 두 신학교의 합동을 모색하다 실패한 총회는 6·25동란으로 부산에서 1951년 5월 25일 제36회 계속 총회를 열고 전시 비상사태로 인하여 양신학교 직영을 취소하고 대구에 총회직영 신학교를 세우기로 결정하였다. 장로회신학교는 이에 응했으나 조선신학교측에서는 이 결정이 헌법을 무시하고 각 노회에 수의(垂議)하지 않았음을 지적하고 불응하였다. 대구에서 모인 제37회 총회(1952. 4. 29)에서 김 교수는 제명, 이와 동조하는 캐나다 선교사 스콧트(W. Scott)는 처단, 조선신학교 졸업생의 불채용을 결정하고 그 소속 노회에서 이를 선포키로 하였다. 마침내 1954년 6월 10일 기독교 장로회는 분립하였다. 캐나다 연합교회가 그들과 함께 하였다.

　1959년 또 하나 분열의 비극이 왔다. 보수 정통에 예민한 장로교회는 W.C.C.에는 자유주의 신학자와 공산국가에서 온 신학자들도 참가하고 있다고 하여 이에 W.C.C.에서 탈퇴할 것을 주장하였다. 반대파는 W.C.C.는 단일 교회나 용공단체가 아니고 세계 교회의 협의체이므로 세계 각국 교회와의 유대를 가지면서 오늘에 주어진 교회의 사명을 다하기 위하여는 계속 관계를 가져야 한다고 주장하였다. 그러나 그들이 W.C.C.를 배척할 뿐만 아니라, 국내 연합기관인 한국기독교연합회(N.C.C.) 탈퇴까지 주장함으로 마침내 소위 에큐메니칼 측(통합측)과 엔. 에이. 이(N.A.E)측(합동측) 장로교로 분열되고 말았다. 그후 합동측 장로교와 고려파 장로교가 일시 합작했지만 다시 분열하고 말았다.

성결교회에서도 에큐메니칼측과 반에큐메니칼측 교회로 분열되었고, 침례교회에서는 펜윅(Fenwick)의 동아기독교와 남침례측으로 분열이 생겼으나 다시 합하게 되었다.

감리교회에도 분열의 쓴 경험은 있었다. 해방 후 신사참배를 반대하고 교단에서 물러났던 재야 지도자들은 교회의 주도권이 여전히 신사참배한 인물들의 손에 있음을 보고 재건 감리교회를 조직하였고 반대측에서는 이에 대항하기 위하여 1946년 6월 부흥 감리회를 조직하였다. 그후 평신도의 노력으로 타협이 이루어져 1947년 1월 종교교회에서 재야 지도자인 강태희(姜泰熙) 목사를 감독으로 선출했으나 간부진영에 절대 다수가 부흥파였으므로 1948년 1월 재건파는 다시 분열하였다. 다시 평신도들의 노력으로 양파는 김유순(金裕淳) 목사를 감독으로 추대하고 합동했으나 6·25사변으로 감독 이하 간부진 대부분을 잃고 유형기 목사를 총리원장 대리로 부산에서 선출하였으나 임기 만료 후 그를 다시 감독으로 재선한 데서 문제가 일어나 분열했다가 1959년 다시 합하였다.

3. 전 진

분열은 확실히 비극이었다. 하나의 교회가 교회의 영원한 모습이요, 신앙일 때 그것이 하나가 되지 못하고 분열한다는 것은 잘잘못이 어디 있든지 한국의 크리스천들이 공동으로 책임지고 참회해야 할 것임은 두말할 필요가 없다. 그러나 라투렛(K. S. Latourette) 교수가 말하듯이 분열한다는 것은 바로 그것이 생명을 가지고 있기 때문이기도 하다. 삼분사열로 분열한 한국교회는 분열의 비극을 안은 채 각자 교세를 확장하며 전진하고 있음은 불행중 다행한 일이라 할 것이다. 뿐만 아니라 교회는 세계를 그리스도에게로의 슬로건을 내걸면서도 사실은 교회라는 격리된 사회 속에 사람들을 끌어 넣던 전도방법을 넘어서서 세상 속에 뛰어 들어가서 세상을 그리스도화하는 방향으로 움직여 가고 있다. 물론 동란이 교회로 하여금 고아원, 양로원, 전쟁 미망인들을 위한 모자원, 의수족사업, 구제사업 등을 하게 하였다.

그러나 그것만이 아니다. 교회는 바로 우주시대에 들어간 교회의 위치와 사명을 인식하기 시작하였다. 종래 하던 교육사업을 계속하며 의료활동을 계속할 뿐만 아니라 매스컴을 이용한 전도사업, 방송사업, 시청각교육 방법을 도입하였고, 군과 교도소를 파고들어가는 군목, 형목사업, 농어촌전도, 산업 공장전도 등 사회 속에 뛰어들어가는 전도방법을 모색하고 있다. 성서공회에서는 한인들만의 성서학자들에 의한 원문으로부터의 새로운 신약성서 번역을 출판하였고 (1967), 또 구약성서 번역을 진행 중이다. 기독교서회에서는 우리 나라 시인 음악가들이 한국적인 찬송을 포함한 개편찬송가를 발행하였고(1967), 1971년 부활절 신구교 합동 공동번역 신약성서가 성서공회에서 출판되었다. 또 각 교회는 종래의 자기 교회 위주인 자립교회 정신을 넘어서서 개척교회 전도운동을 활발히 전개할 뿐만 아니라 해외 선교운동에 힘써 태국, 대만, 사라와크, 남미, 에디오피아 등지에 선교사를 파송하여 선교운동을 하고 있다. 물론 아직도 교회간에는 분파의식과 개인주의적인 분열, 파쟁의 보기 싫은 것들을 극복하지 못했고 개 교회 의식이 너무도 강한 나머지 전체적인 공동체 의식이 결핍된 것은 사실이지만 어느 때 가서는 이러한 결점도 극복하고 그 날이 오기를 기대하면서 세계 교회와 제휴하여 세계를 그리스도화하는 대사명을 수행하게 될 것이다.

제 26 장
에큐메니칼운동과 교회의 재일치 문제

1. 에큐메니칼운동

세계 선교가 19세기 신교운동의 특색이라면, 20세기는 연합운동이 그 주요한 과업이다. 에큐메니칼운동은 이러한 신교의 운동의 총칭이라 할 것이다. 에큐메니칼운동을 해야 할 요인들이 여러 가지로 있었다. 세계적인 선교운동을 하다 보면 동일 지역에 각이한 여러 교파로부터의 선교사들의 경쟁과 한 그리스도를 믿는다면서도 서로 다른 예배의식과 풍습은 피선교 지역의 사람들을 당혹하게 하였고 경제적으로 또 인원적(人員的)으로도 지나친 부담을 짊어져야 하는 문제를 제기하였다.

자연히 이러한 문제를 조절하기 위한 연합회합이 있을 수밖에 없었다. 그중 가장 주목할 만한 첫 번째 요인은 1910년 에딘버러(Edinburgh)에서 모였던 세계선교협의회(The World Missionary Conference)이다. 이 회의는 에큐메니칼운동을 일으키는 데 있어서 한 전기(轉期)를 이룩한 놀랄 만한 회합이었고 또 거기서 얻은 결과를 지속시키기 위하여 계속위원회(Continuation Committee)를 조직하였는데 이것이 1921년 국제선교협의회(The International Missionary Council)로 발전하였다.

에큐메니칼운동을 이룩하게 한 둘째 요인은 기독청년운동과 교육사업이다. 이것은 초교파적인 운동으로 1844년 런던에서 조지 윌리암스(George Williams)가 창설한 Y.M.C.A. 또 Y.M.C.A. 세계 연맹(1855), 동년에 조직된 Y.W.C.A.와 Y.W.C.A. 세계 연맹(1894), 존 알 모트(John R. Mott)가 창설한 학생외국선교운동(Student Volunteer Movement for Foreign Mission, 1866)과 그 세계기독학생연맹(World Student Christian Federation, 1895), 1889년 시작한 세계주일학교대회(World Sunday School Convention)와 그것이 발전하여 이룩한 세계주일학교협회(World Sunday School Association, 1907), 다시 더 발전하여 결성된 기독교육과 주일학교협회 세계대회(Wold Council on Christian Education and Synday School Association, 1947, 1950) 등등이다.

셋째 요인은 현대 세계가 지닌 윤리적, 사회적 문제에 대한 교회의 책임 의식이다. 개인만 아니라 사회적으로도 전쟁, 경제공황, 사회정의, 전체주의 대두 등등의 문제는 교회가 연합하여 공동체로서 이 문제를 부딪치고 다루어 해결해야 할 필요성을 절실히 느끼지 않을 수 없었다. 웁살라(Uppsala)의 루터교 대주교 죄델블룸(N.Soderblom) 주도하에 1925년 스톡홀름(Stockholm)에서 생활과 사업세계기독교협의회(Universal Christian Conference on Life and Work)가 열렸고 그것이 발전하여 1930년 생활과 사업세계기독교회의(Universal Christian Council for Life and Work)가 결성되었다.

넷째 요인은 에큐메니칼운동의 성패가 달린 가장 중요한 문제 교리와 교회 제도에 대한 변해 가는 신앙의 태도이다. 1910년 에딘버러에서 세계선교협의회가 모였을 때 사람들은 의식적으로 이 문제를 다루지 않았다. 16세기 개혁자들이 연합과 협동이 공동의 대적을 맞서기 위한 절대적 지상의 과제였음에도 불구하고 이 문제 때문에 협동하지 못했던 것인 만큼 아직 마음의 자세가 되어 있지 않는 때 섣불리 이 문제를 다룬다는 것은 선교의 공동노력을 기울이려는 이 마당에 있어서 역효과를 낼까 두려워했기 때문이다. 그렇지만은 19세기 자유주의 신학운동이 신학논쟁을 멸시하면서 보다 더 그리스도인이 가지고 있는 신앙체험을 더 중시한 데 영향을 받았고 또 교파 분열이라는 것이 본질적인 교리의 차이라기보다는 교파 자체가 지니고 있는 사회적인 성격이 많이 작용하고 있다는 사실도 인식하게 됨으로 차츰 교파간의 신앙의 차이가 좁혀지고 피차 남을 이해하려는 경향이 짙어가게 되었다.

이리하여 찰스 브렌트(C.H.Brent)가 주도하여 1927년 로잔느(Lausanne)에 신앙과 직제(Faith and Order) 세계회의를 개최하였다. 융화와 친교의 정신이 지배적이었다. 계속위원회(Continuation Commitee)를 조직하고 이 방향을 계속 추진하여 1937년 에딘버러에서 모였을 때는 '우리 주 예수 그리스도의 은총'이라는 성명을 발표하면서 교회간의 분열을 유지해야 할 근거가 없다고 하였다. 그렇다고 해서 완전한 융화와 협동이 이루어진 것은 아니다. 성직과 성례에 관한 심각한 차이점을 교회들은 서로 남겨 두고 있었다. 하나의 교회는 지상의 과제나 신앙의 자유와 성서해석의 자유라는 개혁자들의 원리는 어쩔 수 없이 교파의 분열이라는 현실을 신교 안에서 인정할 수 밖에 없었던 것이다. 그러므로 신교 지도자들은 완전한 기구적인 일체가 아니라 서로 다른 교파를 인정하면서도 그리스도를 하나님과 구주로 믿는 신앙에서의 일치, 다양성과 일체성을 모색했던 것이다.

다섯째 요인은 교파간의 합동운동이다. 이 운동은 같은 신앙의 교파들 사이에서와 다른 전통의 교파들 사이에서 일어났다. 전자의 경우는 스코틀랜드의 서임권(patronage-회중의 의사에 불구하고 상부기관이 목사를 임명하는 권리) 문제로 분열된 교회가 다시 합하여 1847년 연합 장로교회가 되었다. 미국에서도 1918년 루터교에서 대회파(General Synod)와 회의파(General Council)와 남부 연합대회파(Unites Synod of the South)가 연합하여 연합 루터교회가 되었고, 1930년 버팔로(Buffalo), 아이오아(Iowa), 오하이오(Ohio)파가 합동하여 미국 루터교회가 되었다. 감리교도 1939년 북감리교, 남감리교, 메도디스트, 프로테스탄트 교회가 연합하였다. 동일계가 아닌 교회들의 합동으로는 1925년 대부분의 장로교회와 감리교가 장로교회가 기초한 연합의 기초에 감리교회의 신조를 연합하여 캐나다 연합교회가 되었고, 남인도에서는 1947년 장로교, 회중교, 성공회, 감리교가 감독 제도와 장로 제도를 혼합한 남인도 교회를 이루어 놓았다.

여섯째 요인은 2차대전 중에 겪은 교회의 경험에서왔다. 나치즘에 저항해 온 피점령국가의 그리스도인들의 고통과 전체주의를 반대해야 한다는 필요성에 대한 교회의 각성과 유럽 교회에 의존하고 있던 피선교교회의 고아화(孤兒化)와 전선을 사이에 둔 그리스도인 상호간의 고통의 곤란성, 전쟁포로와 피난민과 재건 등등의 문제는 전세계 교회가 연합하여 공동의 힘으로 이 일들을 진행해야 하겠다는 자각심을 크게 일으켰다.

이러한 여러 가지 사건과 요인들이 결국은 합쳐져서 세계교회협의회(World Council of Churches)를 형성하게 되었는데 그 첫 단계로서 1937년 생활과 사업협의회와 신앙과 직제협의회의 합체운동이었고, 다음 해 1938년 우트레흐트(Utrecht)에서 두 기구를 연합하여 W.C.C.의 잠정적인 기구를 설치하였다. 윌리암 템플(William Temple)이 주도하여 이루어진 이 기구의 기초는 "세계교회협의회는 우리 주 예수 그리스도를 하나님과 구주로 믿는 교회들의 사귐이다."였다. 전쟁 때문에 그 이상 진첩되지 못하다가 1948년 암스텔담(Amsterdam)에서 44개국에서 147교파들의 대표가 모여서 비로소 W.C.C.는 결성되었는데 그 기능으로 다음 7가지를 결정하였다. (1) 신앙과 제도 및 생활과 사업을 위한 세계적인 2대 운동의 사업을 실천할 것, (2) 교회의 공동행동을 촉진시킬 것, (3) 연구의 협동을 증진시킬 것, (4) 모든 교인에게 에큐메니칼 의식을 진흥시킬 것, (5) 세계적인 규모를 가진 교파 연합체와 기타 제에큐메니칼 운동과의 관계를 수립할 것, (6) 수시로 요청되는 특수문제들에 관한 세계회의를 소집하여 그들이 발견한 바를 공포케 하도록 고무할 것, (7) 복음 전도 사업에 있어서 교회를 후원할 것

이상 성명한 바를 검토해 볼 때 W.C.C.는 기구적으로 모든 교회를

합쳐서 하나의 교회를 이룩하려는 것도 아니요, 제도적으로 타 교회를 지배 간섭하려는 초교회(Supper Church)도 아니라 그리스도를 하나님의 구주로 믿는 모든 교회들의 친교와 연합 사업을 위한 것임을 알 것이다.

이때까지 국제선교협의회(International Missionary Council)는 W.C.C.에 가입하지 않았다. W.C.C.가 교회단위의 연합체임에 대하여 국제선교협의회는 선교단체의 협의회였다. 그러나 이 두 기구는 본래 에딘버러 세계선교협의회에서 움터왔을 뿐더러 세계의 복음화를 그 중요한 과업으로 삼아 왔던 만큼 합체한다는 것은 자연스런 일이었다. 드디어 1961년 뉴델리(New Dehli)에서 통합하고 말았다.

2. 교회의 재일치 문제

교회의 연합 사업을 위하여 W.C.C.가 누차 초청하여도 여기에 응하지 않던 로마 가톨릭 교회는 교황 요한 23세가 1959년 1월 25일 에큐메니칼 회의를 소집할 계획이 있음을 발표하자 교회의 재일치 문제는 범세계적인 국면을 띠게 되었다. 로마 교황이 이러한 계획을 하게 된 데는 두 동기가 있다. 1054 콘스탄티노플 대감독을 정죄함으로 동방 교회와 분열하였고, 1520년 마틴 루터를 정죄한 후 트렌트 공의회(1545-1563)에서 신교의 교리와 대결하는 믿음과 행위로의 의화(義化) 교리와 성서와 전승의 동등의 권위, 1870년 제1회 바디칸공의회에서 교황 비오 9세는 교황 무오교리를 선포함으로 다른 교회와의 대화의 길을 아주 막아 버린 로마 가톨릭 교회는 시대의 변천에 따라 다른 교회와의 재조정이 불가피하게 되었다.

또 한편 교황 비오 9세는 1864년 오류요목(誤謬要目, syllabus of errors)을 선포하여 80개의 오류 중에 합리주의, 사회주의, 공산주의를 정죄하고 1907년 교황 비오 10세가 65개 항목의 오류를 모더니즘에서 지적함으로 사회와의 담을 쌓아온 로마 가톨릭 교회로서는 사회와 국가와 문화와의 재조정이 불가피하였던 것이다.

이리하여 제2회 바디칸공의회는 1962년 2월 역사적인 막을 올려 4차의 회기를 가졌다. 제1차 회기(1962. 10. 11~12.8)에서는 이렇다 할 만한 결정이 없고 다만 하나의 교회를 위한 분위기를 조성해 놓았다. 모든 사람은 그 양심이 명하는 바를 따라 하나님을 섬길 권리를 가지고 있다. 하늘나라에 들어가기 위하여 사람들은 반드시 로마 가톨릭 교도들이 될 필요가 없다.

제2차 회기(1963. 9. 29~12. 4)는 교황 바울 6세가 소집하였다. 신교도들을 지나치게 자극시키기를 피하려는 의도로 마리아 문제를 단독으로 취급치 아니하고 교회론과 함께 취급하기로 한 것, 신·구교도간의 결혼 허가 등 40여 종의 권리를 교황이 주교들에게 양여하면서 주교 공동성의 권리를 교황 수위권과 나란히 하는 교리를 제정한 것, 미사의식을 개정하여 미사의 중심부분만은 신앙일치의 상징으로 라틴어로 읽고 그 외는 각 지방 토착어로 읽어 평신도들에게 미사의 의의를 더 절실하게 한 것, 혼배성사의 경우 평신도들에게도 떡과 잔을 다 주도록 한 것, 지나친 추상 미술은 정죄하나 현대 미술을 인정한 것 등이다. 이 회기가 끝나는 날 이 두 회기의 문서인 거룩한 의식에 관한 율령(Constitution on the Sacred Litergy)과 사회적 통신의 방도에 대한 법령(Decree on the Instruments of Social Communication)이 공포되었고 또 같은 날 바울 6세는 성지를 순례하여 콘스탄티노플 총주교 아데나고라스(Athenagoras)와 1964년 1월 5일 회견을 가졌다.

제 3차 회기(1964. 9. 14~11. 21)에서 가장 본질적인 문제인 교회론, 그리고 에큐메니즘 동방교회와의 문제 등을 취급하였다. 교회론은 제1회 바디칸공의회 때부터 취급된 문제였으나 보불전쟁(普佛戰爭)과 피에드몬트 군(Piedmontese armies)의 교황령 침략 때문에 교황무오 교리만 결정하고 중단되었고 그후 교황 레오 13세의 '교회의 일체성'에 관한 회칙(Satis Cognitum, 1896)에서와 교황 비오 12세의 회칙 '신비한 몸'(Mystci Corpris, 1943)에 이어 여기서 '만국민의 빛'(Lumen Gentium)에서 교회의 본질 자체를 성서적으로 정의했던 것이다. 교회론이야말로 이 공의회에서 결정된 15종의 모든 다른 문서의 기본으로서 다른 문서들은 결국은 다 교회생활의 다른 면의 표현에 지나지 않는 것이다.

그러나 이 공의회의 모든 문서 중 이 문서처럼 여러 번 수정을 가한 것은 없다. 1962년 첫 회기가 개최되기 전 처음으로 이 문서가 제출되었을 때는 전통적인 교리 치리 제도적인 것이었으나 마지막으로 1964년 11월 21일 수정 통과되었을 때는 그 성격이 근본적으로 달라져 보다 더 성서적인 목회적인 것이 되었다. 어떤 새로운 결정이라기 보다 교회는 근본적으로 하나님의 백성이요 섬김을 받기보다는 섬기려 하고 목숨을 희생하는 선한 목자의 구속사업을 계속하는 모두를 사랑하는 어머니로서의 교회였다. 그러나 교회는 땅 위에서 약하고 죄에 빠지기 잘하는 작은 무리들이요 따라서 정화와 갱신이 언제나 필요한 자이며, 인간적인 것과 신적인 것이 역설적으로 통일을 이룬 신비한 단체이다. 인간적인 것이기 때문에 그것은 시간적인 존재요 역사의 지배를 받고 있고 신적인 것이기 때문에 그것은 역사를 초월하는 그 완성을 영원에서 이룩하는 것이다. 따라서 이 문서는 목회적, 그리스도 중심적, 성서적, 역사적, 종말론적인 것에 그 특색이 있고 또 그 어조(語調)는 트렌트공의회나 제1회 바디칸공의회처럼 논쟁적인 것이 아니라 모든 그리스도인들에게 다 통하는 에큐메니칼한 것이었다. 그러나 이 문서 중 가장 특기할 만한 것이 주교 공동성의 교리의 성격이었다. 이 교리는 제2회기에서 결정을 본 것이나 그것이 교황의 수위권과의 관계, 그리고 그 무오의 권위의 한계를 밝히지 않았던 것인데 제3회기에서 결정되었다. 교회의 일치를 위한 교황의 수위권은 절대적인 사실이나 그래도 베드로가 사도들 중의 맏형인 것처럼 교황은 사도들의 후계자 중의 장형이며 또한 교회의 무오의 권위는 신앙과 윤리에 관하여 제재없는 권위나 주교들은 개인으로서가 아니라 공동체로서 그것도 교황과의 일치하에 특히 공의회에 있어서 교리를 가르칠 때 무오이다.

이 회기에서는 또한 평신도 사도직을 극히 중요시하였다. "사람들

중에서 취함을 받은 주 대제사장 그리스도는 이 새로운 백성들로부터 아버지 하나님의 왕국과 제사장들을 삼았다. 비록 그들은 정도에서만 아니라 본질에 있어 피차 다르다 해도 신자들의 일반적인 사제직과 성직 또는 제도적인 사제직은 상호 연결되었다. 각자는 그 특수한 방도로 그리스도의 한 사제직에 참여한다." 이렇게 하여 종래별로 고려되지 않던 평신도 사도직이 프로테스탄트의 만인제사장설(universal priesthood)과 호응하여 새로운 각광을 받게 되었다.

교회를 하나님의 백성이라 한 것도 종래의 로마 가톨릭 교회관을 훨씬 넘어서는 에큐메니칼 개념으로 모든 갈라진 그리스도인 형제들을 포함해 있고 또한 하나이어야 할 교회가 이렇게 갈라져 여러 교회가 된 데는 갈라진 형제들의 책임만이 아니라는 자기 비판과 자기 과오를 인정하는 시로 용서받고 용서한다는 화해의 정신이 넘쳐 있다. 또 이 회기에서 가장 중요한 의안의 하나인 교회의 재일치 문제에 대한 결정을 보았다. 갈라진 형제들에게도 구원으로 인도하는 하나님의 말씀과 신망애, 덕 등 값진 그리스도교의 덕을 가지고 있고 그리스도와 연합케 하는 성례, 세례와 성찬이 있음을 인정하였다. 그런 중 가장 주목할 사실은 일치의 원리를 로마 가톨릭 교회에 돌아올 때만 가능하다고 하는 데서 찾지 않고 그리스도에게서 보고 있다는 사실이다. "그리스도교 일치 복구는 제2차 바디칸공의회의 주목적 중 하나이다. 교회의 일치는 삼위일체이신 천주를 믿고 그리스도를 따르는 모든 사람들을 하나로 맺음을 뜻한다." 그러므로 "천주 성신의 인도 하에 그리스도가 원하시는 일치를 달성하기 위하여 기도와 언행을 통한 모든 노력을 기울이며 특히 가톨릭 신자들은 시대의 표징을 인식하며 교회 일치운동에 적극 참여하여야 한다. 또한 각 신자의 타 교회 전문가들과의 대화와 기도를 통한 교회 일치 노력을 권장한다. 교회 일치와 전교 활동에는 모순이 없다."

제 4차 회기(1965. 9. 14~12. 8)에서 가장 많은 결정을 내렸다. 10월 28일에 교회에서의 주교들의 목회직무에 관한 법령, 제사직 양성에 관한 법령, 신앙생활의 갱신에 관한 법령, 교회와 비기독교적 종교의 관계에 관한 법령, 기독교 교육에 관한 법령을 발표, 11월 18일 계시에 관한 교리제정, 평신도, 사도직 또 이 회기 마지막에 현대 세계에 있어서의 교회의 사목(司牧) 기구 사제들의 임무와 생활에 관한 율령, 교회의 선교 활동에 관한 율령, 신교의 자유에 관한 선언 등 11 문서를 선포하였다. 이 중에 가장 중요한 결정은 계시의 원천에 관한 교리적 문서이다. 1962년 11월 제1회기에 신학위원회에서 제출한 문서는 신랄한 비판을 받았다. 수일 후 신학위원회에 이 문서를 되돌려 다시 기초할 여부를 투표로 물었을 때 규정인 3분의 2의 수가 못되는 60%의 찬성표밖에 못되었을 때 요한 23세가 규정을 어기고 되돌려 수정 제출하기로 하였다.

 이리하여 본래의 초안 계시의 두 원천—성서와 전승은 계시와 그 전달로 바뀌어 성서와 전승은 두 다른 원천이 아님을 분명히 하였고 철학적이기보다는 보다 더 성서적으로, 역사적으로 다루었다. 그후 수정에 수정을 가하여 마침내 제4회기에 최종적인 결정을 본 것이다. 하나님은 주로 그 자신에 관하여, 다음으로는 그 자신의 뜻과 의도를 특정한 시간에 특정한 사람에게 계시하신다. 구전으로 전할 때 그것은 전승이 되고, 문서로 기록할 때 그것은 성서가 된다. 더 정확하게 말하면 성서는 계시를 내포하고 있다. 다시 말하면 성서의 전부가 계시는 아니다. 그중 많은 것이 계시의 결과 계시에 대한 인간이 받느냐 안 받느냐의 반응이다. 마찬가지로 전승도 꽤 많은 인간으로부터 온 것을 포함하고 있다. 신약성서는 원시 교회의 신앙을 완결한 것은 아니다. 교회는 언제나 그것에 매여 있으나 발전 확대시킬 수 있다. 그러나 결코 어그러지게 할 수는 없다. 그러나 쓰여진 기록은 죽은 문자이기 때문에 후시대의 해석이 필요하다. 그것은 자체로서는 새로운 문제에 대한 해답이 못된다. 그러나 세기를 통하여 살아 있는 교회에 전달된 문서들은 이해와 설명의 계속적인 전승을 동반하며 그 의미를 보존하며 재표명하며 때를 따라 새로운 문제들의 해결에 적용한다. 만약 적용이 인간적인 것뿐이라면 중대한 잘못에 빠질 수 있지만 교회의 주관자(magisterium)에 의하여 지엽적인 것에는 잘못이 있을런지 모르나 성령의 내적 임재에 의하여 본질적인 것에 있어서는 잘못이 있을 수 없다. 이리하여 이 문서는 성서와 전승과 스승으로서의 교황의 협동과의 상호작용을 강조한다.

이 외에 주목할 만한 문서는 다른 종교와의 관계와 신교의 자유에 관한 선언 문서 등이다. 요한 23세는 추기경 베아(Bea)에게 타 종교와의 관계 특히 유대인과의 관계에 대한 문서를 초안하여 에큐메니즘에 관한 문서의 일부로 취급하게 하였으나 독립적인 문서로 다루게 되었다. 예수를 십자가에 죽인 죄의 책임이 유대인에게만 있느냐의 여부를 다루는 이 문제는 아랍 회교도들을 자극시키는 정치적인 성격을 걱정하는 자들도 있었으나 이 문서는 본질적으로 또 전적으로 종교적인 성격임을 명백히 하는 동시에 구약성서의 기독교와의 관계로 보아 유대인을 증오하거나 핍박하는 구실의 정당성을 성서에서 찾으려는 어떤 그리스도인들의 호소를 막아 버렸다. 그리스도를 십자가에 못박은 책임은 유대인만이 아니라 전인류의 공동책임이며 또한 유대교와 기독교 사이 상호간의 용서와 존경을 성서적, 신학적 연구와 아울러 형제적인 대화를 통하여 함양할 것을 강조하였다. 또한 이 문서는 가톨릭 교회와 다른 종교들 사이의 우호와 선의를 강조하여 땅 위의 모든 사람들은 그들의 여러 종교와 함께 한 공동사회를 이룩하고 있으며, 교회는 힌두교, 불교, 회회교의 영적, 도덕적, 문화적 가치를 존중한다고 강조하였다.

위와의 관련에서 신교의 자유 문제를 취급하였다. 이 문서도 원래는 에큐메니즘의 일부로 다루려 했던 것이다. 가톨릭 교도들이 소수인 국가에서는 신교의 자유를 주장하고 지배적인 대다수인 경우에는 불허하던 종래의 태도를 지양하고 사람은 타고난 권리로 신교의 자유를 인정하여 개인적으로나 사회적으로나 그 신앙 양심에 어긋나는 신교의 강압을 받을 수 없음을 선언하였다.

이상 제2회 바티칸공의회의 결정을 대략 살펴보았는바 로마 가톨릭 교회는 교회의 재일치와 사회와의 재융합을 위하여 놀라운 결정을 내렸다. 이런 의미에서 제2바티칸공의회는 로마 가톨릭 교회 역사상

일대 전환기를 가져온 위대한 회의이다. 그렇다고 로마 가톨릭 교회가 전통적인 역사적 계속성을 포기한 것이 아니다. 교회의 재일치를 위하여 많은 점에서 문호를 개방하였지만 교황의 수위권 교리나 기타 모든 교리에 대한 근본적인 재검토는 한 일이 없고 또 이런 점에서 교회의 재일치는 요원한 장래에 속하는 문제라 할 수밖에 없다. 그러나 사람에게 능치 못한 것이 하나님에게는 능하다는 성서의 말씀을 믿으며 다시 하나의 교회로 돌아가기를 위하여 마음을 넓히며 기도하며 서로 힘써야 한다.

참 고 문 헌

1. 史　料

Eusebuis. *Ecclesiastical History*. Baker Book House, Grand Rapids, 1962.
Henry Bettenson. *Documents of the Christian Church*. Oxford University Press, 1947.
Philip Schaff. *Greeds of Christendom*. New York : Harper & Brothers, 1919, 3 vols.
Edward W. Poitras. 基督教史-基本史料精選. 監理教神學大學, 1967, 2 vols.

2. 史　觀

Oswald Spengler. *Der Untergang des Abendlandes*. München : C.H. Beck'sche Verlagsbuchhandlung. 1923, 2 vols.
Tai Dong Han. *Methodology of History*. Seoul : Yonsei University, 1959.
Arnold Toynbee. *A Study of History*. Abridgement by D.C. Somervell. Oxford University Press, 1957, 2 vols.
Friedrich Meinecke. *Zur Theorie und Philosophie der Geschichte*. Stuttgart : K.F. Koehler Verlag, 1965.
―――――――――. *Zur Geschichte der Geschichtsschreibung*. München : R. Oldenbourg Verlag, 1968.
林健太部. 史學槪論. 東京 : 有斐閣, 1953.

Oscar Cullmann. *Christus und die Zeit. Evangeliseber Verlag*, A.G. Zollikon-Zürich, 1948.

Hendrik Berkhof. *Der Sinn der Geschichte*. Vander hoeck & Ruprecht in Göttingen und Zürich, 1962.

E.C. Rust. *The Christian Understanding of History*, London Redhill : Lutterworth Press, 1946.

Reinhold Niebuhr. *Faith and History*. New York : Charles Scribner's Sons, 1949.

R.G. Collingwood. *The Idea of Histoy*. Oxford at the Clarendon Press, 1951.

クロオチエ 著, 羽仁五郎 譯. 歷史の理論と歷史. 南京 : 岩波書店, 1952.

リッケルト 著, 佐竹哲雄豊川昇 譯. 文化科學と自然科學. 南京岩波書店, 1967

3. 一般敎會史

Augustus Neander. *General History of the Christian Religion and Church*. Boston : Chrocker & Brewster. 1849, 5 vols.

Philip Schaff. *History of the Christian Church*. Wm. B. Eerdmans Publishing Co., 1953, 8 vols.

K. S. Latourette. *A History of Christianity*. New York : Harper & Brothers Publishers, 1953.

W. Walker. *A History of the Christian Church*. Edinburgh T. & T. Clark. 1963.

Karl Heussi. *Kompendium der Kirchengeschichte*. Verlag von J.C.B. Mohr(Paul Siebeck) Tübingen, 1957.

──────. *Abriß der Kirchengeschichte*. Hermann Böhlaus Nachfolger, Weimar, 1957.

K.D. Smidt. *GrundiB der Kirchengeschichte*. Vandenhoeck & Ruprecht in Göttingen, 1967.

Walther von Loewenich. *Die Geschichte der Kirche*.

욧·맑스 원저, 김바오로 편역. 「가톨릭 敎會史」, 경향잡지사, 1945, 2 vols.

宋樂元 著. 世界基督敎史, 基督敎文化史. 1957.

이 영 헌. 강의노트.

4. 古代 教會史

Hans Lietzmann. *The Beginning of the Christian Church*. New York : The World Publishing Co., 1963.

──────. *The Founding of the Church*. London : Universal Lutterworth Press, 1955.

W.G. De Burgh. *The Legacy of the Ancient World*. Pelican Book, 1953, 2 vols.

J.W.C.완드 지음, 이장식 옮김. 「교회사」 초대편. 대한기독교서회, 1959.

5. 中世 教會史

M.딘슬리 지음, 이장식 옮김. 「교회사」 중세편. 대한기독교서회, 1959.

Donald Attwater. *The Christian Church of the East*. Milwaukee : The Bruce Publishing Co., 1947, 2 vols.

Henry O. Taylor. *The Medieval Mind*. Cambridge, Massachusetts Harvard University Press, 1951, 2 vols.

C. W. Previte-Orton. *The Shorter Cambridge Medieval History*. Cambridge at the University Press, 1952, 2 vols.

F. X. Seppelt. *Geschichte der Päpste G. Schwaiger Köselverlag*. München, 1964.

Ludvig Freiherr V. Pastor. *Geschichte der Päpste*. Verlag Herder. Rom. 1955, 21 vols.

Henry Charles Lea. A *History of the Inquirtion of the Middle Ages*. New York : S. A. Russell Publishers, 1956, 3 vols.

Steven Runciman. *The Medieval Manichee*. Cambridge University Press, 1955.

George D. Smith. ed. *The Teaching of the Catholic Church*. New York : Macmillan Co., 1958, 2vols.

P. Aloisius M. Civisca S.J. : カトリック教會法典. 羅和 對譯. Tokyo : Yuhikaku, 1962.

Anton C. Pegis. *Baisic Writings of St. Thomas Aquinas*. New York : Random House, 1945, 2 vols.

Etienne Gison. *The Christian Philosophy of St. Thomas Aquinas*. New York, Random House, 1956.

Josef Pieper. *Thomas von Aquin, Fischer Bücherei.* Frankfurt : M : Hamburg, 1956.

G.K. Chesteston. *Saint Thomas Aquinas.* A Division of Doubleday Co., N. Y. : Garden City, 1959.

Jaroslav Pelikan. *The Riddle of Roman Catholicism.* New York : Abingdon Press, 1959.

6. 宗敎 改革時代

Albert Hyma. *Renaissance to Reformation.* Wm. B. Eerdmans Publishing Co., Grand Rapids, 1951.

Walter Pater. *The Renaissance.* The Modern Library, Random House, 1873.

Thomas M. Lindsay. *A History of the Refomation.* Edinburgh : T. & T. Clark, 1948. 2 vols.

Philips Hughes. *A Popular History of the Reformation.* Garden City, N.Y. : Hanover House, 1956.

George H. Williams. *The Radical Reformation.* Philadelphia The Westminster Press, 1952.

Hubert Jedin. *Katholische Reformation Oder Gegenreformation?* Verlag Josef Stocker, Luzern, 1946.

J.W.C.완드 지음. 이장식 옮김. 「교회사」 근세편. 대한기독교서회, 1961.

Roland Bainton. *Here I Stand.* New York : Abingden-Cokesbury Press, 1950.

Erik H. Erikson. *Young Man Luther.* New York : W.W.Morton & Co., 1962.

J. H. Merle D'aubigné. *The Life and Time of Martin Luther.* Chicago : Moody Press, 1950.

지원용 지음. 「마틴 루터」. 대한기독교서회, 1960.

Yung Hun Lee. *A Study of the Young Luther.* A Dissertation for M. Th. degree, 1953.

Heinrich Boehmer. *Road to Reformation.* Doberstein & Tappert trans, Philadelphia : Muhlenberg Press, 1946.

The Philadelphia Edition. *Works of Martin Luther.* Muhlenberg Press, 1932, 6vols.

ルッター 篇, 德澤得二 譯. ドイツ神學. 東京:新敎出版社, 1949.
Hugh T. Kerr Jr. ed.. *A Compend of Luther's Theology*. Philadelphia : The Westminster Press, 1953.
Martin Luther. *Vorlesung über den Römerbrief*. Chr. Kaiser Verlage München, 1957.
Karl Holl. *Luther*. Verlag vom J.C. Mohr (Paul Siebeck). Tübingen, 1948.
Erich Seeberg. *Luthers Theologie in ihren Grundzügen*. Stuttgart : W. Kohlhammer Verlag, 1950.
Paul Althaus. *Die Theolegie Martin Luthers*. Gütersloher Verlagshaus, Gerd Mohn, 1962.
佐藤繁彦 著. ロマ書に現れたるルシターの根本思想. 東京:創元社, 1940.
高橋三郎 著. ルターの根本思想とその限界, 東京:山本書店, 1963.
池元溶 著.「루터의 思想 神學과 敎育」, 컨콜디아社, 1961.
컨콜디아社:「루터硏究」(宗敎改革 450주년 記念會 特輯號). 1967.

7. 現代敎會史

J. H. Nichols. *History of Christianity* 1650-1950. New York : The Ronald Press Co., 1956.
E. E. Y. Hales. *The Catholic Church in the Modern World*. Garden City, N.Y. : Hanover House, 1958.
李晶潤 著.「近世基督敎史」. 基督敎文書宣敎會, 1958.
존 딜렌버거, 크라우드 월치. 新敎史(鄭逢恩譯) 香隣社, 1964.
K. & Latourette. *Christianity in a Revolutionary Age*. Grand Rapids : Zondervan Publishing Co., 1969, 5 vols.
────. *A History of the Expansion of Christianity*. New York : Harper & Brothers, 7 vols.
C. H. Robinson. *History of Christian Missions*. New York : Charles Scribner's Sons, 1915.
K. S. Latourette. *The Christian Mission in our Day*. New York : Harper & Brothers Publishers, 1954.

Ruth Rouse, Stephen C. Neil. *A History of the Ecumenical Movement*. 1517-1948, Philadelphia : The Westminster Press, 1967.

World Council of Churches. *Man's Disorder and God's Design*. New York : Haper & Brothers, Publishers, 1948.

존 A. 매카이 著, 민경배 譯. 「에큐메닉스」. 대한기독교서회, 1966.

Robert H. Clover. *The Progress of World-Wide Missions*. J. H. Kanerev, Harper & Row, Publishers New York, 1960.

Walter M. Abott, S. J.. *The Documents of the Vatican* Ⅱ. New York : Guild Press, 1966.

The Council Fathers. *The Sixteen Documents of Vatican* Ⅱ. 1965.

8. 基督敎思想

Anders Nygren. *Agape and Eros*. London : S.P.C.K., 1953.

Reinhold Seeberg, C.E. Hay trans. *Textbook of the History of Doctrines*. Baker Book House, Grand Rapids, 1952.

J.L. Neve, O.W. Heick *A History of Christian Thought*. Philadelphia : Muhlenberg Press, 1946, 2 vols.

A.C. McGiffert. *A History of Christian Thought*. New York : Charles Scribner's Sons, 1932, 2vols.

―――――――――. *Protestant Thought Before Kant*. New York : Charles Scribner's Sons, 1916.

James Orr. *The Progress of Dogma*, New York. A.C. Armstrong & Son, London : 1901.

Adolf von Harnack. *Dogmengeschichte*. Tübingen : Verlag von J.C.B. Bohr, 1931.

Ernst Troeltsch. *The Social Teaching of the Christian Churches*. New York : Macmillan Co., 1949, 2 vols.

李章植 著. 「基督敎思想史」. 대한기독교서회, 1966, 2 vols.

L. 뻴콤 著, 申福潤 譯. 「基督敎敎理史」, 1959.

9. 韓國敎會史

L. George Paik. *The History of Protestant Mission in Korea.* 1832-1910, Union Christian College Press, 1929.

Harry a Rhodes, Archibald Cambell, ed : *History of Korea Mission Presbyterian Church U.S.A.* 1964, 2 vols.

Charles Allen Clark. *The Korean Church and the Nevins Method.* 1929.

郭安全 著.「韓國敎會史」, 1966.

서명원 지음, 이승익 옮김.「韓國敎會成長史」. 1966.

Samuel H. Moffett. *The Christians of Korea.* New York : Friendship Press, 1962.

J. A. Ryang ed.. *Southern Methodism in Korea.* 1929.

朝鮮예수敎長老會總會.「朝鮮예수敎長老會史記 上」. 1928.

韓國敎會史學編.「朝鮮예수敎長老會史記 下」. 1968.

金良善 著.「韓國基督敎解放十年史」. 1956.

유홍렬.「한국천주교회사」. 1962.

金昌文, 鄭宰善.「한국 가톨릭-어제와 오늘」. 1963.

Sokyo Ono : The Kami Way

10. 辭 典 類

Vandenhoeck & Ruprecht. *Evangelisches Kirchen Lexikon.* Gottingen, 1956, 3 vols.

Schaff Herzog. *Encyclopedia of Religions Knowledge.* Funk & Wagnalls Co., Toronto, 1891, 4 vols.

A Catholic Dictionary. B. Herder Book Co., St. Louis, Mo., 1957.

교회교육 자료묶음 ③
교회의 발자취

초판발행 1969년 4월 10일
수정초판 1993년 7월 30일
수정3쇄 2012년 3월 30일

기　획 대한예수교장로회총회교육자원부
편 집 인 총무 김치성
주　소 110-470 / 서울 종로구 연지동 135 한국교회100주년기념관
전　화 (02) 741-4356 / 팩스 741-3477

지 은 이 이영헌
펴 낸 이 채형욱
펴 낸 곳 한국장로교출판사
주　소 110-470 / 서울 종로구 연지동 135 한국교회100주년기념관 별관
전　화 (02) 741-4381 / 팩스 741-7886
영 업 국 (031) 944-4340 / 팩스 944-2623
등　록 No. 1-84(1951. 8. 3.)

ISBN 978-89-398-3603-7 / Printed in Korea
값 8,000원

※ 이 출판물은 저작권법에 의해 보호를 받는 저작물이므로 무단전재와 무단복제를 할 수 없습니다.